"薪酬设计全程指导"系列丛书

康士勇 主编

薪酬设计全程指导

康锋 编著

全景式解读中国企业薪酬设计的步骤、技术和方法
全程式提出可操作性实务方案、推广性的应用指导

中国劳动社会保障出版社

图书在版编目(CIP)数据

薪酬设计全程指导/康锋编著. —北京：中国劳动社会保障出版社，2011
薪酬设计全程指导系列丛书
ISBN 978-7-5045-9140-1

Ⅰ.①薪… Ⅱ.①康… Ⅲ.①企业管理：劳动工资管理 Ⅳ.①F272.92

中国版本图书馆 CIP 数据核字(2011)第 164411 号

中国劳动社会保障出版社出版发行

(北京市惠新东街1号 邮政编码：100029)
出 版 人：张梦欣

*

北京市艺辉印刷有限公司印刷装订 新华书店经销
787 毫米×1092 毫米 16 开本 21.5 印张 412 千字
2011 年 9 月第 1 版 2011 年 9 月第 1 次印刷
定价：48.00 元

读者服务部电话：010-64929211/64921644/84643933
发行部电话：010-64961894
出版社网址：http://www.class.com.cn

版权专有 侵权必究
举报电话：010-64954652
如有印装差错，请与本社联系调换：010-80497374

目 录

第一模块　薪酬方案设计理念与设计流程 （1）

第一节　薪酬方案设计及设计流程 （2）
第二节　薪酬设计决策要点及其策略选择 （6）
第三节　21世纪收入分配改革的"九个特点""六个主旋律" （17）
第四节　深化企业内部分配制度改革的指导性政策 （22）
　　范例一　TF公司部门、基层单位负责人薪酬改革访谈提纲 （26）
　　范例二　TF公司薪酬项目需要公司提供的基础信息资料清单 （27）
　　应用分析　"十一五"期间薪酬设计实践的变革及其特点 （28）

第二模块　计点法岗位评价流程及其技术要点 （39）

第一节　编制部门说明书和岗位说明书 （40）
第二节　设计计点法岗位评价标准体系 （44）
第三节　召开岗位评价会议，实施岗位评价 （48）
第四节　岗位评价数据处理与岗位等级划分 （50）
　　范例一　部门职能说明书示例 （57）
　　范例二　岗位说明书示例 （58）
　　范例三　《DLWZ公司岗位说明书》填写说明 （67）
　　范例四　DLWZ公司岗位评价标准体系 （70）
　　范例五　[美]纺织业工作评价体系 （78）
　　范例六　关于召开DLWZ公司岗位评价会议的通知 （82）
　　范例七　关于准备岗位评价会议《处室及所属岗位信息交流资料》的通知 （84）
　　范例八　DLWZ公司岗位评价记录表 （87）
　　范例九　××公司岗位评价点数汇总表（摘录） （88）

范例十　××供电公司岗位等级划分初评结果与复评表（摘录）……………（89）

第三模块　工资结构调整与工资标准测算 ………………………………（91）

第一节　工资测算的一般流程 ………………………………………………（92）
第二节　岗位工资中线测算：数字测算法 …………………………………（103）
第三节　岗位工资中线确定：薪酬调查法 …………………………………（113）
第四节　岗位工资中线测算：存量推定法 …………………………………（119）
第五节　设计薪酬浮动幅度和工资宽带 ……………………………………（134）
第六节　一岗多薪工资标准确定方法 ………………………………………（139）
第七节　纳入工资标准档次的办法 …………………………………………（143）
第八节　工资调整与薪酬预算 ………………………………………………（149）
第九节　编制工资支付清单 …………………………………………………（155）
范例一　××公司岗位职能等级评价办法 …………………………………（160）
范例二　××公司工资改革前后员工工资增减对比表（摘录）……………（166）
范例三　××高新建材有限公司职工工资变动审批表（样表）……………（167）
范例四　某公司员工提薪规定 ………………………………………………（168）

第四模块　绩效工资计发设计 ……………………………………………（173）

第一节　绩效工资的内涵及绩效工资形式 …………………………………（174）
第二节　绩效工资计发的基本思路 …………………………………………（175）
第三节　部门绩效工资计发：一级考核、一级分配办法 …………………（176）
第四节　部门对所属人员绩效工资计发：二级考核、二级分配
　　　　办法 …………………………………………………………………（178）
范例分析一　某规划设计公司薪酬支付办法 ………………………………（182）
范例分析二　HJ公司部门绩效工资计发实施细则 …………………………（187）
范例分析三　海尔公司日清日高管理法 ……………………………………（195）
范例分析四　ZJK电力检修有限公司有效工时工资制度 …………………（198）

第五模块　薪酬方案系列文件设计 ………………………………………（201）

第一节　薪酬方案系列文件的组成 …………………………………………（202）

第二节　薪酬方案系列文件之一——HYhg 研究院薪酬项目初期报告 ……………………………………………………………………………… (203)

第三节　薪酬方案系列文件之二——HYhg 研究院岗位职能绩效薪酬制度方案（试行） …………………………………………………… (219)

第四节　薪酬方案系列文件之三——HYhg 研究院工资标准测算的说明 ……………………………………………………………………… (232)

第五节　薪酬方案系列文件之四——HYhg 研究院绩效工资计发实施细则（试行） …………………………………………………………… (240)

第六节　薪酬方案系列文件之五——关于制定 HYhg 研究院薪酬方案的说明（项目总结） …………………………………………………… (253)

第六模块　典型薪酬方案范例精读与分析 ………………………………… (263)

BFHQ 公司工资分配方案（试行）——BFHQ 公司工资改革文件之一 ……………………………………………………………………… (264)

关于 BFHQ 工资标准测算的简要说明——BFHQ 公司工资改革文件之二 ……………………………………………………………………… (280)

关于制定《BFHQ 公司工资分配方案（试行）》的说明——BFHQ 公司工资改革文件之三 …………………………………………………… (284)

ZGSH 有限公司薪酬方案（试行） ………………………………………… (286)

BJKJ 公司岗位资质绩效工资制方案 ……………………………………… (295)

RH 医药有限公司绩效工资实施细则（试行） …………………………… (314)

参考文献 ……………………………………………………………………… (332)

后记 …………………………………………………………………………… (334)

第一模块

薪酬方案设计理念与设计流程

薪酬设计全程指导

【核心技能】

1. 薪酬方案设计的内容，薪酬方案设计的一般流程；
2. 新世纪收入分配改革的背景、趋势和特点；
3. 劳动和社会保障部关于深化企业内部分配制度改革指导意见的内容。

【重点概念】

薪酬方案设计　薪酬方案设计内容　薪酬方案设计流程　新世纪收入分配制度改革　企业内部收入分配制度改革

第一节　薪酬方案设计及设计流程

一、薪酬方案设计的概念、内容和任务

（一）薪酬方案设计的概念

薪酬方案设计或称工资方案设计，是指在周密调查、征求意见和系统分析的基础上，明确工资改革的目标和原则，确定工资改革的内容，拟订工资改革的实施办法，使之形成一个用文字表述的、各个组成部分具有内在联系的有机整体的工作过程。薪酬方案设计的目的，是为日常的工资分配提供一个政策性文件，以作为处理日常工资分配的准则和操作规范。

（二）薪酬方案设计内容

薪酬方案设计应围绕工资工作体系进行。工资工作体系由劳动定额、工资等级制度和工资形式组成。

围绕工资工作体系，薪酬方案设计的内容一般包括：

1. 薪酬方案的指导思想、目标和原则设计。
2. 薪酬制度设计，即选择什么模式的工资等级制度，是年资型、职位型的，还是职能型、多元型的。
3. 岗位等级评定设计，即采用什么形式的工作评价，以及工作评价的实施计划。
4. 工资结构和工资标准设计，包括工资总额在基本工资、绩效工资、津贴补贴之间的分配比例及具体标准，相对固定的基本工资和浮动的绩效工资之间的比例。

第一模块 薪酬方案设计理念与设计流程

5. 工资支付设计，即应发基本工资、应发绩效工资计发设计（包括目标绩效、目标绩效工资、目标绩效工资随目标绩效挂钩浮动的办法，两级考核、两级支付的办法），津贴、补贴支付的条件和范围，职工不能提供正常劳动下的特殊情况下的工资如何支付等。

6. 特殊劳动者群体工资方案或工资支付设计，如对经营者（侧重年薪制和长期报酬激励设计）、科技人员、营销人员的工资设计。

7. 人工成本整体设计（或称整体薪酬设计），即包括工资、社会保险、基本福利和补充的保险福利在内的一揽子计划。

8. 由于薪酬改革或工资改革不能"单打一"，所以，还要考虑与工资改革配套的用工制度、竞聘上岗制度的设计等。

此外，工资的晋升和调整、市场招聘人员和新参加工作人员的工资待遇也是不可缺少的内容。

（三）薪酬方案设计的目标和任务

在不同单位、不同时期，薪酬设计的目标和任务是不同的，下面以2008年3月为HYhg研究院设计的薪酬方案为例，说明一般单位薪酬改革或薪酬调整要实现的基本目标和主要任务。

在初步调研的基础上，确定HYhg研究院本次薪酬改革的基本目标，即按照现代企业收入分配制度的要求，根据《劳动法》和《劳动合同法》，根据HYhg研究院的实际，以按岗位定酬、按能力定酬、按业绩付酬为主线，初步建立起兼顾内部公平、外部公平、个人公平和程序公平的具有激励机制和约束机制的新的薪酬管理制度体系。

本次薪酬改革的主要任务确定为以下五项：

1. 构建新的薪酬制度

这次薪酬改革的首要任务是转换HYhg研究院员工的工资制度，将所有员工现行的工资制度转换为适应现代企业体制需要的新的薪酬制度，并纳入新的薪酬制度的轨道。

按照建立现代企业岗位职能绩效工资制度的要求，薪酬方案以"按岗位定酬、按能力定酬、按绩效付酬"为主线设计；工资的确定、调整与支付，以岗位、能力和绩效为导向。

2. 合理确定新的工资水平，初步理顺工资关系

对工资存量和增量，按照内部一致性的原则，参照市场劳动力价位，以岗位评价确定的岗位相对价值和员工的岗位职能为依据，结合HYhg研究院的实际，合理确定不同岗位、同等岗位不同人员之间的工资差距，初步理顺工资关系。

3. 整合调整薪酬结构

整合调整薪酬结构有两个方面的任务。

第一，在理顺工资关系的基础上，将员工2007年的工资支付项目及其存量，以及2008年计划的10%工资增量，通过整合简化，形成新的工资结构。

第二，调整不同岗位等级、不同岗位性质的岗位职能工资和岗位绩效工资各自所占的比例。

4. 改革、调整绩效工资的计发办法

为此，需要专门制定《HYhg研究院绩效工资实施细则》。重新划分了绩效考核责任部门，规定企管处为部门考核责任部门，人教处为员工绩效考核和应发绩效工资责任部门。改革绩效工资计发的依据和办法。

5. 建立正常的工资调整机制和运行机制

包括个人工资调整、整体工资调整和工资关系调整三种方式。

二、薪酬方案设计的一般流程

对于薪酬方案设计的一般流程，下面以《JX发电有限责任公司薪酬方案项目进度安排》说明，见表1—1。

表1—1　　　　　　　　　JX发电有限责任公司薪酬方案项目进度安排

工作阶段	主要任务	工作事项	工作成果
前期基础性准备阶段	领导决策建立机构前期调研宣讲动员	1. 领导班子统一思想，做出薪酬改革决策 2. 建立薪酬改革机构：领导小组、薪酬方案办公室、岗位评价委员会 3. 人员培训到位（理论、理念培训——全员；技术培训——岗位直接上级、岗位评价委员） 4. 信息采集——项目前期调研（访谈调研、文件调研、统计调研），撰写项目初期报告（也可放在项目启动后开始） 5. 薪酬改革宣讲动员启动会	1. 做出薪酬改革决策 2. 建立健全机构 3. 启动薪酬改革
第一阶段（三周）	三定方案；确定岗位说明书、部门职能说明书	1. 公司三定方案（定机构、定岗位、定员，包括部门职能配置、岗位职责） 2. 确定岗位清单。内容包括序号、部门、岗位名称、岗位性质、岗位编号、岗位人数 3. 设计印发《岗位说明书》样本、范本和《岗位说明书填写说明》；设计部门职能说明书样本、范本 4. 对中层（岗位直接上级）以上领导进行工作分析、岗位说明书的编写培训 5. 根据"三定"方案，部署岗位直接上级填写《岗位说明书》，间接主管审查，人力资源部审核，薪酬方案办公室修改汇总	1.《岗位清单》 2.《岗位说明书》 3.《部门职能说明书》

续表

工作阶段	主要任务	工作事项	工作成果
第二阶段（两周）	准备岗位评价资料	1. 起草《岗位评价标准体系》，征求意见，进行修订 2. 印发《召开岗位评价会议的通知》，部署部门负责人撰写《部门及所属岗位信息交流资料》 3. 印制岗位评价资料 （1）《岗位清单》 （2）《岗位说明书》 （3）《岗位评价标准体系》 （4）《岗位评价记录表》 （5）《部门及所属岗位信息交流资料》	1. 岗位评价资料齐备 2.《岗位评价会议通知》印发
第三阶段（两周）	召开岗位评价会议，实施岗位评价	略，具体程序见"计点法工作评价流程及其技术要点"一章的有关内容	《公司岗位等级表》
第四阶段（两周）	工资结构调整与工资标准测算	1. 统计调查：将公司所有人员分别纳入岗位等级，进行工资总额、工资水平、工资差距、工资组成调查 2. 确定工资总额投入量 3. 进行年薪价位调查，根据年薪价位和工资存量等因素，测算、确定岗位工资基准，即一岗一薪工资标准表（工资政策线） 4. 在一岗一薪的基础上，按照保健因素和激励因素相结合的原则，确定工资结构 5. 以体现同一等级岗位不同人员的劳动差别为原则，将工资组成中的固定部分，制定一岗多薪工资标准表和工资档次纳入表 6. 将新工资标准测算到人，进行模拟测算，直到可行、可靠为止 7. 将前述工作综合起来，起草薪酬方案	1.《工资标准表》 2.《工资标准测算说明》 3. 薪酬方案（讨论稿）
第五阶段（两周）	审核、修订、通过、宣讲《薪酬方案》	1. 就薪酬方案征求公司领导小组和各方面意见 2. 对薪酬方案做最终修订 3. 按照《劳动合同法》第4条的规定，将薪酬方案提交职工代表大会或者全体职工讨论，提出修改方案和意见，与工会或者职工代表平等协商确定 4. 适当时间安排向职工大会宣讲，完成薪酬方案告知法律程序	薪酬方案（定稿）

第二节　薪酬设计决策要点及其策略选择

进入新世纪以来，绝大部分企业、事业单位都进行了不同角度、不同深度的薪酬改革。薪酬改革设计中的政策和策略决策要点，一般集中在10个问题上，见表1—2。

表1—2　　　　　　　　　薪酬设计政策和策略决策问题一览表

序号	薪酬政策和策略决策要点
1	企业与员工之间的分配关系
2	员工之间的分配关系
3	薪酬水平定位
4	工资等级制度的选择（岗位/技术/能力，几者的组合）
5	薪酬结构（薪酬组成）
6	岗位工资标准的设置，是一岗一薪制还是一岗多薪制
7	是否一种或多种用工的工资制度
8	基本工资和绩效工资计发办法
9	特殊情况（不能提供正常劳动）下的工资支付
10	如何建立正常的工资调整机制

一、企业与员工之间的分配关系

在实际分配中，有两种倾向需要纠正：一种是向员工倾斜，另一种是向投资者倾斜。理想的分配状况是兼顾劳动者与投资者的关系，做到利润不侵蚀工资，工资不侵蚀利润。

收入分配向员工倾斜，这是国有单位容易发生的问题。例如，GC公司自1997年以来，收入分配开始有意识地向员工倾斜，到2001年，公司员工的劳动分配率高达60%以上，高出行业市场工资50%以上。又如GH公司，从2001年开始，收入分配向个人倾斜，到2004年，员工平均税前工资水平为31.55万元，劳动分配率高达67%，比行业劳动分配率高出60%多。这个单位的司机一年跑车不到2 000公里，上班时间主要是打游戏，但一年的工资奖金有13万多元，如果不是亲眼所见，简直难以置信。因此，这两个单位2004年分配制度的改革，首先是从调整企业和员工的分配关系入手，参照行业工资水平，把过高的工资水平、过高的劳动分配率直线下降到位。

收入分配向企业倾斜，这是一些私营企业、私有控股企业容易发生的倾向。例如，某省某医药公司的一般员工分为两种身份：一种是劳务派遣工，每月固定工资300～375元，每月奖金 210 元，两者合计 510~585 元，多数派遣员工低于当地的最低工资；另一种是劳动合同工，每月固定工资 530 元，每月奖金 210 元，两者合计 740 元。企业面临的问题是工资待遇过低，公司经常为员工流失影响正常的生产经营而着急。因此，其 2008 年工资调整的重点是主动在有限的利润内让利于员工，将一般员工的工资直接提高到能够保留员工的水平上，并逐渐统一劳务派遣工和劳动合同制职工两种用工身份人员的工资待遇。

二、员工之间的分配关系

员工之间分配关系的核心是处理好不同部门、不同岗位、不同资历、不同资质员工之间的工资关系。多数单位改革前的办法是按行政级别确定工资等级。例如，某地铁运营公司机关管理人员，2004 年部长及以下职位任职人员的工资等级只有四级：部长、副部长、科长、科员。其带来的后果是技术高、责任重的部门、岗位缺乏责任感，以至于影响公司战略目标和年度经营目标的实现；在同一行政级别的员工中，工作年限、专业技术资格、技术等级的因素在工资上得不到反映，凸显工资平台。

该公司于 2005 年开始分两个步骤着手解决这个问题。

第一步，从工资等级制度入手，即将行政等级工资制改为职位等级工资制，两者的区别在于：行政等级工资制是处于什么级别，挣什么级别的工资；而职位等级工资制，是干什么活、负什么责任，挣什么工资，其核心要解决的是任职"岗位价值"的问题，也就是"按岗位定酬"问题。2005 年，该地铁公司对处级（部长、副部长）管理人员依据劳动三个要素（责任风险程度、工作强度、工作环境）进行了责任风险等级评价。通过评价，将原来仅有的正处级、副处级两个等级扩展为了十个责任风险等级，并相应地确定责任风险等级工资系数（见表 1—3）。对科级及以下职位依据劳动四要素（劳动复杂程度、劳动责任、劳动强度、劳动环境）进行职位评价，通过评价，将原来只有科长、科员两个行政等级扩展为七个等级，并相应地确定了职位等级工资基准系数，见表 1—4。

表 1—3　　　　　　　公司处级职位责任风险等级工资系数表

责任风险等级	职位责任风险评价点数	责任风险等级系数（一岗一薪）
一	525	1.00
二	575	1.10
三	618	1.18
四	661	1.26
五	707	1.35
六	751	1.43
七	793	1.51

续表

责任风险等级	职位责任风险评价点数	责任风险等级系数（一岗一薪）
八	839	1.60
九	886	1.69
十	930	1.77

表 1—4　　　　　公司机关科及以下职位责任风险等级工资系数表

职位等级	职位评价点数	职位工资中线系数（一岗多薪）
一	706 以上	2.08
二	666～705	1.92
三	626～665	1.80
四	586～625	1.67
五	546～585	1.55
六	506～545	1.43
七	505 以下	1.31

第二步，对员工依据本人工作年限、专业技术资格及专业技术年限等进行区分，解决同一岗位等级内不同任职人员的"人的价值"问题，也就是"按人（能力、资质、资历）定酬"问题。

接上例。该地铁公司在解决了处级人员职位责任风险等级工资之后，为了解决行政级别相同任职人员不同的问题，又建立了级别工资单元。级别工资标准表见表 1—5，级别工资档次纳入表见表 1—6。

表 1—5　　　　　　　　公司处级人员级别工资标准表

工资标准	档差	1	2	3	4	5	6
正处级	250	5 750	6 000	6 250	6 500	6 750	7 000
副处级	200	4 600	4 800	5 000	5 200	5 400	5 600

表 1—6　　　　　　公司处级人员级别工资标准档次纳入表

任职年限 \ 工作年限	15 年以下	16～20 年	21～25 年	26 年以上
5 年以下	1	2	3	4
6～10 年	2	3	4	5
11 年以上	3	4	5	6

在对科及以下职位确定职位等级及职位工资中线系数的基础上，为了解决同一职位等级内不同任职人员的工资区分问题，将职位工资中线系数扩展为一岗十二薪，见表 1—7，科

及以下职位任职人员工资档次纳入表，见表1—8。

表1—7　　　　　公司机关科及以下职位任职人员管理职位工资档次系数表

职位等级	级差	档差	工资标准档次											
			1	2	3	4	5	6	7	8	9	10	11	12
一	—	50	1.94	1.96	1.98	2.00	2.02	2.04	2.06	2.08	2.10	2.12	2.14	2.16
二	400	50	1.78	1.80	1.82	1.84	1.86	1.88	1.90	1.92	1.94	1.96	1.98	2.00
三	300	50	1.65	1.67	1.69	1.71	1.73	1.76	1.78	1.80	1.82	1.84	1.86	1.88
四	300	50	1.53	1.55	1.57	1.59	1.61	1.63	1.65	1.67	1.69	1.71	1.73	1.76
五	300	50	1.41	1.43	1.45	1.47	1.49	1.51	1.53	1.55	1.57	1.59	1.61	1.63
六	300	50	1.29	1.31	1.33	1.35	1.37	1.39	1.41	1.43	1.45	1.47	1.49	1.51
七	300	50	1.16	1.18	1.20	1.22	1.24	1.27	1.29	1.31	1.33	1.35	1.37	1.39

表1—8　　　　　公司机关科及以下职位任职人员工资档次纳入表

专业技术资格	技术年限＼工作年限	15年以下	16～20年	21～25年	26年以上
初级	5年以下	1	2	3	4
	6～10年	2	3	4	5
	11以上	3	4	5	6
中级	5年以下	4	5	6	7
	6～10年	5	6	7	8
	11年以上	6	7	8	9
高级	5年以下	7	8	9	10
	6～10年	8	9	10	11
	11年以上	9	10	11	12

三、薪酬水平定位

薪酬水平要解决的问题是，与企业外部市场的同类劳动力相比，本企业员工工资水平的定位问题，即在解决"内部公平"的基础上，解决"外部公平"问题。大致有四种选择：

第一种，领先型。对所有员工支付市场工资75%点之上的工资。此种选择能够保证高质量劳动力的供应；能够增加"偷懒"被辞退的机会成本，因此促使员工自我监督，节约监督成本；能够给员工带来公平感，通过回报观念提高员工工作努力程度，进而提高生产率。选择领先型的企业，往往是经济效益好的国有企业、有规模的外商投资企业。

第二种，跟随型。对所有的员工支付大体相当于市场工资50%点的工资。此种选择能够保证一定质量劳动力的供应，又不致提高人工成本，但也存在优质劳动力流失的风险。选择跟随型的企业，往往是经济效益一般的企业。

第三种，滞后型。对绝大多数员工支付大体等于市场工资25%点的工资。此种选择虽然保证了低水平的人工成本，尽管劳动力流动率很高，但也能基本保证劳动力的供应。选择滞后型的企业，往往是企业技术含量不高、经济效益一般或较差、处于原始积累期的企业。

第四种，分层处理型。2008年东北某集团公司提出分配改革要"积聚高端、稳定骨干、流动通用"就是这个意思。在进入21世纪的前几年，不少企业在分配改革中做了这样的选择，使中高层管理人员与一般员工的工资差距越来越大。但自从2006年中央政治局提出"更加注重社会公平"以来，这种选择受到了挑战。由于继续提高中高层管理人员的工资已经没有多少文章可做，在近两年的分配改革中，一些企业向"限高、提低、增中"的和谐分配转变。例如，通辽发电总厂2008年工资改革后，与工资存量相比，中层管理人员平均工资增长不到5%，而中下岗位等级员工的工资普遍增长10%，甚至20%以上；通发实业公司的工资改革，中层管理人员有增有减，平均工资几乎没有增长，但中层以下员工，工资增长普遍在15%以上。

四、工资等级制度的选择（确定工资等级的依据因素）

工资等级制度的核心是依据什么因素确定员工的工资等级，是以工作为依据、以能力为依据，还是两者都要考虑。

第一种选择是职位型工资制，其确定工资等级的主要依据是劳动者从事劳动的职位等级或岗位等级。干同样的活，挣同样的钱，而不管人们的技术、能力如何。人们往往认为"不同人，但同工就同酬"。

第二种选择是职能型工资制，其确定工资等级的主要依据是劳动者按照技术等级标准或业务等级标准考评确定的技术等级或业务等级。有时干同样的活，挣不同的钱。人们往往认为"同工不同酬"。

第三种选择是岗位职能工资制。在分配咨询实践中，编者把岗位职能工资制演变发展成为两个工资单元。

1. 岗位职能工资单元（或称"岗位资质工资单元"或"岗位能级工资单元"），工资标准为一岗多薪，纵向体现岗位的价值，横向体现人的价值。在劳动者提供正常劳动的情况下，固定支付；在不能提供正常劳动的情况下，按特殊情况下的工资支付规定支付。

2. 岗位绩效工资单元，工资标准为一岗一薪，只纵向体现岗位的价值。岗位绩效工资根据公司、部门、个人的绩效表现支付，是工资构成中的全浮动部分。

可以认为，岗位职能工资制，兼顾了保健因素和激励因素，较好地解决了公平与效率的关系问题，或者说稳定和效率的关系问题。

五、薪酬结构（薪酬组成）

薪酬构成的外延有宽窄之分。宽是指工资与保险福利两者之间的安排，窄是指工资组成项目的比例安排。

1. 工资组成项目的安排

从目前掌握的情况看，工资组成项目的安排有以下三种做法：

（1）全固定。即每人只有一个工资标准，工资支付不随员工绩效好坏浮动，每月照发，但员工不称职的，予以辞退。总的来看，员工收入风险很小，但员工缺乏提高绩效的动力。

（2）全浮动。工资实行全额计件或全额提成，收入上不封顶，下不保底，工资风险全部由员工承担。

（3）固定与浮动相结合。例如，YM 发电公司将岗位工资分为固定支付的岗位基本工资和考核支付的岗位绩效工资单元。不同岗位等级两者的比例见表1—9。

表1—9　　　　　YM发电公司岗位基本工资和岗位绩效工资比例

岗位等级	岗位工资合计（%）	岗位基本工资占岗位工资（%）	岗位绩效工资占岗位工资（%）
1~3	100	70	30
4~6	100	65	35
7~8	100	60	40
9	100	55	45
10~13	100	45	55
14	100	40	60

从表1—9中可以看出，随着岗位等级的提高，岗位基本工资占岗位工资的比例越来越小，而岗位绩效工资占岗位工资的比例越来越大。

又如，JX发电公司将工资组成分为4个单元，每个单元的名称及比例见表1—10。

表1—10　　　　　　　JX发电公司工资组成

工资单元	工资单元名称	每单元工资占工资总额（%）	支付方式
一	职位职能工资	60	固定
二	职位绩效工资	30	浮动
三	生产性津贴	9	固定
四	生活性补贴	1	固定
合计	—	100	

2. 工资与保险福利两者之间的安排

目前一般企业单位承担的保险福利项目主要包括:养老保险缴费,一般占工资总额的20%,医疗保险缴费(含大额医疗互助保险1%)10%,失业保险缴费1%,生育保险0.8%,工伤保险0.5%,企业年金4%~8.33%,补充医疗保险4%,住房公积金12%,加起来占工资总额的52.3%~56.33%。此外,加上"企业发生的职工福利费支出,不超过工资薪金总额14%的部分,准予扣除",保险福利费用总额占工资的比例高达66.3%~70.3%。这意味着,如果足额支付和足额发生的话,每发生100元的工资支出,将随之发生66.3~70.3元的保险福利费用。如何处理两者的关系,企业实际的选择有三种:

(1) 以工资总额为基数,按规定的比例足额缴纳。选择此种做法的,多为国有企业、国有控股企业,特别是国有垄断企业。原因大致有两个:一是有足够的支付能力;二是预算软约束,即使缺乏足够的支付能力,也要力保员工,特别是在编职工利益的最大化。

(2) 以基本工资为基数,按规定的比例缴纳。一些经济效益不稳定的企业倾向做此选择。

(3) 按政府规定的最低缴费基数和缴费比例缴纳。大多数民营企业倾向做此选择。

六、岗位工资标准的设置,是一岗一薪制还是一岗多薪制

一岗一薪制,即在同一等级的岗位,一个等级只设置一个工资标准。如司机,统统是每月1 500元,电工,统统是1 600元;科员,不管是经济员,还是经济师,统统是1 800元。对于同一个人来说,做同样内容的工作,初级工每月是1 200元,中级工还是1 200元,高级工仍是1 200元。一岗一薪制的理念是,岗位价值是相同的,在同一等级岗位上劳动的人员的价值也应该是相同的。但一岗一薪明显存在的问题是:就不同的员工来说,在横向上忽视了同等级职工之间的年功差别、经验差别和技术差别,工资平台化;就本人来说,本人年功的增加、经验和技术的提升,在工资上得不到回报和体现。

一岗多薪制,即在一个岗位等级中设计多个档次的工资标准。工作年限、任职年限或技术年限长的,专业技术等级或技术等级高的,纳入高档次的工资标准;工作年限、任职年限或技术年限短的,专业技术等级或技术等级低的,纳入低档次的工资标准。工资标准按照一岗多薪设置的理念和依据是:

1. 尽管岗位的价值是相同的,但在同一岗位上劳动的人员价值是不同的,客观上存在着年功、经验以及能力上的差别,这些都会对劳动的过程和结果产生影响,这就要求工资体现年功、经验以及能力上的差别,避免工资平台。

2. 在纵向晋升通道狭窄的情况下,应当为岗位任职人员提供横向晋升工资的通道。

3. 从工资上激励员工立足本职提高专业技术水平,从人力资本的增加上提升企业的核心竞争力。

那么，在什么情况下或者什么样的单位，岗位工资应当按一岗多薪设置呢？

1. 在工资组成中，没有另外设置年功工资单元、职称津贴和技术津贴单元的单位。或者即使设置了年功工资单元、职称津贴和技术津贴单元，但标准过低，不足以体现年功、职称、技术的价值的单位。

2. 不设置专业技术岗位和技术岗位，只以行政层级（"官级"）设置岗位等级的单位。

3. 需要申办行业资质，即本单位申办一级资质、二级资质、三级资质对人力资源专业技术素质有很高要求和限制的企业，如建筑业、房地产业等。

4. 在同一等级岗位上工作的人员，确实存在着年功差别、经验差别、技术差别，而这些差别对工作过程和工作结果确实存在一定的影响。

七、是否统一两种用工的工资制度

多数单位的现实情况是：多种用工制度、多种工资制度，"老人"和"新人"工资结构、工资标准不统一。在工资改革中，不同单位根据自己的实际情况分别做出了不同的策略选择。

1. 统一工资结构、工资标准，但对"老人"给予保留工资的保护

某研究所控股企业，员工由聘任合同制员工、劳动合同制员工两部分组成。聘任制员工执行事业单位工资制度，合同制员工执行劳动合同约定的工资标准，按可比口径，两种用工工资水平相差50%以上。2005年工资调整采用的策略是：首先统一两种用工的工资结构、工资标准；之后，对于聘任员工通过建立"保留工资"给予一定的保护。保留工资的标准是：根据聘任职工的工作年限分段累计计算，即工作年限在10年以下的，每年5元；工作年限在11~20年的，每年10元；工作年限在21年以上的，每年20元。保留工资计算到2005年为止，并"封顶"，保留工资最高以350元为限。

2. 不分"老人""新人"，统一进行市场化工资改革

某化学公司为国有控股企业。工资改革之前，由上级单位派出聘任制员工40人，派出单位的工资照发，再执行本公司的工资制度；公司招收的劳动合同制员工73人，执行本公司的工资制度。聘任员工比合同制员工工资平均高出66%。2008年公司工资改革，按照市场工资率统一了两种用工的工资结构和工资标准。劳动合同制员工工资普遍有所提高，而普通岗位聘任员工的工资普遍下降，如两位聘任制司机，改革前每月工资5 000多元；按照市场化工资改革后，工资直线下降到2 500多元。

3. "老人"按"计划体制"继续提高工资标准，"新人"按照"市场体制"确定市场工资标准

某地医药公司将员工分为集团派出员工、劳动合同制员工、劳务派遣工三种。改革前的

工资关系是：集团派出员工比劳动合同制员工高，且工资组成项目多；劳动合同制员工又比劳务派遣员工高。

2008年改革采用的策略是：统一三种用工的工资结构，但限于工资的支付能力，最后不得不实行双重工资标准，即将劳务派遣员工（营业员岗位）的工资提高到最低工资；而对集团派出员工和劳动合同制员工则统一工资标准，以"有所提高"和"吸引、保留"为原则，将工资标准定位于市场中上水平。其结果是同一等级的员工，两种身份，两种工资标准。

类似这样处理的还有某化工研究院。改革前一般岗位的"老人"工资组成项目多，工资标准高，但改革中不但不能降低工资，还要有所提高，以分享改革成果。但"新人"的工资标准与"老人"看齐，工资就会大大高出市场工资水平，导致不必要地加大产品的人工成本。最后采取的策略是，对同一等级的员工，"老人"老标准，按"计划体制"继续提高工资标准；"新人"新标准，按照"市场体制"确定市场工资标准。某化工研究院1～4级"双轨制"的工资标准，见表1—11。

表1—11　　　　　　　某化工研究院岗位工资标准表　　　　　　单位：元/月

岗位等级	月薪标准	职能工资档次标准															绩效工资标准
		1	2	3	4	5	6	7	8	9	10	11	12	13	14	15	
一副	1 200	600	640	680	720	760	800	840	880	920	960	1 000	1 040	1 080	1 120	1 160	360
一	2 700	1 320	1 415	1 510	1 605	1 700	1 795	1 890	1 985	2 080	2 175	2 270	2 365	2 460	2 555	2 650	810
二副	1 500	750	800	850	900	950	1 000	1 050	1 100	1 150	1 200	1 250	1 300	1 350	1 400	1 450	450
二	2 900	1 460	1 555	1 650	1 745	1 840	1 935	2 030	2 125	2 220	2 315	2 410	2 505	2 600	2 695	2 790	870
三副	2 000	980	1 050	11 220	1 190	1 260	1 330	1 400	1 470	1 540	1 610	1 680	1 750	1 820	1 890	1 960	600
三	3 000	1 470	1 575	1 680	1 785	1 890	1 995	2 100	2 205	2 310	2 415	2 520	2 625	2 730	2 835	2 940	900
四副	2 500	1 210	1 300	1 390	1 480	1 570	1 660	1 750	1 880	1 970	2 060	2 150	2 240	2 330	2 420	2 510	750
四	3 110	1 520	1 630	1 740	1 850	1 960	2 070	2 180	2 290	2 400	2 510	2 620	2 730	2 840	2 950	3 060	920

备注：本表中一、二、三、四级工资标准用于"老人"；一副、二副、三副、四副级工资标准用于"新人"。

八、基本工资、绩效工资计发办法

1. 基本工资计发

岗位基本工资（岗位职能工资或岗位资质工资）是工资构成中的相对固定部分。在员工正常出勤、提供正常劳动的情况下，每月固定支付。在不能正常出勤的情况下，因私事假，按日扣减；因病、婚、丧、生育等法定事假，按照政府关于特殊情况下工资支付的规定执行。

2. 岗位绩效工资的计发

岗位绩效工资的计发，其着眼点是建立起两个机制：一是结合岗位基本工资的确定，把现有"面包"分好的机制；二是促进把"面包"做大的机制，解决发展问题。毕竟"发展是硬道理"。

岗位绩效工资是工资构成中的全浮动部分。一般企业的选择是两级考核、两级支付。

一级考核、一级支付，即以部门为考核单位，根据考核结果，决定各部门月度及年度应发绩效工资总额。

二级考核、二级支付，即以岗位任职人员为单位，按月或按年结算，由各部门对所属任职人员，根据绩效考核结果，决定岗位任职人员的月度及年度应发绩效工资。

确定部门或员工绩效工资支付办法的一般操作步骤是：

首先，确定目标绩效和目标绩效工资。

其次，确定目标绩效工资随目标绩效的实现程度浮动计发的办法，具体办法有百分考核计发法、个人或车间计件法、个人或部门提成工资法。

最后，根据目标绩效的完成程度计发绩效工资。

在这个过程中，需要先处理好一线业务技术生产部门员工的绩效工资计发问题，再处理好支持保障部门的绩效工资如何随一线部门绩效工资浮动的问题。

九、特殊情况（不能提供正常劳动）下的工资支付

特殊情况是指因病、工伤、产假、计划生育假、婚丧假、事假、探亲假、定期休假、停工学习等原因而导致的不能正常出勤为用人单位提供劳动服务的情形。

特殊情况的工资如何支付，是企业和职工高度关注并在薪酬方案中必须说明的问题。尽管国家印发了一系列相关的文件，但是这些文件大都发布在 20 世纪 50 年代至 80 年代，文件发布的背景与现实的情况发生了很大的变化。例如，50 年代至 80 年代，职工的工资结构单一，每人只有一个固定的工资标准。自 90 年代以来，多数用人单位实行了结构工资制，工资由基本工资和浮动工资组成；50 年代至 80 年代，员工工资水平低下，一个月就几十元；而目前很多单位的月平均工资是三四千元。在新的情况、特殊情况下，再以本人工资为依据照发或按一定的比例计发，显然不合时宜。那么，在实际薪酬方案设计中，企业做了什么策略选择呢？以病假及病假工资或疾病救济费为例：

1. 以岗位基本工资为依据（事业单位以本人岗位工资和薪级工资为依据），按国家规定的比例计发病假工资或疾病救济费。

2. 以最低工资为依据，直接按照最低工资的 80% 支付病假工资或疾病救济费。

与病假待遇有关还有病假期限，企业的策略选择有：

1. 病假期限没有时间限制。享受范围为"在编职工"或过去为固定工的"老人"。

2. 病假期限按照"医疗期"的规定执行。享受范围为签订劳动合同制的"新人"。

3. 病假期限,"凡非工伤引起的连续15天不能出勤的劳务工,按辞工办理"。这是一家民营控股企业的规定,并特别用于劳务派遣工。尽管这一规定并不符合法律的规定。

十、如何建立正常的工资调整及其增长机制

这里要回答的是:每次薪酬改革的当年或当月,员工都会有一个新的工资等级、工资档次及相应的新的工资标准。问题是第二年呢?第N年呢?这就要求必须建立正常的工资调整机制,总的要求是工资能增能减。具体来说,正常的工资调整机制应具备以下职能:

1. "岗变薪变"的纵向调整,即基本工资等级的调整,基本工资等级随着任职岗位的变动将会有升有降。

2. "技变薪变""龄变薪变"的横向工资档次(岗位级别工资档次、岗位薪级工资档次或岗位职能工资档次、岗位资质工资档次)调整。"龄"指缴费年限、技术年限或任职年限,也可以是两龄或三龄的组合。在一般情况下,工资的横向调整,工资将只升不降。

3. "绩变薪变",即绩效工资随单位、部门、个人取得的绩效挂钩浮动,其结果有增有减,属于工资组成中的活的部分。

结论:上述十个薪酬问题的决策相互交织在一起,基本组成和形成了包括薪酬目标、内部一致性、外部竞争力、员工贡献、薪酬管理在内的企业的薪酬战略体系或企业薪酬政策体系。

企业薪酬战略应满足两个基本要求。一是支持经营战略,促进价值增加,即薪酬决策主要是通过吸纳和留住关键人才、控制成本、激励员工不断学习和提高技能、提升绩效,保证企业经营战略和经营目标的实现;二是适应外部压力,即能承受周围环境中来自社会、市场竞争及法律法规等各方面的压力。

此外,薪酬决策还要注意与人力资源管理其他活动之间相适应。如企业的人力资源培训与开发,要想促进员工提高技能,就必须在薪酬政策上有所支持和体现,如"技变薪变"等。

第三节　21世纪收入分配改革的"九个特点""六个主旋律"

一、21世纪收入分配制度改革的背景

1999年党的十五届四中全会提出"建立与现代企业制度相适应的收入分配制度"之后，2000年10月，党的十五届五中全会进一步提出"鼓励资本、技术等生产要素参与收益分配。随着生产力的发展，科学技术工作和经营管理作为劳动的重要形式，在社会生产中发挥着越来越重要的作用。在新的历史条件下，要深化对劳动和劳动价值理论的认识。建立健全收入分配的激励与约束机制。对企业领导人和科技骨干实行年薪制和股权、期权试点。"紧接着，2000年劳动和社会保障部印发了《进一步深化企业内部分配制度改革的指导意见》（劳社部发〔2000〕21号）。同年，中组部、人事部印发了《关于加快推进事业单位人事制度改革的意见》（人发〔2000〕78号）；中组部、人事部、卫生部印发了《关于深化卫生事业单位人事制度改革的实施意见》（人发〔2000〕31号）。可以认为，自2000年开始，我国的企事业单位一直处在新一轮的内部收入分配改革之中。

二、21世纪收入分配改革呈现的"九个特点"

与1990年到1993年期间所进行的上一轮工资改革相比，新一轮工资改革立足于工资分配或者说收入分配的机制转换与制度创新，并呈现出许多新的趋势和特点。

（一）与上一轮的工资改革相比，首先呈现出"三个不同"

1. 改革的体制基础不同。上一轮改革的基础是实行了几十年的计划经济体制，新一轮工资改革的基础是基本建立起来的社会主义市场经济体制。

2. 改革的出发点和着眼点不同。上一轮改革的出发点、着眼点是"过渡"。例如，在企业工资总额的决定上，实行的是具有过渡性质的"工效挂钩"办法或工资总额包干办法，以及后来在包干基础上改为的计税工资包干办法；在企业内部工资改革上，实行的是承认国家政策调资基础上的结构工资制和岗位技能工资制。经过了近20余年的双轨体制并行的过渡时期，市场机制已经在资源配置上日益发挥着基础性作用。随着改革实践的深入和眼界的开阔，人们对属于市场经济本质及其决定的分配方式，认识越来越清楚，改革着眼点已经不再局限于过渡措施的完善，而是着眼于构建与现代企业制度相适应的收入分配制度。

3. 指导改革实践所运用的理论基础不同。上一轮改革所运用的理论是有计划的商品经

济理论和按劳分配理论。这一轮改革所运用的理论，是社会主义市场经济理论，基于这一理论，提出了按劳分配与按要素分配相结合的分配理论。此外还运用和借鉴了市场经济的工资决定理论，如边际生产率工资理论、均衡价格工资理论、人力资本工资理论、效率工资理论、委托—代理理论等。

（二）由按劳分配扩展到全部要素参与分配，并特别重视管理要素和技术要素参与分配

1997年，党的十五大提出，完善分配结构与分配方式，把按劳分配同生产要素分配结合起来。2000年10月，党的十五届五中全会进一步提出，"鼓励资本、技术等生产要素参与收益分配。随着生产力的发展，科学技术工作和经营管理作为劳动的重要形式，在社会生产中发挥着越来越重要的作用。在新的历史条件下，要深化对劳动和劳动价值理论的认识。建立健全收入分配的激励与约束机制。对企业领导人和科技骨干实行年薪制和股权、期权试点"。2002年，党的十六大进一步明确，"确立劳动、资本、技术和管理等生产要素按贡献参与分配的原则，完善按劳分配为主体、多种分配方式并存的分配制度"。

1. 按管理要素分配。目前进行的经营者年薪制试点中，年薪支付方式有四种：基本年薪加效益年薪；基本年薪加效益年薪，其中效益年薪的部分用于购买本企业股份；基本年薪加认股权（期权、期股）；基本年薪加效益年薪加认股权（期权）加特殊贡献收入。

2. 按技术要素分配。主要形式有：一是对科技人员实行高薪制。二是试行科技成果和技术专利作价入股，由科技发明者和贡献者持有。有关政策明确提出，以科技成果入股的，科技成果作价金额一般不超过企业注册资本的20%。以高新技术成果入股的，高新技术成果的作价金额一般不超过注册资本的35%。三是科技产品销售收入提成。四是赠与股权。五是优先购股权。

一些企业在实行岗位工资制中，岗位工资标准按照一岗多薪设计，专业技术水平高的、技术等级高的高档次，这也是一种把按技术要素分配纳入工资分配的好形式。这样按技术要素分配把技术工人包括进来。

3. 按资本分配。不少企业通过产权改革，职工获得了本企业的股份，以投资者的身份参与收益分配。

（三）单个劳动者工资高低的决定，越来越决定于职工本人积累的人力资本存量，即知识存量、技术存量及其表现出来的工作能力，以及同类劳动力的市场供求状况

在过去建立在计划经济基础上的"工效挂钩"体制下，职工个人工资的高低主要取决于所在单位经济效益的高低，结果在社会范围内发生了大面积严重背离按劳分配的状况。在符合市场经济的现代企业工资制度下，员工个人工资的高低，将主要取决于个人人力资本投资的多少，也就是个人通过人力资本投资积累的知识技术存量的多少及在工作中表现出来的实际能力。

有的企业甚至提出直接按人力资本定价，如1999年，许继集团就提出了工资按人力资本定价的概念并落实到年薪标准上。

人力资本存量不仅表现为学历的高低，而且表现为专业技术水平及技术水平的高低。专业技术水平或技术水平，是员工在职培训这种人力资本投资方式的集中体现，因此，按人力资本定价，也包括按专业技术水平或技术水平定价，包括对高级蓝领按人力资本定价。近几年来，国内市场高级技工的身价明显看涨。深圳市2001年第三次向社会公布的劳动力市场指导价位，高级钳工的市场价位比硕士研究生的月薪高800元。在山东省劳动和社会保障局举办的外商投资企业招聘洽谈会上，一家塑料制品公司给高级塑料磨具工开出了年薪16万元的天价。有专家指出，高级蓝领不仅包括从事高技术工作的高级技工，还包括复合型、智能型的技工，如机电一体化的车、钳、铣、刨等技能的通才。

实践表明，同类劳动力的供求关系是决定单个劳动者工资高低的市场条件，也就是说，人力资本存量高的，并且在市场上表现为稀缺的，人力资本投资才能收回，并且获得较高的报酬率。

（四）关键岗位和重要岗位人员的收入问题得到了前所未有的重视

其实际做法有3个：

1. 工资增量的分配重点用于技术高、责任重岗位工资的增加。基本做法是：在保证"苦、脏、累、险"岗位已经形成的收入水平并继续有所提高的基础上，工资增量重点用于"技术高、责任重"岗位人员工资水平的提高。

2. 改革不再局限于眼睛向内，过多地注意内部公平，而是放眼市场，力求工资对外具有竞争力。具体做法有：对关键岗位群体、对优秀人才实行谈判工资制或协议工资制；科技产品销售收入提成；采取特殊的工资福利措施，引进和稳定少数关键专业技术人才。

3. 重视战略性收入分配（薪酬）设计。即从实现企业的战略目标出发，着眼于企业的长期可持续发展，设计出能够激励人才脱颖而出，肯为企业长期奋斗，并在企业可持续发展的同时，使激励对象得到具有市场竞争力的、持久性的收入。具体形式有股票期权、期股；或者对现行的年薪制进行改进和完善，增加长期激励性的因素。

（五）普遍实行以岗位工资为主体的工资制度

2000年全国企业工资工作会议提出：改革企业基本工资制度，推行岗位工资制。在岗位划分明确的企业推行以岗位工资为主的基本工资制度。

以工作评价为基础的岗位工资制（或称职位工资制），由于是以岗位劳动的相对价值，并考虑了劳动力市场的供求关系来确定岗位工资标准，因此，岗位工资制有其他形式工资制度不可比拟的优点。其一，同工同酬，高岗高酬，低岗低酬；其二，劳动报酬主要看岗位劳动，与行政职务级别、资历、工龄等人们的身份、背景没有直接联系，在分配面前人人平等，并且有利于促进对员工的管理由身份管理到岗位管理的转变；其三，工资标准单一，价格明了，不管是计时工资制，还是计件工资制，工资计算简单；其四，与劳动力市场价位容易衔接，甚至可以直接引入劳动力市场价格作为企业内部职工个人工资的决定，以彻底改变国有单位中"简单劳动者的工资普遍高于市场价格，而高技术劳动者的工资低于市场价格"的状况；其五，岗位工资制可以把劳动者的能力、岗位和报酬高度统一起来。因此，凡是进行了工资改革的企业，都已完成了由其他工资制向岗位工资制为主体的工资制度的转变。

目前确定岗位工资标准的方法有：

1. 在通过工作评价划分岗位等级的基础上，在整合的工资总额内重新测算工资标准。
2. 在市场薪酬调查的基础上，比照市场价格定价。
3. 对普通岗位或多人参与竞争的岗位，竞价上岗，把市场决定工资的机制直接引入企业内部工资的决定。

（六）力求通过这次工资改革，建立起正常的工资调整和运行机制

在建立正常的工资调整和运行机制中，一般包括三个方面的内容：

1. 及时调整个人工资价位。包括"岗变薪变"，纵向晋级，也包括"技变薪变"横向晋档。为提高员工素质，有的单位还增加了"学变薪变"，鼓励青年人通过各种形式提高学历层次，在工资上给予横向晋档，以资鼓励。

还有的单位提出，应增加"考核晋档"，以激励业绩突出者。

2. 及时调整整体工资标准。根据政府工资指导线的变化、最低工资的调整、职工生活水准的提高等因素，定期整体调整职工工资标准。
3. 及时根据职工本职工作的效率、效益情况等，计算应发工资，并实际支付。

这三个方面调整，包括工资价位的调整，也包括在价位既定的条件下，根据有效劳动量应当支付工资的调整，使工资支付反映了劳动者劳动质的方面，也反映了劳动量的方面，还体现了社会经济发展的要求。

（七）收入分配改革与用人制度或用工制度改革相结合

总的要求是按照党的十五届四中全会和国家经贸委、人事部、劳动和社会保障部《关于深化国有企业内部人事、劳动、分配制度改革的意见》（国经贸企改［2001］230号）的精

神,通过改革,真正形成企业管理人员能上能下、职工能进能出、收入能增能减的机制。

1. 竞争上岗:一是管理人员能上能下,能人上岗;二是一般人员能进能出,打破岗位垄断,抑制某些岗位工资的不合理上升。

2. 重新三定或四定:定机构、定岗位、定职责、定人员,并相应裁减富余人员。富余人员,即边际劳动成本超过边际劳动收益的人员。

裁减富余人员的意图之一是解决重要岗位、关键岗位增加工资的来源。这比"挖低补高""挖高补高"的选择相对要好。

(八)考核激励的重点向岗位转移、向岗位任职人员转移

以前一些企业的考核,注重的多是部门、车间或班组一级的考核,忽视了岗位、个人的考核,结果是许多工作不能有效地落到实处。为此,在新一轮的工资改革中,企业普遍结合围绕实施岗位工资制,进行工作分析,撰写岗位说明书,明确岗位职责和任职人员资格条件,并把分配形式、收入高低与职工的岗位职责、工作业绩和实际贡献直接挂钩,形成重实际业绩、重贡献的分配激励机制。

(九)分配改革的目标,多数单位定位岗位职能效率工资体系

其含义包括三个方面,一是职工任职的岗位等级决定工资等级;二是职工个人的职能等级决定工资档次;三是岗位效率或岗位业绩决定应发岗位工资。这三个层面体现了按岗位定酬、按技术定酬、按业绩付酬的原则和理念。

在围绕按岗位定酬(pay for position)、按能力定酬(pay for person)、按业绩付酬(pay for performance)三条主线展开设计时,还必须兼顾"4E"原则,即内部公平(internal equity)、外部公平(external equity)、个人公平(individual equity)和程序公平(procedure equity)。

薪酬改革的内容一般涉及的 6 个基本方面如下:

1. 按照科学规范的方法,确定或调整岗位等级序列。
2. 整合工资总额,调整工资结构。
3. 选择新的基本工资制度,即以岗位工资为主体、兼顾技能的工资制度。
4. 建立新的工资标准体系。
5. 建立健全劳动计量或绩效考核制度。
6. 建立正常的工资调整和运行机制。

三、21世纪收入分配改革呈现的"六个主旋律"

从不同的角度观察，对进入21世纪的企事业单位内部分配改革，可以概括归纳为六个主旋律。

1. 在指导改革实践的理论上，以市场收入分配理论为主旋律。
2. 在分配政策上，以效率优先（工资属于初次分配）为主旋律。
3. 在工资增量分配上，以向技术高、责任重的岗位倾斜，向管理要素和技术要素倾斜，向优秀人才倾斜为主旋律。
4. 在工资决定机制上，以个人工资水平高低由人力资本存量决定，由同类劳动力的供求关系决定为主旋律。
5. 在工资等级制度上，以岗位职能工资制为主旋律。
6. 在工资的支付上，支付多少，一看工资价位，二看单位经济效益和个人付出的实际劳动量或绩效程度，即岗位绩效工资为主旋律。

第四节　深化企业内部分配制度改革的指导性政策

为贯彻落实党的十五届四中全会决定和五中全会建议的精神，建立与现代企业制度相适应的工资收入分配制度，2000年11月6日劳动和社会保障部印发了《进一步深化企业内部分配制度改革的指导意见》（劳社部发［2000］21号）。

一、指导思想

紧紧围绕建立现代企业工资收入分配制度的总体目标，坚持以按劳分配为主体，多种分配方式并存和效率优先、兼顾公平的原则，允许和鼓励资本、技术等生产要素参与收益分配；在国家的宏观指导下，企业结合推进劳动用人制度等项配套改革，根据生产经营特点自主建立科学、规范的工资收入分配制度；充分发挥劳动力市场价格的调节作用，合理确定职工工资水平，拉开各类人员工资收入分配差距。通过改革形成有效的分配激励和约束机制，以及工资能增能减的机制，充分调动各方面的积极性，促进企业经济效益的提高。

二、建立健全企业内部工资收入分配激励机制

1. 建立以岗位工资为主体的基本工资制度

按照建立现代企业工资收入分配制度的要求并根据人力资源管理的特点，积极探索建立

以岗位工资为主体的基本工资制度。提倡推行各种形式的岗位工资制，如岗位绩效工资制、岗位薪点工资制、岗位等级工资制等。要进行科学的岗位设置、定员定额和岗位测评，做到以岗定薪。要以岗位测评为依据，参照劳动力市场工资指导价位，合理确定岗位工资标准和工资差距。提高关键性管理、技术岗位和高素质短缺人才岗位的工资水平。岗位工资标准要求与企业经济效益相联系，随之上下浮动。职工个人根据其劳动贡献大小能增能减。企业内部实行竞争上岗，人员能上能下，岗变薪变。

企业可以根据生产经营特点采取灵活多样的支付形式，如计件工资、浮动工资以及营销人员的销售收入提成等办法。无论哪一种形式，都应与职工的岗位职责、工作业绩和实际贡献挂钩，真正形成重实绩、重贡献的分配激励机制。

结合基本工资制度改革调整工资收入结构，使职工收入工资化、货币化、透明化。把工资总额中的部分补贴、津贴纳入岗位工资，提高岗位工资的比重。清理并取缔企业违规违纪发放的工资外收入，净化收入渠道。通过调整收入结构，提高工资占人工成本的比重。积极推行银行代发工资和企业代扣代缴个人所得税的办法。

2. 实行董事会、经理层成员按职责和贡献取得报酬的办法

要在具备条件的企业积极试行董事长、总经理年薪制。董事会和经理层其他成员的工资分配，执行企业内部工资分配制度。按照其承担的岗位职责和作出的贡献确定工资收入，并实行严格的考核和管理办法。一般情况下，对董事会成员要考核其资产运营和投资决策方面的业绩，主要以资产保值增值为评价标准；对经理层成员要考核其履行经营管理职责和取得业绩状况。要将考核结果与董事会、经理层成员的工资收入相联系，拉开工资收入差距。董事会成员的工资分配办法要通过股东大会讨论决定，经理层成员的工资分配办法要通过董事会讨论决定。

3. 对科技人员实行收入激励政策

科技人员实行按岗位、按任务、按业绩确定报酬的工资收入分配制度。要合理拉开科技人员与普通职工、作出重大贡献的科技人员与一般科技人员的工资收入差距。企业可以根据生产经营需要并参照劳动力市场工资指导价位，同科技人员分别签订工资协议。实行按科技成果奖励办法，如项目成果奖、科技产品销售收入或利润提成等，对作出突出贡献的科技人员给予重奖。奖励办法，公司制企业由董事会提出，经股东会讨论后决定；非公司制企业由企业领导班子提出，经职代会讨论后决定。

三、探索进行企业内部职工持股试点

1. 探索进行企业内部职工持股试点

按照建立现代企业制度的要求，实行股份制改造或产权管理清晰的竞争性企业，可以进

行职工持股试点,试点方案要因地制宜、因企制宜,经过审批后稳步推行。

坚持职工持股自愿原则。职工持股资格、认购股份数额和股份认购方案,要通过职工集体讨论或其他方式民主决定,并经股东大会或产权单位同意后执行。经营管理人员、业务和技术骨干的持股数额可适当高于一般职工,但企业股份不能过分集中在少数人手里。经营者持股数额一般以本企业职工平均股数的5~15倍为宜。要严格资产评估,防止国有资产流失。

职工持股可以实行多种形式,要以职工出资认购股份为主,也可对职工实行奖励股份等办法。

2. 积极试行技术入股、探索技术要素参与收益分配办法

具备条件的企业可以试行科技成果和技术专利作价折股,由科技发明者和贡献者持有,以科技成果入股的,科技成果作价金额一般不超过企业注册资本的20%。以高新技术成果入股的,高新技术成果的作价金额一般不超过企业注册资本的35%。

由本企业形成的科技成果,可根据《中华人民共和国促进科技成果转化法》的规定,将过去3~5年实施转化成功的科技成果所形成利润按规定的比例折股分配。群体或个人从企业外带入的科技成果和专利技术,可直接在企业作价折股分配。在研究开发和科技成果转化中作出主要贡献的人员,所得股份应占有较大的比重。

科技成果评估作价可由企业与科技发明、贡献者协商确定,也可委托具有法定资格的评估机构评估确定。

技术入股方案,公司制企业由董事会提出,非公司制企业由经营领导班子提出,经股东大会或职工代表大会讨论决定,并报产权主管部门和劳动保障部门审核。

3. 具备条件的小企业可以探索试行劳动分红办法

劳动分红办法,原则上只在资本回报率和净资产收益率高于社会平均水平的小企业试行。公司制企业,经董事会或股东大会同意,非公司制企业,经产权主管部门同意,可以试行劳动分红办法。劳动分红的方案要征求职代会或工会的意见,并报劳动保障部门和产权主管部门审核。

4. 正确处理按劳分配与按生产要素分配的关系

按资本、技术等生产要素分配要遵循国家有关法律法规和政策规定。股份分红应以企业盈利为前提,按照《中华人民共和国公司法》进行利润分配,既要维护劳动者的合法权益,又不得损害国家和其他股东的合法利益。股份分红不能侵蚀工资,工资分配不能侵蚀利润。实行职工持股和技术入股的企业,要完善工资支付制度,按照当地政府颁布的工资指导线和政府的有关政策规定,合理增加工资。要坚持投资风险与收益一致的原则,职工持股、技术入股与其他股份实行同股同利原则。不论职工以何种形式入股,均应承担相应的风险,不得实行与经济效益相脱离的"保底分红"和"保息分红"办法。

四、加强基础管理，建立健全企业内部工资分配约束机制

1. 加强企业内部分配基础管理工作

要继续建立健全岗位测评、定员定额和考试考核制度，搞好工资统计、管理台账、职工奖惩、经济核算等各项基础管理工作，并在日常管理中狠抓制度的落实。要根据国家有关法律法规，结合企业内部用人制度、职工培训制度改革，制定适合本企业特点的工资支付办法，规范工资支付行为。要规范经营管理人员的职位消费行为，提高收入分配透明度。

2. 实行人工成本的合理约束

企业内部要建立以人工成本管理为主要内容的约束机制，从有利于产品市场和节约人工成本目的出发，加强人工成本的监控与管理，对工资增长进行合理约束。提倡实行"模拟市场核算、实行成本否决"的人工成本控制办法。

3. 职工民主参与决策和监督

要进一步完善职工民主收入分配决策和民主监督的制度。在明确股东会、董事会、监事会职责，建立有效制衡的公司法人治理结构的基础上，结合实行厂务公开制度，充分发挥工会和职工代表大会在工资收入管理和改革中的积极作用。

探索建立具有中国特色的工资集体协商制度。在非国有企业，只要建立了企业工会的，都要大力推行工资集体协商制度；在国有企业特别是已改制的国有企业中要积极进行工资集体协商试点。

【本模块小结】

1. 薪酬方案设计，是指在周密调查、征求意见和系统分析的基础上，明确工资改革的目标和原则，确定工资改革的内容，拟订工资改革的实施办法，使之形成一个用文字表述的、各个组成部分具有内在联系的有机整体的工作过程。薪酬方案设计的目的，是为日常的工资分配提供一个政策性文件，以作为处理日常工资分配的准则和操作规范。

2. 薪酬方案设计流程，在做好前期基础性工作的基础上，一般按照以下步骤完成：第一阶段，三定方案，确定岗位说明书、部门职能说明书；第二阶段，准备岗位评价资料阶段；第三阶段，召开岗位评价会议，实施岗位评价阶段；第四阶段，工资结构调整与工资标准测算阶段；第五阶段，审核、修订、通过、宣讲薪酬方案阶段。

3. 薪酬设计过程中至少有9个方面的重大问题需要决策，并做出策略选择。

4. 自2000年以来，我国企事业单位一直处在新一轮的内部收入分配改革之中。改革目

标是建立与现代企业制度相适应的收入分配制度。

5. 21世纪收入分配改革呈现出"九个特点""六个主旋律"。

6. 工资分配改革的目标，多数单位定位于岗位职能效率工资体系。薪酬方案围绕按岗位定酬、按能力定酬和按业绩付酬三条主线设计。设计过程贯彻了内部公平、外部公平、个人公平和程序公平四项原则。

7. 阐述了劳动和社会保障部《进一步深化企业内部分配制度改革的指导意见》（劳社部发〔2000〕21号）的指导思想、企业内部工资收入分配激励机制、探索进行企业内部职工持股试点等。

【讨论思考题】

1. 什么是薪酬设计？
2. 薪酬设计的流程大致分为哪几个阶段？
3. 薪酬方案设计中，至少有哪些重大问题需要做出决策？每个重大问题如何进行策略选择？
4. 薪酬方案设计流程一般要经过哪几个阶段的工作？
5. 新世纪收入分配制度改革的背景是什么？
6. 新世纪收入分配制度改革呈现出了哪些特点？
7. 新世纪收入分配制度改革呈现出了哪些主旋律？
8. 劳动和社会保障部关于深化企业内部分配制度改革指导意见的主要内容有哪些？

【范例一】

TF公司部门、基层单位负责人薪酬改革访谈提纲
2008年11月5—7日

一、部门及岗位基本信息

1. 本单位（部门）组建的沿革。
2. 本单位（部门）主营业务及职能配置。
3. 本单位的部门设置、岗位设置、人员数量。

二、部门责任

1. 本单位（部门）工作的特点或特殊性。
2. 本单位近三年财务指标完成情况将具体内容填于表1中。

表1 近三年财务指标完成情况

项目	2006年	2007年	2008年	2006—2008年三年平均
职工人数				
产值				
利润				

3. 按照年度目标责任书或职能配置，2008年承担的绩效指标和应达到的绩效标准。

4. 本部门对公司的发展、正常经营管理承担什么责任（如经济效益指标责任、企业文化建设责任、企业形象责任、指导监督责任、协调沟通责任、其他责任等）。

三、工资分配与绩效考核

1. 现行公司对本单位或部门绩效考核与绩效工资（奖金）总额的提取办法。

2. 本单位或部门内部绩效工资（奖金）的分配办法。

3. 2008年预计本单位的平均工资分配水平，部门内不同层级职工之间的差距。

4. 本次工资改革应当着力解决哪些问题。

5. 对改革、完善现行工资分配办法的建议。

【范例二】

TF公司薪酬项目需要公司提供的基础信息资料清单

2008年11月5日

一、组织机构图及部门职能配置

（一）公司整体组织机构图（按目前实际）

（二）岗位清单

（三）公司部门、下属基层单位设置及职能配置

（四）2008年工资总额预控调整计划

二、现行有关文件资料

（一）现行工资分配文件

（二）2008年10月工资支付清单

（三）2008年年度职工奖金清单

（四）现行员工奖惩文件

（五）公司与部门、基层单位负责人签订的2008年年度工作目标责任书

（六）基层单位2006—2008年经营情况统计表

三、其他相关文件资料

（一）2007年工作总结与2008年工作要点

（二）公司集体合同

【应用分析】

"十一五"期间薪酬设计实践的变革及其特点

1999年，党的十五届四中全会提出"建立与现代企业制度相适应的收入分配制度"。2000年，劳动保障部〔2000〕21号文件印发了《进一步深化企业内部分配制度改革指导意见》，中组部、人事部〔2000〕78号文件印发了《关于加快推进事业单位人事制度改革的意见》。这样，自2000年开始，我国企事业单位开始了新一轮的内部收入分配改革，至今已近经历了10个年头。但是，自2006年起进入"十一五"期间以来，与2000—2005年相比，在笔者主持的企业内部分配设计咨询实践中，无论在决定企业内部分配改革走向的宏观政策环境上，还是在企业微观具体分配制度的设计理念和做法上，都悄然发生了很大变化，并且呈现出一些新的趋势和特点。

一、确定企业内部分配差距，由一味追求"按市场定价"并进而拉大差距向"限高、提低、增中"转变

（一）同样是两个发电企业，但工资改革的理念和结果形成明显的反差

1. YM发电公司为避免人才流失，提高效率，工资改革"按市场工资定价"

YM发电公司的工资改革开始于2005年年末，工资方案自2006年1月起实施。改革的指导思想是：为了稳定和保留发电技术骨干人员，在工资总量增长10%的有限增量下，按市场工资定价，向发电一线重要岗位倾斜。

按照这一改革的理念和指导思想，YM发电公司工资改革前后各岗级年薪增减对比，见表1。

按照表1中的新拟年薪标准，全部职工1 011人纳入新工资标准后，工资有增有减，其中，工资收入增加人数为716人，占总人数的70.8%，年增资总额为474.278 4万元，年人均增资6 624元，月人均增资552元；工资年收入减少人数为295人，占总人数的29.2%，年减少总额为129.151万元，年人均减少4 378元，月人均减少365元。

2. TL发电公司为建立和谐企业，工资调整"限高、提低、增中"

TL发电公司的工资改革开始于2008年年中，工资方案自2008年1月起实施。改革的指导思想是通过薪酬改革，建立和谐企业。

表 1　　YM 发电公司工资改革前后各岗级年薪增减对比表

岗级	典型岗位	改革前年平均工资	改革后年平均工资	改革前比改革后年平均工资增加（元）	改革前比改革后年平均工资增加（%）
一	收发传达	29 222	26 258	−2 964	−10
二	煤制样工	35 224	28 609	−6 615	−19
三	出纳	34 932	30 180	−4 752	−14
四	综合班长	36 047	36 050	3	0
五	输煤值班员	36 995	38 895	1 900	5
六	软件专责工程师	38 351	41 280	2 929	8
七	轨道班长	44 995	46 386	1 391	3
八	调运班长	50 622	54 912	4 290	8
九	机长、控制员	49 327	62 742	13 415	27
十	主任工程师、单元长	70 969	81 080	10 111	14
十一	运行值长	78 763	90 918	12 155	15
十二	综合主任、运行管理主任工程师	93 076	101 471	8 395	9
十三	商务主任、运行管理副主任	109 337	122 400	13 063	12
十四	安生部主任、发电主任、副总师	131 211	150 000	18 789	14
平均		42 894	46 308	3 414	8

按照这一改革理念和指导思想，TL 发电公司工资改革前后各岗级年薪增减对比，见表 2。

表 2　　TL 发电公司工资改革前后职工工资增减对比表

岗位等级	岗级典型岗位	2007 年平均工资存量	2008 年新平均工资	2008 年比 2007 年增加	2008 年比 2007 年增长（%）
一	文化站管理员	39 902	43 080	3 178	7.96
二	保管员	43 103	45 011	1 908	4.43
三	采样工	46 432	52 778	6 346	13.67
四	值班员	51 322	55 946	4 623	9.01
五	集控巡检员	54 871	58 817	3 946	7.19
六	网控值班员	51 106	60 936	9 830	19.23
七	集控副值班员	56 088	63 248	7 160	12.77
八	点检员	53 667	66 793	13 126	24.46
九	网控主值	57 632	69 351	11 720	20.34

续表

岗位等级	岗级典型岗位	2007年平均工资存量	2008年新平均工资	2008年比2007年增加	2008年比2007年增长（%）
十	集控值班员；副班长	64 434	78 091	13 658	21.20
十一	副单元长	69 377	85 858	16 481	23.76
十二	单元长	77 181	94 433	17 253	22.35
十三	副值长	112 087	114 048	1 961	1.75
十四	值长	121 919	125 897	3 979	3.26
十五	职能部门经理	130 642	136 704	6 062	4.64
十六	业务部门经理	142 969	149 730	6 761	4.73
合计		58 196	65 716	7 520	12.92

从表 2 中可以看出，与工资改革前的存量水平相比，全员平均增长 12.92%，其中 13～16 级中层管理人员平均工资仅增长 1.75%～4.73%；1～2 级岗位等级员工的工资分别增长 7.96%、4.43%；而处于 3～12 级岗位等级员工，工资增长高达 7.19%～24.46%。

（二）案例背景分析

上述的同样两个发电企业，其工资差距设计的明显差异，总的来说，是宏观分配政策环境及企业内部微观环境相互作用的结果。

1. YM 发电公司的工资改革处在"十五"期间末。在宏观政策环境上，在"十五"期间，劳动保障部在《进一步深化企业内部分配制度改革的指导意见》中强调："充分发挥劳动力市场价格的调节作用，合理确定职工工资水平，拉开各类人员工资收入分配差距。"2002 年党的十六大强调的是初次分配注重效率、再分配注重公平。在微观层面上，由于"十五"期间，新建电力企业急剧增加，导致电力企业人才紧缺，并以高薪吸引老电力企业的人才。YM 公司在"十五"期间单向流失人才 67 人。因此，工资改革的指导思想必然是按照区域电力行业劳动力市场价位，提高重要岗位、关键岗位人员的收入，降低普通岗位人员的收入，拉大现存的工资差距。而在工资增量有限的情况下，拉大差距的办法是"挖低补高"，并且要"补高到位"。

2. TL 发电公司的工资改革开始于"十一五"期间的第三年。在宏观政策环境上，2005 年党的十六届六中全会和 2006 年 5 月 26 日中央政治局收入分配会议都提出要"更加注重社会公平"，标志着我国在"十五"与"十一五"之交，收入分配政策由重效率转向重公平的重大战略调整，即立足以人为本，推动发展，把提高人民群众生活水平作为出发点和落脚点，促使发展由偏重于增加物质财富向更加注重促进人的全面发展和经济社会的协调发展转变。2007 年党的十七大报告，标志着宏观分配政策由初次分配注重效率、再分配注重公平，向初次分配和再分配都要处理好效率与公平的关系,再分配更加注重公平的转变。而在 TL 发电公司的微观环境下,缩小前几年拉大的工资差距,通过和谐分配,建立和谐企业已成为人心所向。因此,改革的初衷和结果必然是"限高、提低、增中"。

二、工资构成由单一的岗位工资制向岗位资质绩效工资制转变

(一)处在两个不同时期的企业,工资构成区别很大

1. 2004 年设计 HQ 公司工资标准由单一的岗位工资标准组成,见表 3。

表 3　　　　　　　　　HQ 公司岗位工资标准表　　　　　　　　单位:元/月

岗位等级	工资档次														
	1	2	3	4	5	6	7	8	9	10	11	12	13	14	15
一	675	720	765	810	855	900	945	990	1 035	1 080	1 125	1 170	1 215	1 260	1 305
二	750	800	850	900	950	1 000	1 050	1 100	1 150	1 200	1 250	1 300	1 350	1 400	1 450
三	850	910	970	1 030	1 090	1 150	1 210	1 270	1 330	1 390	1 450	1 510	1 570	1 630	1 690
四	1 075	1 150	1 225	1 300	1 375	1 450	1 525	1 600	1 675	1 750	1 825	1 900	1 975	2 050	2 125
五	1 150	1 230	1 310	1 390	1 470	1 550	1 630	1 710	1 790	1 870	1 950	2 030	2 110	2 190	2 270
六	1 350	1 440	1 530	1 620	1 710	1 800	1 890	1 980	2 070	2 160	2 250	2 340	2 430	2 520	2 610
七	1 500	1 600	1 700	1 800	1 900	2 000	2 100	2 200	2 300	2 400	2 500	2 600	2 700	2 800	2 900
八	1 725	1 840	1 955	2 070	2 185	2 300	2 415	2 530	2 645	2 760	2 875	2 990	3 105	3 220	3 335
九	1 875	2 000	2 125	2 250	2 375	2 500	2 625	2 750	2 875	3 000	3 125	3 250	3 375	3 500	3 625
十	2 325	2 480	2 635	2 790	2 945	3 100	3 255	3 410	3 565	3 720	3 875	4 030	4 185	4 340	4 495
十一	2 550	2 720	2 890	3 060	3 230	3 400	3 570	3 740	3 910	4 080	4 250	4 420	4 590	4 760	4 930
十二	2 850	3 040	3 230	3 420	3 610	3 800	3 990	4 180	4 370	4 560	4 750	4 940	5 130	5 320	5 510
十三	3 150	3 360	3 570	3 780	3 990	4 200	4 410	4 620	4 830	5 040	5 250	5 460	5 670	5 880	6 090
十四	3 600	3 840	4 080	4 320	4 560	4 800	5 040	5 280	5 520	5 760	6 000	6 240	6 480	6 720	6 960
十五	4 200	4 480	4 760	5 040	5 320	5 600	5 880	6 160	6 440	6 720	7 000	7 280	7 560	7 840	8 120
十六	6 000	6 400	6 800	7 200	7 600	8 000	8 400	8 800	9 200	9 600	10 000	10 400	10 800	11 200	11 600

2. 2006 年设计的 BIKJ 公司的工资标准由岗位资质工资和岗位绩效工资组成,见表 4、表 5。

(二)案例背景和特点分析

1. HQ 公司,按照表 3,一共有 240 个工资标准,但一个人只能纳入其中的一个工资标准。为了保证效率,在把每人纳入新的岗位工资标准后,再把每人的岗位工资标准按照 6∶4 划分为岗位基本工资标准和岗位绩效工资标准,即岗位基本工资标准占岗位工资标准的 60%;岗位绩效工资标准占岗位工资标准的 40%。

表4　　　　　　　　　　　　KJ公司岗位工资标准表　　　　　　　　　　　单位：元/月

标准\\档次\\等级	岗位资质工资标准档次												岗位绩效工资标准
	1	2	3	4	5	6	7	8	9	10	11	12	
一	630	680	730	780	830	880	930	980	1 030	1 080	1 130	1 180	420
二	665	720	775	830	885	940	995	1 050	1 105	1 160	1 215	1 270	450
三	718	774	829	884	939	995	1 050	1 105	1 160	1 216	1 271	1 326	595
四	815	875	935	995	1 055	1 115	1 175	1 235	1 295	1 355	1 415	1 475	665
五	805	870	935	1 000	1 065	1 130	1 195	1 260	1 325	1 390	1 455	1 520	840
六	950	1 020	1 090	1 160	1 230	1 300	1 370	1 440	1 510	1 580	1 650	1 720	960
七	1 085	1 170	1 255	1 340	1 425	1 510	1 595	1 680	1 765	1 850	1 935	2 020	1 120
八	1 170	1 260	1 350	1 440	1 530	1 620	1 710	1 800	1 890	1 980	2 070	2 160	1 200
九	1 130	1 220	1 310	1 400	1 490	1 580	1 670	1 760	1 850	1 940	2 030	2 120	1 440
十	1 205	1 300	1 395	1 490	1 585	1 680	1 775	1 870	1 965	2 060	2 155	2 250	1 530
十一	1 375	1 485	1 595	1 705	1 815	1 925	2 035	2 145	2 255	2 365	2 475	2 585	1 755
十二	1 450	1 565	1 680	1 795	1 910	2 025	2 140	2 255	2 370	2 485	2 600	2 715	1 845
十三	1 380	1 490	1 600	1 710	1 820	1 930	2 040	2 150	2 260	2 370	2 480	2 590	2 150
十四	1 495	1 610	1 725	1 840	1 955	2 070	2 185	2 300	2 415	2 530	2 645	2 760	2 300
十五	1 690	1 820	1 950	2 080	2 210	2 340	2 470	2 600	2 730	2 860	2 990	3 120	2 600
十六	1 950	2 100	2 250	2 400	2 550	2 700	2 850	3 000	3 150	3 300	3 450	3 600	3 000

备注：本表月岗位工资标准中线＝岗位资质工资标准中线（八档）＋岗位绩效工资标准

表5　　　　KJ公司各等级月岗位资质工资和岗位绩效工资各自占岗位工资的比例　　　　（%）

岗位等级	岗位资质工资占岗位工资比例	岗位绩效工资占岗位工资比例	岗位资质工资＋岗位绩效工资
一至二	70	30	100
三至五	65	35	100
六至八	60	40	100
九至十二	55	45	100
十三至十六	50	50	100

当时，HQ公司工资标准制之所以这样设计，主要是因为公司由事业单位改制而来，职工原工资差距较大，需要设计15个档次、档差5%的工资差距。但这样设计之后，由于同一等级岗位上职工的绩效工资都按本人工资的40%确定，差距太大，加大了绩效工资实施操作的难度。

2. 再看 KJ 公司，按照表 4，每个员工的工资由两个单元组成：一个是岗位资质工资，按一岗多薪宽带设计，员工纳入哪个工资标准，首先根据自己的任职岗位属于哪个等级，纵向进等级，之后根据自己的资质与岗位对资质要求的符合度，横向进档次。另一个是岗位绩效工资，按一岗一薪窄带设计，员工在哪个等级，就纳入哪个等级的绩效工资标准。表 5 表明的是在不同等级中岗位资质工资与岗位绩效工资两者的比例关系。

(1) KJ 公司为什么要建立岗位资质工资？在项目初期调研中发现，建筑企业的资质也是分等级的，并且每个资质等级都分别对人力资源提出了要求。《房屋建筑工程施工总承包企业资质等级标准》（建设［2001］82 号）对房屋建筑工程施工总承包企业资质一级对人力资源资质的要求是："（1）企业经理具有 10 年以上从事工程管理工作经历或具有高级职称，总工程师具有 10 年以上从事建筑施工技术管理工作经历并具有本专业高级职称，总会计师具有高级会计职称，总经济师具有高级职称。（2）企业有职称的工程技术和经济管理人员不少于 300 人，其中工程技术人员不少于 200 人；工程技术人员中，具有高级职称的人员不少于 10 人，具有中级职称的人员不少于 60 人。（3）企业具有的一级资质项目经理不少于 12 人。"既然建筑企业资质等级标准对人力资源资质提出了明确的要求，岗位资质工资也就这样应运而生。

可以这样认为，岗位资质工资首先突出了激励员工提高本人资质的功能；其次，年功在一定程度上代表着经验，作为决定岗位资质的组成因素，它涵盖了个人的工作资历，发挥着稳定员工队伍的功能。岗位工资的支付只看出勤，不看绩效，因此，岗位资质工资体现的是安全因素。

(2) 再看 KJ 公司的绩效工资。KJ 公司绩效工资的特点是：

一是绩效工资按一岗一薪设计，其理念是绩效工资与岗位资质工资不同，不能再强调年功、专业技术资格等级等个人特质因素，大家在同等价值岗位上工作，体现岗位价值的绩效工资标准应是相同的。

二是绩效工资是一个独立的工资单元，并且明确其性质为工资构成中的全浮动部分。工资的计发为两级考核、两级支付。一级考核、一级支付即以部门、分公司、子公司为单位，由公司按照《部门绩效考核方案》，根据考核结果，决定各部门、分公司的应发绩效工资总额；二级考核、二级支付，即以岗位任职人员为单位，由各部门、分公司、子公司根据《公司关于岗位绩效考核的指导意见》自行制定的绩效考核办法进行考核，根据考核结果，决定岗位任职人员的应发绩效工资。两级考核、两级支付大大增加了绩效工资的灵活性和有效性。

三、纳入工资档次的条件，由本人资质决定向岗位资质要求和本人具有的岗位资质相结合转变

（一）两个企业在不同时期的工资档次纳入表

1. 2004 年设计 HQ 公司工资档次纳入表，见表6。

表6　　　　　　　　　　HQ 公司管理人员工资档次纳入表

普通工作人员	连续工龄	4年以下	5～8年	9～12年	12～15年	16年以上
	工资档次	1	2	3	4	5
员级	专业技术年限	3年以下	4～6年	7～9年	10～12年	13年以上
	工资档次	2	3	4	5	6
助理级	专业技术年限	3年以下	4～6年	7～9年	10～12年	13年以上
	工资档次	3	4	5	6	7
中级	专业技术年限	3年以下	4～6年	7～9年	10～12年	13年以上
	工资档次	6	7	8	9	10
高级	专业技术年限	3年以下	4～6年	7～9年	10～12年	13年以上
	工资档次	7	8	9	10	11
正高级	专业技术年限	3年以下	4～6年	7～9年	10～12年	13年以上
	工资档次	8	9	10	11	12

2. 2006 年设计的 KJ 公司岗位资质工资档次纳入表，见表7。

表7　　　　　　　　中层（不含）以下任职人员岗位资质工资档次纳入表

岗位等级	专业技术/等级要求	任职人员实际具备专业技术/技术等级	专业技术或技术年限/工龄 4年以下 5年以下	专业技术或技术年限/工龄 5～8年 6～10年	专业技术或技术年限/工龄 9年以上 11年以上
一级 二级	初级工	普通工	3	4	5
		初级工及以下	4	5	6
		员级/中级工	5	6	7
		助理级/高级工	6	7	8
		中级/技师	8	9	10
三级 四级	员级；中级工	初级工及以下	3	4	5
		员级/中级工	4	5	6
		助理级/高级工	6	7	8
		中级/技师	8	9	10

续表

岗位等级	专业技术/等级要求	任职人员实际具备专业技术/技术等级	专业技术或技术年限/工龄 4年以下 5年以下	专业技术或技术年限/工龄 5～8年 6～10年	专业技术或技术年限/工龄 9年以上 11年以上
五级	助理级；高级工	初级工及以下	2	3	4
六级		员级/中级工	3	4	5
七级		助理级/高级工	4	5	6
八级		中级/技师	6	7	8
九级		高级/高级技师	8	9	10

(二) 案例背景及特点分析

1. HQ公司的工资档次纳入表是2004年设计的，其特点是不分岗位等级高低，不管岗位对任职人员资格条件的要求，所有人员按照专业技术资格等级或技术年限（没有专业技术资格的按连续工龄）纳入工资档次。其结果是高岗位等级的员工多数都有专业技术资格，而且专业技术资格等级高，结果纳入工资中线右侧的居多，本来岗位等级高，工资标准就高，再纳入较高的档次，工资标准更高，真是"锦上添花"。而低岗位等级的职工很大一部分人不具备专业技术资格，就是具备的，一般专业技术资格等级也较低，结果纳入工资中线左侧档次的居多，本来岗位等级低，工资标准低，再纳入工资中线的左侧，工资标准更低，对他们来说是"雪上加霜"。这显然是不公平的。职工工资按照表6纳入工资档次后，纳入的工资档次呈偏态分布。但这样处理，确实符合当时向技术高、责任重岗位倾斜，向高管理人才、高技术人才倾斜的要求。但也有的职工感到困惑："我们虽然专业技术等级低，但也符合低等级岗位的要求，那么为什么挣不上岗位工资中线的工资呢？"

2. KJ公司岗位资质工资档次纳入表是2006年设计的。按照表7，员工纳入岗位资质工资档次的步骤和办法是：

（1）按照公司规划发展战略的要求，明确每个岗位等级任职的专业技术资格等级或技术等级要求。

（2）正好符合任职专业技术资格等级或技术等级要求的，从4档起在本等级内岗位资质工资的工资标准。

（3）低于任职专业技术资格等级或技术等级条件的，每低一个层次，就按低一档次起纳入工资档次。

（4）高于任职专业技术资格条件或技术等级条件的，每高一个层次，就按高两档次起纳入工资档次。

（5）员工具有专业技术等级或技术等级的，按专业技术年限或技术年限增加工资档次；没有专业技术等级或技术等级的，按改制后的本企业工龄纳入工资档次。

KJ公司职工纳入工资档次的特点是：把岗位对任职人员资质的要求同任职人员实际具备的资质很好地结合起来了。职工按照表7纳入工资档次后，纳入的工资档次成正态分布。它给人以公平、公正的印象：只要个人资质符合岗位要求，就可以挣到岗位价值的工资；低于岗位的要求，则只能挣到低于岗位价值的工资；高于岗位的要求，则能挣到高于岗位价值的工资。这与"十五"期间的工资档次纳入表相比是根本的改进。

四、由不够重视绩效考核转变向极为重视绩效考核与细化绩效工资方案转变

（一）"十五"期间的薪酬改革侧重理顺工资关系

在"十五"期间进行内部分配改革的企业，设计重点是处理好两个分配关系：一是企业和职工之间的分配关系，核心是按照合理的人工费率，或者合理的劳动分配率，确定合理的人工费总额或工资总额；二是职工之间的分配关系，即在一定的人工费总额或工资总额下，以岗位为基础，兼顾个人资质、部门职能特征、劳动力市场价位等因素，理顺部门之间、职工之间的工资关系。只要重新设计的工资标准符合理顺工资关系的目的，薪酬改革或者工资改革，就算达到了目标。至于绩效考核，多数单位把它放在次要位置。

（二）"十一五"期间的薪酬改革更重视绩效考核和细化绩效工资方案

进入"十一五"期间以来，委托设计的企事业单位提出只进行薪酬设计的越来越少，而同时要求设计薪酬方案和绩效考核方案的单位多了起来。其实质和着眼点是，在立足于把现有"蛋糕"分好的同时，还必须有如何把"蛋糕做大"的机制。

人员规模大一点的单位做绩效考核方案，一般只做到部门一级，为《部门绩效考核方案》；至于对部门所属员工，公司则一般只做《关于部门对所属员工绩效考核的指导意见》，具体部门对所属员工如何考核，则由各部门结合实际情况自主决定。这与"绩效工资两级考核、两级分配"是吻合的。而规模小的公司则直接把绩效考核做到岗位上，直接考核每一名职工、并直接计发每名职工的绩效工资。

在重视绩效考核的同时，各单位越来越细化绩效工资的计发问题。以《HY化工研究院绩效工资实施细则》目录为例，可以大致看出其绩效工资细化的内容和程度。第一章　总则；第二章　部门目标绩效工资总额基数与部门关键绩效指标基数的核定；第三章　职能管理部门绩效工资的计发；第四章　研发中心绩效工资的计发；第五章　质检中心绩效工资的计发；第六章　中试基地绩效工资的计发；第七章　各部门内部绩效工资的计发；第八章　经营层成员绩效工资的计发；第九章　绩效考核责任部门与绩效工资计发的组织实施；第十章　附则。

再以《RH医药公司绩效工资实施细则》目录为例，可以观察出其细化绩效工资的内容和程度。第一章　总则；第二章　零售药店绩效工资计发；第三章　销售部绩效工资计发；第四章　医院部绩效工资计发；第五章　采购部绩效工资计发；第六章　地产药材绩效工资计发；第七章　仓储部绩效工资计发；第八章　支持保障部门绩效工资计发；第九章　部门绩效工资总额在部门内部个人之间的分配；第十章　中层以上人员月度绩效工资和年度奖金的计发；第十一章　附则。

综上所述，同"十五"期间相比，进入"十一五"期间以来薪酬设计的变化和特点说明，薪酬设计理念和做法之所以发生变化，首先，取决于宏观政策环境导向的变化；其次，取决于一定时期内企业战略、经营目标、企业文化、人力资源建设对变革分配制度的要求，企业新的薪酬管理策略是新的企业战略的有机组成部分，通过新的薪酬整合与企业战略保持一致，并支持企业战略；最后，则是为了适应不断变化的外部环境和内部环境，要求企业内部分配设计的理念和做法必须不断创新和改进。

第二模块

计点法岗位评价流程及其技术要点

薪酬设计全程指导

【核心技能】

1. 计点法岗位评价流程；
2. 部门清单、岗位清单的编写格式；
3. 《部门说明书》《岗位说明书》的编写格式和技术要点；
4. 编制《岗位任职资格条件平衡表》；
5. 编制《岗位评价标准体系》的步骤和技术要点；
6. 召开岗位评价会议，实施岗位评价的流程和控制要点；
7. 岗位评价数据处理和岗位等级划分方法。

【重要概念】

计点法　岗位评价要素　日内瓦范本　岗位评价子因素　岗位评价标准体系　实施岗位评价　岗位评价数据处理　岗位等级划分　等差点数划分法　差额点数划分法

第一节　编制部门说明书和岗位说明书

【相关知识】

什么是计点法岗位评价？

计点法也称为点数法、点体系、要素分级计点法，我国也有称之为计分法的。使用此法，首先，确定影响所有岗位的共有因素，并将这些因素分级、定义和配点，以建立起评价标准。然后，依据评价标准，对所有岗位进行评价并汇总出每一岗位的总点数。最后，根据岗位评价点数划分岗位等级。计点法是当今使用最广泛的工作评价方法。

确定组织机构和岗位，包括组织各职能部门以及各部门所属岗位，这是进行岗位评价的前期基础性工作。

一、确定组织机构，编制部门清单

组织机构设计是依据企业的发展目标和经营环境等，对现行组织机构进行分析并提出改革、调整，重新设置的过程。

组织机构确定之后，编制部门清单。部门清单示例见表2—1。

表 2—1　　　　　　　　　　某研究院部门清单（摘录）

部门编号	部门名称	部门职责概述	岗位数目	人数
01	院办	为院领导服务，负责处理行政内部事务，协调各部门关系	5	5
06	人事处	对人力资源进行开发、培训、组织和调配，管理薪酬、福利事务	2	2
09	财务处	负责全院财务核算、财务管理工作	3	3
10	科研处	拟订院科研开发规划、项目立项、对科研开发项目进行过程管理	5	5
15	研发中心	承担纵横向的研发任务和新产品的推广应用，为院的发展提供技术支撑	8	48

二、整合岗位，确定岗位清单

根据确定的部门职能和所属岗位、定员，整理岗位清单，两个实例见表2—2、表2—3。岗位清单的确定，必要时经单位领导办公会议通过。

表 2—2　　　　　　　　　　某研究院岗位清单（摘录）

序号	岗位名称	所属部门	岗位编码	岗位类别	职责概述	定员
1	院长	领导班子	0101	管理	负责全院的全面管理，制定中长期发展规划和年度计划并组织实施，组织制定各项规章制度，检查各项工作落实情况并对奖惩进行决策	1
2	党委书记	领导班子	0102	管理	主持院党委工作，确保上级党的方针政策在企业的贯彻实施	1
3	党委副书记兼纪委书记兼工会主席	领导班子	0103	管理	负责院政治思想、党建、组织、宣传、工会、共青团等工作，对各项工作进行督促、检查	1
4	科研副院长	领导班子	0104	管理	组织领导全院的科研活动，保证科技资源为全院经济目标服务，向院长负责	1
5	行政副院长	领导班子	0105	管理	协助院长按上级主管部门的要求分管负责全院安技保卫、行管后勤、条件保障工作	1
6	生产经营副院长	领导班子	0106	管理	受院长直接领导，当好助手和参谋，参与院重大问题决策和院长直接交办工作，全面负责院药业公司的生产经营工作	1
7	总工程师	领导班子	0107	管理	全面负责本院重点科研品种的选题、研究质量及产业化方式的管理；负责院科研成果投资经营的管理；组织建设科研成果产业化平台；参与全院科研、生产中重大技术疑难问题的解决	1

表 2—3　　　　　　　　　　北京电力公司岗位清单（摘录）

序号	部门	岗位名称	岗位编码	岗位职责概述	任职资格			定员
					学历要求	经验要求	专业技术等级	
1	总经理工作部	总经理工作部主任	010001	全面负责总经理工作部的各项工作，保证行政办公体系高效有序运转	本科	10年	高级	1
2	总经理工作部	总经理工作部副主任	010002	协助主任负责总经理工作部的各项工作的落实，保证行政办公体系高效有序运转	本科	10年	高级	1
3	总经理工作部	秘书处处长	010101	全面负责秘书处的日常工作；组织起草行政工作报告；负责分核公文、撰写、编发公司总经理工作会、党政联席会会议纪要	本科	10年	高级	1
4	总经理工作部	文字秘书中级岗综合秘书（基建）中级岗	010102	负责电网规划、基建专业相关的秘书工作及相关文件校核、汇报材料及讲话稿的起草，编发《北京电力信息》	本科	8年	中级	1

三、编制部门职能说明书与岗位说明书

在确定组织机构和岗位清单的基础上，按照企业各部门的职能和所属岗位，编制《部门职能说明书》和《岗位说明书》。基本流程是：

第一步：人力资源部启动编制职能说明书和岗位说明书的工作。

第二步：设计《部门职能说明书》《岗位说明书》《岗位任职人员信息调查问卷》的格式与内容，编制范本和填写说明。

《部门职能说明书》示例、《岗位说明书》示例，见本章范例一、范例二。

第三步：人力资源部组织召开编写《部门职能说明书》与《岗位说明书》培训会。

会上印发《部门职能说明书》的格式、编写范本、填写说明，印发《岗位任职人员信息调查问卷》格式、填写说明，印发《岗位说明书》格式、范本和填写说明。提出编写要求和时间要求，提示注意事项。

第四步：由部门部署岗位任职人员填写《岗位任职人员信息调查问卷》，直接上级编写《岗位说明书》，部门负责人编制《部门职能说明书》。

第五步：部门负责人将本部门的《部门职能说明书》《岗位说明书》审核无误后，交人力资源部。

第六步：人力资源部组织召开《部门职能说明书》《岗位说明书》审核会，审核确定各部门《部门职能说明书》《岗位说明书》。必要时，提交决策层讨论。

审核要点如下：

1.《部门职能说明书》中的部门职责是否齐全，有无漏项；部门所属岗位数目、岗位名称、定员是否符合要求。

2.《岗位说明书》中的职责是否齐全、清晰。

3.《岗位说明书》中的任职资格要求，如最低学历要求、最低专业技术资格要求、最低经验要求是否合适、是否有过高或过低的情况等。

必要时，应由人力资源部拟定一个统一的任职资格要求平衡表，以避免各部门根据自己的认识，将任职条件定得过高或过低，并最终影响岗位评价的结果。表2—4和表2—5、表2—6是两个公司在公司范围内平衡任职资格条件的实例。

表2—4　　　朝开公司中层及以下岗位任职资格条件平衡表

（2009年3月28日　根据经理办公会讨论意见修订）

岗位层级	任职资格条件		
	学历要求	经验要求	专业技术等级/技术等级要求
中层正职	本科	8年	中级
中层副职	本科	6年	中级
重要管理岗位	本科	5年	中级
一般管理岗位（文员、档案、统计、网络、内勤、出纳、资料）	大专	3年	助理级
司机	高中	3年	中级工

表2—5　　　通辽发电总厂管理岗位任职条件平衡表

（2008年8月31日　通辽发电总厂人事劳动部公布）

序号	岗位类别	学历	工作经历	专业技术水平
1	中层正职	大学本科	电力企业工作10年以上，担任副职2年以上工作经历	中级及以上职称
2	中层副职	大专学历	电力企业工作8年以上经历，本专业6年以上工作经历	中级及以上职称
3	一般管理（主管）	大专学历	电力企业工作6年以上经历，本专业4年以上工作经历	中级及以上职称
4	一般管理（专责）	中专学历	电力企业工作4年以上经历，本专业2年以上工作经历	助理及以上职称
5	一般管理（业务员）	中专学历	电力企业工作1年以上工作经历	员级及以上职称

表 2—6　　　　　　　通辽发电总厂发电运行岗位任职条件平衡表

（2008 年 8 月 31 日　通辽发电总厂人事劳动部公布）

序号	岗位类别	学历	工作经历	技能水平	备注
1	值长	大专	电力企业运行工作 8 年以上经历，发电运行单元长岗位 2 年以上工作经历	高级工	
2	单元长、副单元长	大专	电力企业运行工作 7 年以上经历，发电运行主值岗位 2 年以上工作经历	高级工	
3	主值班员	大专	电力企业运行工作 5 年以上经历	高级工	
4	副值班员	中专	电力企业运行工作 3 年以上经历	高级工	零米组长、网控值班员
5	巡检员	中专	电力企业运行工作 2 年以上经历	中级工	
6	辅机值班员	高中	电力企业运行工作 1 年以上经历	中级工	引风机、炉零米、吹灰、灰渣泵

第二节　设计计点法岗位评价标准体系

以设计的某公司计点法岗位评价标准体系为例，说明设计岗位评价标准体系的程序，见表 2—7。

表 2—7　　　　　　　岗位评价要素、因素及因素分级、配点表

要素	配点	权重（%）	因素	一级	二级	三级	四级	五级
劳动复杂程度	390	39	1. 学历	20	40	60	80	—
			2. 经验	22	44	66	88	110
			3—1. 专业技术水平	18	36	54	72	90
			3—2. 技能水平	16	32	48	64	80
			4. 创造性	12	24	36	48	60
			5. 岗位空缺替代难度	10	20	30	40	50
劳动责任	360	36	6. 经济效益责任	20	40	60	80	100
			7. 服务责任	16	32	48	64	80
			8. 安全生产责任	14	28	42	56	70
			9. 精神文明建设责任	15	30	45	60	—
			10. 指导监督、协调沟通责任	10	20	30	40	50

续表

要素	配点	权重(%)	因素	一级	二级	三级	四级	五级
劳动强度	200	20	11. 脑力强度	12	24	36	48	60
			12. 体力强度	10	20	30	40	—
			13. 工作负荷率	10	20	30	40	50
			14. 心理压力	10	20	30	40	50
劳动环境	50	5	15. 工作场所	5	10	15	20	25
			16. 危险性	5	10	15	20	25
合计	1 000	100	—	—	—	—	—	—

设计岗位评价标准体系，需要经过以下 5 个步骤：

一、选择一组评价岗位价值的因素，即划分岗位等级所使用的标准

如表 2—7 中的第一列、第四列内容，在计点法中，评价因素非常关键，发挥着中心作用。这些因素能反映工作如何增加组织的价值，它们源于工作本身和公司的战略方向。

1. 选择评价因素的原则

（1）以所执行的工作为基础，即工作本身应突出哪些因素。

（2）以组织的战略和价值观为基础。

（3）最终受薪酬结构影响的利益相关者能够接受。

2. 选择评价要素和评价因素

评价要素，1950 年国际劳工组织在日内瓦会议上把各种劳动对人的要求归纳为劳动的 4 个要素，即智能、责任、负荷、环境。这一归纳被称为日内瓦范本。

按照我国的习惯，劳动的 4 个要素包括劳动复杂程度、劳动责任、劳动强度、劳动条件。

在劳动要素确定之后，要进一步划分体现评价要素的子因素。

一个行业、企业把岗位因素细分为哪些子因素，应视行业、企业的不同情况而定。

二、确定各影响因素的定义

1. 学历：本因素衡量岗位任职人员顺利履行工作职责应具有的最低学历。最低学历应在从事本岗位工作之前通过学历教育获得，在从事本岗位工作后所获得的学业水平除外。

2. 经验：本因素衡量岗位任职人员在具备岗位任职的基本要求可以上岗从事本岗位工作，到掌握工作的技巧而完全胜任本岗位工作之间，一般所需要经历的最低实际工作时间

(提示：对于高等级岗位，是指从事担任本岗位之前应经历的实际工作时间，即经历阶梯岗位一般所必须的累计最低工作时间)。

三、确定各影响因素的等级，并将其细分成每一等级定义

把每一个评价子因素，按照实际需要，细分成多个轻重不同的等级。

在每个因素细分等级之后，要求对每一细分的等级分别定义。例如，经验分级的定义，见表2—8。

表2—8　　　　　　　　　　　经验分级的定义

分级	分级定义
一级	1年以下
二级	1～2年
三级	3～4年
四级	5～6年
五级	7年及以上

四、确定评价总点数、各评价因素的点数与配点

1. 确定评价总点数

目前，英国、美国一般使用的总点数为500点，我国台湾地区为600点。总点数多少，应以便于使用和划分工作等级为原则。作者在薪酬设计咨询中采用的总点数一般为1 000点。

然后确定各要素的权重与配点，以及工作评价因素的权重与点数。

我国各行业、企业工作评价中各因素的权重及配点，应根据各行业、企业的生产经营特点、企业的战略方向等确定。

2. 确定各评价要素权重与配点

评价要素的权重反映了组织对各要素重视程度的差别。确定要素的权重，单位领导的参与和决策非常关键，他们的参与往往通过评价委员会，也有的直接表达自己的意见。

确定各要素的权重及子因素配点的方法有两种：一种为经验赋值法，另一种为计算法。

其一，经验赋值法，是直接以主观判断和相关经验确定各要素及子因素的权重和点数。

例如：某电力物资公司评价因素的权重与配点，见表2—9。

其二，计算法：

(1) 对权重最高的要素赋值100%。

(2) 根据相对第一个要素重要性的百分比确定序列第二高要素的赋值，以此类推。

表 2—9　　　　　　　某电力物资公司评价因素的权重与配点

评价要素	配点	权重（%）
劳动复杂程度	390	39
劳动责任	360	36
劳动强度	200	20
劳动环境	50	5
合计	1 000	100

（3）分别计算每个评价要素权重占总权重的结构比例。

（4）确定各要素、各要素等级的点值（点数）。

举例说明见表 2—10：以评价要素决策、解决问题、知识三个要素为基础，确定三个要素的权重。

表 2—10　　　　　　　计算法确定评价因素配点

评价要素	重要程度（%）	转化过程	权重（%）	点数
决策	100	100%÷245%=0.4082	40.8	500×40.8%=204
解决问题	85	85%÷245%=0.3469	34.7	500×34.7%=173
知识	60	60%÷245%=0.2449	24.5	500×34.7%=123
合计	245	1.0000	100	500

备注：上表中总点数为 500 点。

3. 对评价子因素配点

对评价子因素配点，即将要素配点，再进一步分配到子因素上。将劳动复杂程度 390 点分配到学历 80 点、经验 110 点、专业技术水平 90 点、创造性 60 点、岗位空缺替代难度 50 点。子因素的配点，实际上是对各子因素最高等级的配点，见表 2—11。

表 2—11　　　　　　　评价子因素配点

评价子因素	一级	二级	三级	四级	五级
1. 学历				80	—
2. 经验					110
3—1. 专业技术水平					90
3—2. 技能水平					80
4. 创造性					60
5. 岗位空缺替代难度					50

备注：劳动复杂程度要素点数 390；表中 3—1 和 3—2，只计算 3—1 点数。

五、确定各子因素等级的配点

确定各子因素的分级点数,采用等差形式。等差点数＝要素点数÷要素等级数。比如,脑力强度的点值为 80 点,分为四级,则:等差点数(一级点数)＝80÷4＝20;二级点数＝20×2＝40;三级点数＝20×3＝60;四级点数＝20×4＝80。其他子因素的分级亦如此,见表 2—12。至此,岗位评价点数幅度表、岗位评价标准体系最终形成。

表 2—12　　　　　　　　　　子因素分级配点

要素	配点	权重（%）	因素	一级	二级	三级	四级	五级
劳动复杂程度	390	39	1. 学历	20	40	60	80	—
			2. 经验	22	44	66	88	110
			3—1. 专业技术水平	18	36	54	72	90
			3—2. 技能水平	16	32	48	64	80
			4. 创造性	12	24	36	48	60
			5. 岗位空缺替代难度	10	20	30	40	50

第三节　召开岗位评价会议,实施岗位评价

一、岗位评价会议的准备

(一) 建立岗位评价委员会

岗位评价委员会的人员组成有以下 4 种方式:

1. 由公司领导班子成员组成。
2. 由中层部门负责人组成。
3. 由公司领导班子成员、中层部门负责人组成。
4. 由公司领导班子成员、中层部门负责人、工会(职工)代表组成。

岗位评价委员会主任一般由分配改革小组常务副组长担任。

岗位评价委员会的职责是:

1. 制定、讨论、通过《岗位评价标准体系》。
2. 依据《岗位评价标准体系》,实施岗位评价。

3. 讨论通过《公司岗位等级序列表》。

4. 今后遇有组织机构调整和岗位设置的变化，对《岗位等级序列表》进行维护和复评。

(二) 编印岗位评价文件资料

包括：

1. 岗位清单。
2. 《部门职能说明书》《岗位说明书》。
3. 《岗位评价标准体系》。
4. 《岗位评价记录表》（手工版，电子版评价软件）。
5. 《部门及所属岗位评价信息交流资料》。

二、印发召开岗位评价会议的通知

在会议召开之前，应提前 2~3 周下发《关于召开岗位评价会议的通知》。通知内容包括会议时间、地点、参会人员、会议发言人员名单和顺序、准备《部门及所属岗位评价信息交流资料》的主要内容和发言时限、需要携带的办公用具和具体会议议程等项。

三、召开岗位评价会议，实施岗位评价基本流程

岗位评价会议按照下列顺序进行：

1. 岗位评价委员报到，发给岗位评价文件资料。
2. 岗位评价会议开始，由会议主持人宣布开会，公司领导做岗位评价会议动员。
3. 顾问（或岗位评价委员会主任）对岗位评价委员进行岗位评价专业培训，宣讲《岗位评价体系》。
4. 由各部门负责人代表本部门发言，交流部门及所属岗位信息。

按照会议通知的发言顺序，由各部门负责人代表本部门介绍本部门及所属岗位的信息，并解答其他评价委员提出的询问或问题。

5. 典型岗位试评，达到岗位评价练兵目的。程序是：

(1) 发给每位评价委员一张《典型岗位评价试评记录表》（8~10 个典型岗位），要求对照《岗位评价标准体系》，依据《岗位说明书》《部门及所属岗位评价信息交流资料》和日常积累的岗位信息，对典型岗位进行试评，并填写《典型岗位评价试评记录表》，时间 50 分钟。

(2) 口头或书面汇总交流岗位试评信息。

(3) 顾问（或岗位评价委员会主任）对试评结果评析，进一步提出实施岗位评价注意事

项、评价方法和技巧。

6. 各评价委员独立实施岗位评价。时间要给足，平均每个岗位 3～5 分钟。评价方法，以子因素单位评价，突出每个子因素的横向比较。提倡使用电子版评价软件实施评价，效果好。

7. 各评价委员对自己的评价结果检查无误、包括排序结果满意后，提交书面评价记录表；使用电子版岗位评价的，就地打印，经本人签字后提交岗位评价办公室。

8. 岗位评价工作会议结束。

第四节　岗位评价数据处理与岗位等级划分

岗位评价会议结束之后，需要对岗位评价数据进行处理，并划岗归级。

一、岗位评价数据处理工作程序

第一步：收集每位评价委员的评价数据。

在岗位评价委员提交填写完的岗位评价记录表时，应先整体上检查评价数据的完整性，也就是检查有没有遗漏评价的因素和岗位。

第二步：录入、导入、汇总每位评价委员的岗位评价点数。

第三步：计算每个岗位的平均评价点数。

做法是：根据评价委员的数量，决定去掉若干个最高点数、最低点数，计算其余岗位评价委员评价点数的算术平均数，即为本岗位所评价点数。

第四步：岗位评价点数排序。

根据评价点数的多少，按升值顺序，对岗位进行排序。由低到高，即可依次观察到由最低点数到最高点数的岗位排序，即得到岗位的自然等级。自然等级可能有数十个或更多。

同时可以计算最高点数与最低点数的差值。

按照以上的步骤，可以迅速对评价结果进行数据处理。为有效地划分岗位等级提供数据依据。

二、岗位等级划分

岗位等级分为两种形式：一种基于统计学对数组进行分组原理进行划分，采用等差序列方法进行划分；另一种根据实际评价的点数，采用差值递增的办法，划分等级（也就是岗位等级越高，点数区间越大）。

两种方法在实际操作中都会用到,并且在实际划分岗位等级时,往往同时采用两种方法划分后进行比较,选择更符合实际的划分结果。

(一) 等差点数划分法

第一步:确定岗位等级数或划分岗位等级数目的点数幅度

1. 岗位等级数目的确定:先确定岗位等级之间的点数幅度,再确定岗位级数。

$$岗级数 = \frac{最高点数 - 最低点数}{点数幅度} + 1$$

2. 点数幅度的确定:先确定岗级数,再确定点数幅度,划岗归级。

$$点数幅度 = \frac{最高点数 - 最低点数}{岗级数} - 1$$

第二步:确定岗位等级划分点数幅度表

根据岗位评价的最高点数、最低点数,以及点数幅度或岗位等级数等确定岗位等级划分点数幅度表,见表2—13。

表2—13　　　　　　　　岗位等级划分点数幅度表

点数范围	岗位等级	点数范围	岗位等级
100及以下	1	341~370	10
101~130	2	371~400	11
131~160	3	401~430	12
161~190	4	431~460	13
191~220	5	461~490	14
221~250	6	491~520	15
251~280	7	521~550	16
281~310	8	551~580	17
311~340	9	581~610	18

第三步:划分岗位等级

根据岗位等级划分点数幅度表,将所有岗位,根据其所评价点数,对号入座(等级),归入每一岗级的点数幅度内,形成《岗位等级表》(初评结果)。

(二) 差值点数法

差值点数法,是指划分岗位等级的点数幅度不同。

1. 点数递增划分法:低等级之间,点数幅度小,如30点一个等级;高等级之间,点数幅度大,如40点一个等级。

2. 点数递减划分法：低等级之间，点数幅度大，如40点一个等级；高等级之间，点数幅度小，如30点一个等级。

3. 还可以是不同幅度点数交叉划分。在表2—14中，1～7级划分等级的点数幅度为35点，7～8两级划分的点数幅度为45点，9～18级划分的点数幅度为30点。

表2—14　　　　　　　　某电力公司岗位等级划分表

等级	点数幅度	总经理工作部	政治工作部	综合计划部
1	290以下		出版印刷室排版打印专责工	
2	291～325			
3	326～360			
4	361～395	文书管理初级岗	综合管理初级岗	
5	396～430	人事档案管理中级岗（工人）	出版印刷室排版打印组组长	
6	431～475	声像档案管理中级岗	办公室综合管理中级岗	
7	476～520	信访接待中级岗	报刊编辑室编辑中级岗	综合统计管理中级岗
8	521～565	秘书专业中级岗	出版印刷室主任	投资计划管理中级岗
9	566～595	外事管理高级岗	办公室主任，报刊编辑室主任高级岗	
10	596～625	企业管理标准化高级岗		综合统计管理高级岗
11	626～655		老干部工作处处长，青年工作处处长	
12	656～685	综合处处长	组织处处长	综合统计处处长
13	686～715			经营计划处处长
14	716～745			
15	746～775			
16	776～805	总经理工作部副主任	政治工作部副主任	
17	806～835			综合计划部副主任
18	836～865		政治工作部主任	
19	866以上	总经理工作部主任		综合计划部主任

到底采用哪种方法划分的岗位等级表，通过对不同方法划分的岗位等级表的比较，以满意度最高的岗位等级表为准。

三、岗位等级表的调整、确定

《岗位等级表》（初评结果）出来以后，有两种情况需要调整：一是由于评价委员对所评价岗位的信息盲点而造成的有的岗位等级明显偏高或明显偏低的情况；二是处于临界点的岗位，是归入上一等级还是归入下一等级。

岗位等级的调整有两种方法：

1. 直接进行岗位复评

将《岗位等级》（初评结果）直接提交岗位评价委员会进行复评，将复评结果汇总并提交岗位评价领导小组讨论、调整，最后，由岗位评价委员会讨论通过《岗位等级表》。

2. 以部门为单位向各部门负责人征求意见

按照《岗位等级表》（初评结果），将所有岗位以部门为单位进行整理打印，形成《××部门内部岗位排序征求意见表》，向本部门负责人征求意见，然后将征求意见汇总，并提交岗位评价领导小组讨论、调整，最后由岗位评价委员会讨论通过《岗位等级表》。

《岗位等级表》为岗位评价的最终成果，《岗位等级表》确定之时，标志着岗位相对价值的确定，岗位评价结束。

【本模块小结】

1. 实施计点法岗位评价，其基础是组织机构设置和岗位设置，编制岗位说明书和部门职能说明书，设计计点法岗位评价标准体系。

2. 做好岗位评价会议准备，包括建立岗位评价委员会、编印岗位评价资料、印发关于召开岗位评价会议的通知。

3. 按照岗位评价流程，开好岗位评价会议。由岗位评价委员独立实施岗位评价。

4. 在岗位评价会议之后，要对岗位评价数据进行处理，根据岗位评价点数的多少划分岗位等级，形成岗位等级表。

【讨论思考题】

1. 部门清单的结构包括哪几部分？岗位清单的结构包括哪几部分？
2. 职能说明书包括哪些内容？岗位说明书包括哪些内容？
3. 编制岗位评价标准体系要经过哪几个程序？
4. 如何编制岗位评价记录表？
5. 岗位评价会议的流程是什么？
6. 如何使用岗位评价点数划分岗位等级？
7. 拓展提高：对所在单位或所熟悉的单位，试拟订一个计点法的岗位评价标准体系。

【相关知识】

工作分析

一、工作分析的含义

（一）工作分析的基本含义

工作分析是全面了解组织中某个特定工作的管理活动，是对岗位的职责内容和任职资格条件进行系统分析和研究的过程。

（二）工作分析的基本内容

1. 关于岗位信息，包括：

(1) 岗位名称；

(2) 岗位的基本任务（职责概要）；

(3) 使用的工具设备；

(4) 这个岗位工作和其他岗位工作的关系；

(5) 工作条件（如工作时间、噪声、温度、光线等）如何。

2. 关于任职人员所需具备的任职资格条件，包括：

(1) 受教育程度；

(2) 知识要求；

(3) 专业技术资格、执业（职业）资格或技术等级要求；

(4) 经验要求；

(5) 体力要求；

(6) 能力要求；

(7) 适应性与主动性等。

根据工作分析目的的需要，还可以确定工作分析的其他内容，如绩效指标、绩效标准、工作权限等。

（三）工作分析的成果

工作分析提供的信息将集中体现于岗位说明书，并最终形成《岗位说明书》，它是工作分析的一个标志性成果。

二、工作分析的作用

（一）设计制定企业组织结构

通过工作分析，可以全面揭示组织结构、层次关系对岗位工作的支持和影响，为组织结构的优化和再设计提供决策依据。

（二）制定企业人力资源规划

通过工作分析，可以全面了解组织中人员的年龄结构、知识结构、能力结构、培训需求等信息，在人力资源规划过程中发挥根本性的作用。

（三）指导企业招聘、选拔使用所需要的人员

通过工作分析所形成的《岗位说明书》，已经非常详细地明确了为顺利履行岗位职责、任职人员所应具备的基本条件，这些条件就可以作为人员挑选的基本标准，能够确保人员选拔的质量。

（四）制定员工培训计划

通过工作分析，可以发现组织中现有人员能力与岗位基本要求的差距，从而可以确定员工培训的基本方向和基本内容，为合理地制定员工的培训计划提供基本依据。

（五）进行岗位评价，确定合理的工资等级结构

根据《岗位说明书》反映的岗位信息，按照科学岗位评价标准，确定该岗位在整个组织中的相对地位或相对价值。通过岗位差别来确定薪酬，使薪酬水平与岗位价值相匹配，充分体现内部公平性，制定出公平合理的薪酬方案。

（六）作为制定考核标准，进行绩效考核的依据

通过工作分析，可以确定岗位职责范围和每项工作职责的具体标准，为制定合理的绩效考核指标和标准提供依据。

三、工作分析的方法

工作分析的方法有工作实践法、典型事件法、观察法、访谈法、问卷法、工作日志法等，见表1。在日常工作中，采用比较多的是问卷法和访谈法。

表1　　　　　　　　　　　工作分析方法列表

序号	方法	概述	优缺点
1	工作实践法	工作分析人员到被分析的岗位中实际体验岗位工作特点，获得岗位信息的一种方法	优点：可以了解工作的实际任务以及在体力、环境、社会方面的要求 缺点：仅适用于短期可以掌握的工作。局限性大，是很少用的方法
2	典型事件法	对工作者工作中具有代表性的工作行为进行描述的一种方法	优点：可以直接描述人们在工作中的具体活动，因此可以提示工作的动态性 缺点：耗时，容易遗漏不显著工作行为

续表

序号	方法	概述	优缺点
3	观察法	通过对特定对象的观察，把有关岗位的部分内容、原因、方法、程序、目的等信息记录下来，而后将取得的岗位信息归纳整理成适用的文字说明	优点：直观、真实 缺点： (1) 时间成本高、效率低 (2) 观察周期不易确定，适合生产操作岗位，不适合管理岗位和技术岗位 (3) 专业所限，相关人员不能准确地对所观察的信息做出正确的判断 (4) 岗位任职资格条件不能由观察得出
4	访谈法	工作分析者与岗位任职者面对面地谈话，进行信息资料收集的一种方法	优点： (1) 互动性强，由于是一种面对面的交流，增加了反馈，使被了解的问题能够深入 (2) 可以唤起工作的职责意识，规范其行为，从而有利于以后岗位描述的推行 缺点： (1) 比较占用时间，效率不是很高，谈话对象很多时就很难操作 (2) 由于工作分析者对岗位不熟悉，可能被访谈对象误导，从而使对岗位工作的描述出现偏差
5	问卷法	工作分析人员，根据工作分析的目的、内容等编写结构性调查问卷，然后把问卷发给员工，由他们来确认各要完成的任务，包括基本资料、工作时间、工作内容、工作责任、任职者所需要的知识技能、劳动强度、工作环境等	优点： (1) 收集信息量大而且速度快，可以在短时期获取大量岗位信息 (2) 标准统一，便于统计分析，针对性强，易于发现普遍规律性问题 缺点： (1) 设计难度较大，对设计人员的要求高 (2) 有些问卷的阅读能力要求，限制了问卷的使用范围，也影响了使用效果 (3) 没有互动，是单向交流，对于开放性的问题反映并不好，不能深入，且易遗漏信息
6	工作日志法	让员工以工作日记或工作笔记的形式记录其工作活动而获得有关岗位信息资料的方法	优点： (1) 信息可靠性高，适于确定有关工作职责内容、劳动强度等方面的信息 (2) 工作记录本身非常翔实，提供的信息充分 缺点： (1) 需要积累的周期较长，时间成本高 (2) 资料口径可能与工作分析的要求有出入，因而整理的工作量非常大

范例一

部门职能说明书示例

某研究所人力资源处职能说明书

部门名称		人力资源处		部门负责人职位		处长
直接上级职位		党委副书记		部门人员编制		6人
职责概述	全所人力资源开发管理的职能部门，主要负责人力资源战略规划与实施、劳动用工、工资福利、教育培训管理工作					
部门主要职责（按重要程度逐项填写）						
1	负责所人力资源发展战略规划制定、人才需求预测、人才需求计划编制、人才引进开发与调配					
2	负责贯彻落实国家和上级有关劳动人事制度和政策，制定并完善符合所实际的劳动人事管理制度和配套政策；负责人事、劳动用工、薪酬三项制度的改革方案编制及组织实施工作					
3	负责员工招募、甄选、录用、聘任、调配、解聘（辞聘）、退休（内退）、返聘、待岗管理工作					
4	负责所中层领导干部（后备干部）的培养、选拔、考察、任免与考核工作					
5	负责专业技术职务（职业资格）评聘、专家选拔评审与智力引进、科技人才奖励申报、学历认定、持证上岗资格认定、职业技能鉴定（考工、定级）、员工职业生涯设计工作					
6	负责员工绩效考核评估体系设计与组织实施及奖惩工作，负责经营管理、专业技术和技能人才队伍培养与能力建设方案制订与实施					
7	负责员工教育培训需求调查、制定员工培训发展规划、目标和年度工作计划并组织实施岗前综合培训、专业技术（技能）培训、学历教育、进修及研究生培养与管理，参与社区教育工作，承办所教育委员会的日常工作					
8	负责员工薪酬（工资、补贴、津贴、基金、奖金等）、福利、保险（养老、失业、医疗、工伤、女工生育等）核对与归口管理，负责工资总额计划编报、劳动工资统计报表与劳动年检工作，负责残疾人保障金、精减下放人员生活补助金的核发管理工作					
9	负责依据组织机构设置调整进行岗位设置调整、工作分析与组织实施，负责专业技术指挥线和技术顾问的日常管理工作，负责全员聘用（劳动）合同制用工管理、外来员工（社聘人员、劳务输出人员）和临时用工管理					
10	负责出国（出境）人员政审与涉密人员审批管理、残疾人安置、员工集体户口管理、夫妻两地分居、军转安置工作					
11	负责员工人事档案、工资档案、考绩档案、培训档案材料收集、整理、存档与日常维护管理，负责人力资源信息库、人员调整台账的维护与管理					
部门岗位设置						
序号	岗位名称		编制	序号	岗位名称	编制
1	人力资源处处长		1	4	教育培训主管	1
2	人力资源处副处长		1	5	工资保险主管	2
3	人力资源主管		1			

范例二

岗位说明书示例

航天一院××研究所工作说明书（摘录）

岗位名称	高级研究师	直接上级	室主任	所属部门	军品室
岗位等级		定员	—	岗位序列	—	岗位编码	020104
工作概要	承接重要应用技术研究、试验技术开发，重大课题的论证，设计实施重要试验并解决关键技术问题					

一、工作职责详述

1. 完成预研课题工作
   1.1 跟踪国内外本学科技术发展最新研究成果，结合本专业现状拟定专业发展规划
   1.2 结合专业发展现状和特点，提出并论证预研课题
   1.3 独立承担或指导完成预研课题
   1.4 参加预研课题成果评审工作
   1.5 结合专业与技术实际情况，指导预研课题实际应用工作
2. 完成重大和复杂的试验工作
   2.1 提出解决型号关键技术问题所需进行的试验项目和内容，并与设计部门进行交流
   2.2 分析、研究、解决试验工作的关键技术和难点问题

二、工作权限

1. 课题组内的人事调配权；2. 试验、研究过程专业技术管理权

三、任职资格要求

学历	硕士研究生学历
专业要求	工程力学、结构强度、环境、可靠性、机械等专业中某一专业
经验	具备试验、研究或相关工作8年以上经验
专业知识	掌握工程力学、结构强度、环境、可靠性、机械等专业知识，并有深入研究
专业技术	正高级专业技术水平

四、关键能力

项目	要求高	要求较高	要求一般
创新能力	√		
学习能力	√		
分析判断能力	√		
计划组织能力			√
表达能力		√	

五、工作关系

内部协作	室内各岗位
外部协作	顾客、承制方

六、工作场所与工作条件

工作场所	工作场所相对固定，有时出差
工具与设备	计算机、试验设备、测试仪器/仪表

北京地铁运营公司职位说明书

1. 基本信息

职位编号：DY—DP—01 职位名称：总调度室主任 管理层级：总公司 职位等级：B—1	所在部门：总调度室 上级职位：运营副总经理 制定日期：2004年10月

2. 职位目的

组织协调各相关单位、部门兑现运营生产计划，贯彻落实运营生产的各项规章制度及公司领导有关运营生产的指示、命令。高质量完成运营生产任务，保证运营安全，提高服务质量，并全面负责总调度室所属员工的管理工作

3. 工作关系图

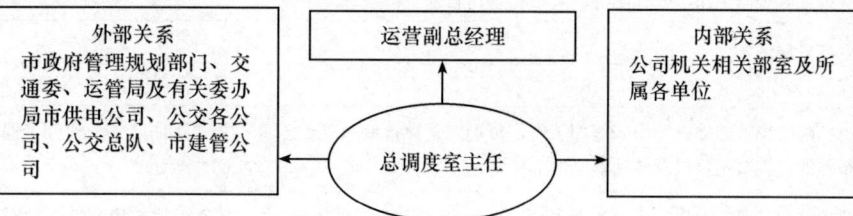

4. 主要职责

序号	主要责任	负责程度	备注
1	分析研究：跟踪和研究地铁行车指挥，机、电设备运行指挥工作的发展前沿，不断改进调度指挥工作，努力提高管理效率，控制和降低运营成本	独立	
2	指挥协调：协调指挥有关单位、部门完成运营生产任务，处理各类突发事件	独立	
3	规章制定：负责组织制定总调度室各项规章制度，并监督检查各项规章制度的执行情况	独立	
4	教育培训：负责总调度室所属员工的业务培训工作，不断提高所属员工的技能、业务水平。组织开展课题研究，解决调度工作的难题	独立	
5	防汛检查：组织协调各有关单位、部门做好防汛工作，保证地铁安全度汛	独立	
6	生产协调：负责召集运营生产交班会，协调运营生产工作	独立	
7	信息分析：负责建立健全运营生产各项原始数据、记录、统计报表，随时掌握运营生产动态，针对存在问题分析研究对策，为领导决策提供可靠依据	独立	
8	部室管理：负责总调度室全面管理工作，组织制定总调度室各项工作计划，并监督检查工作计划执行情况	独立	

5. 基本任职要求

学历 经验 知识 技能	学历/专业/职称：大学本科及以上学历，运输管理或相关专业，中级及以上职称，特别优秀者可适当放宽条件 经验/经历：从事管理工作5年以上，从事调度工作3年以上，下级职位2年以上 知识技能：掌握地铁运输管理相关规章制度，了解相关运营设备，熟练使用常用计算机办公软件 外语水平：英语四级

续表

6. 胜任特征	
计划、概括性思维、学习能力、创新意识、质量管理、专业基础	
申报部门：总调度室 日　　期：2004年10月	批准部门：企管部 日　　期：2004年12月

中国石油规划总院综合办主任岗位说明书（摘录）

一、岗位基本信息

1. 岗位名称：主任　　2. 直接上级：党委副书记　　3. 所属部门：综合办　　4. 岗位奖酬系数：2.0

二、工作职责

概述：负责综合办全面工作，分管保密、装备和基建管理、档案室工作

三、工作内容及标准

序号	工作内容	工作标准
1	协助院领导做好综合办协调管理工作，负责院领导指示和重要会议精神的贯彻落实，以及各种信息的上传下达	协调及时、工作到位，保证上传下达的准确和畅通
2	负责院政策研究工作，开展专题调研，为院领导决策提供依据，起草和制定有关管理规章制度	符合实际，政策性、针对性和可操作性强
3	组织起草院改革方案，参与院各项改革举措的具体实施运作	贯彻上级改革精神，认真执行党委确定的改革实施意见
4	负责院长办公会的组织准备工作，做好会议记录，根据会议要求起草或审核会议纪要	准备工作充分，记录准确，纪要编发及时
5	负责上级行政来文处理，提出拟办意见	文件处理及时、准确、无误
6	组织院质量体系管理评审的策划和计划制定，组织起草管理评审有关文件，做好管理评审会议组织、管理评审效果验证等项工作	符合质量体系运行要求，按照程序文件的规定执行
7	组织检查院保密制度的落实情况，组织准备院保密委员会会议	严格执行院保密制度，不发生泄密事件
8	提出院装备建设的整体规划意见，审核装备和基建计划	严格执行院基建管理有关规定，保证院各项业务活动的正常开展
9	负责院内重要活动的筹备、组织及现场协调指挥	计划周密，保证活动开展顺利

四、任职资格条件

学历：大学以上　　经验：8年以上管理工作经验，具有2年以上副处级岗位工作经历
职称：中级以上　　专业：无特殊要求　　年龄：无特殊要求　　身体：健康
基本技能：具备丰富的管理知识和较强的组织协调能力，有较高的政策水平和文字功底，语言表达能力强，掌握一门外语，能熟练应用计算机
业务知识：系统了解石油天然气生产过程和基本原理，了解油气集输储运、油气加工和综合利用等主要专业及相关专业等基本常识，熟悉本院及上级主管部门机构设置、人员构成和业务范围等，熟悉公文写作知识和有关国家标准；熟悉ISO 9000质量体系标准和本院质量体系文件内容、主要程序及要求

中国新兴建设开发总公司机关岗位说明书（摘录）

一、岗位基本信息						
岗位名称	薪酬主管	所属部门	人力资源部	岗位定员	1人	岗位编码
职责概述	负责薪酬、医疗保险和工伤保险的日常管理工作					
二、岗位职责详述						
1. 参与有关工资改革调研，起草工资及劳保福利相关文件 2. 检查各单位工资管理情况及各种台账 3. 办理员工调出调入、解除终止劳动合同的工资关系转移和调入员工工资级别的套改 4. 负责总公司机关员工工资审核及缺勤扣发工资的通知 5. 负责退休员工退休费审批表、退休费构成的填写、制表及归档 6. 承办医疗保险、工伤保险日常管理工作 7. 定期向上级单位报劳动情况月报表、年报表和劳动工资月报表、年报表及短期日常报表 8. 承办残疾人就业和残疾人就业保障金缴纳事宜						
三、任职资格条件						
性别要求	男（ ）；女（ ）；男女均可（√）					
年龄要求	男（55）岁以下；女（50或45）岁以下					
知识要求	1. 具有人力资源管理或相近专业大学本科以上学历 2. 精通劳动工资理论及薪酬管理业务知识 3. 掌握国家和北京市社会保障特别是医疗、工伤保险等方面的政策规定					
能力要求	1. 有较强的调研创新能力，能依据国家有关政策法规及上级文件指示精神，结合本职工作，不断提出合理化建议 2. 能科学周密计划安排本职工作，对下级部门工作实施强有力的指导 3. 有较强的语言文字表达能力，能熟练起草本职工作相关文件及其他文字材料 4. 能熟练操作计算机进行文字处理、编辑、统计及分析					
经验要求	大学本科学历应具有10年（硕士5年）以上劳动工资和社会保险工作经历					
证书要求	取得人力资源或劳动经济专业中级以上专业技术职务任职资格					

北京××公司总经理秘书工作说明书（摘录）

职位编号	BG—02	职位名称	总经理秘书	所属部门	总经理办公室
职位类别	行政事务类	上级职位	总经理办公室主任	编制日期	2002.04.01
职位概要	协助总经理安排每日的工作日程，人员接待、公文转接等文秘服务，严守工作和保密守则，以保证总经理工作的顺利开展				
履行职责及考核要点					

履行责任	时间占用（%）	关键业绩衡量指标
1. 总经理日程安排 　协助总经理安排每日的工作日程表，合理规范安排时间进度，提醒总经理按时参加重要活动及会议。负责总经理出差日程的计划及相关物品的订购和报销工作	30	安排条理规范 安排严谨有序 报销及时 总经理的满意度

续表

履行责任	时间占用（%）	关键业绩衡量指标
2. 人员接待 接听并记录总经理的工作电话，礼貌有序地接待来访人员，做好信息记录。根据需要和重要程度，安排来宾与总经理会晤，婉转回绝或转派总经理不必出面的接待要求。整理、汇总总经理日常业务名片及主要联络表	30	记录完整及时 安排合理有序 礼貌待客 客户满意度
3. 文字工作 遵照总经理指派，以总经理名义起草、回复的往来信件、一般性文件、讲话稿和报告，翻译总经理需要阅读的外文文件和外文资料	20	文件的规范性 文件的及时性 翻译的准确性
4. 行政事务管理 汇总登记、保密管理总经理的各种文件资料；传递、记录公司内外往来文件和总经理的批复意见，保证公司内外部信息通畅；总经理办公室保密整理、办公用品领取更新、办公设备管理维护以及总经理的其他日常后勤服务等工作	10	文件管理规范完整 文件传递及时准确 后勤服务的及时性 总经理的满意度
5. 其他 总经理或办公室主任布置的其他临时性工作	10	工作完成的时间 工作完成的质量 总经理的满意度

某公司培训主管工作描述

职位名称：培训主管	所在部门：总部人力资源部
职位编码：122—418	编制日期：20××年5月7日
职位概要：在人力资源部部长的领导下，对公司人员进行培训，丰富员工的业务知识，提高员工的工作技能	

工作关系

直接上级	人力资源部部长
直接下级	无
内部沟通	部门内其他人员
外部沟通	管理咨询公司、政府劳动部门和人事部门、教育机构、公司其他部门和事业部等

职位职责	绩效标准
1. 制度规范 （1）草拟公司的培训制度，提交部长 （2）草拟公司培训工作的流程及程序，提交部长 （3）制定新员工手册，编制企业内部培训教材	• 制度可行、完备、有效 • 流程规范、清晰 • 培训教材适用
2. 培训活动 （1）制定新员工的入司培训计划，并具体负责实施 （2）根据各部门和各事业部提交的培训需求，并结合公司实际拟定年度培训计划，提交部长 （3）按照培训流程，具体实施公司通用技能的培训 （4）负责公司中高层专业知识和技能的培训	• 新员工及时融入公司 • 培训费用节省 • 培训对象满意

续表

职位职责	绩效标准
3. 业务指导 (1) 指导各部门和各事业部制定本单位的培训计划 (2) 帮助各单位处理在培训过程中出现的问题 (3) 检查各单位培训计划的实施情况	• 各事业部满意 • 计划落实完好
4. 其他 (1) 对各单位外出参加的培训进行审核，并备案 (2) 领导交办的其他工作	• 领导满意

职位环境和条件

经常性工作场所	总部办公室
工作设备	台式计算机
工作时间	每周5天，每天8小时

民政部职位说明书

一、职位名称：社会福利司司长

二、职位代码：314—06—01

三、工作项目：
1. 主持全司工作，负责司内行政管理和思想政治工作
2. 具体管理全国民政社会福利工作
3. 主持制定社会福利工作的重大政策和法规
4. 负责制定并组织实施社会福利工作的发展规划与工作计划
5. 主持起草、审核社会福利工作的重要文件
6. 提出社会福利工作的政策性建议
7. 承办上级交办的其他工作，协助其他职位工作

四、工作概述：本职位在部长领导下工作

1. 依据国家有关方针政策和全国社会福利工作实际，统筹规划和组织制定残疾人就业、社会福利生产、城市福利事业、社区服务和假肢工作的重要法规、条例、标准及发展规划等，经司务会研究并报领导审批或与有关部门会签后下发执行，并定期组织检查、督促和总结

2. 根据国家的方针、政策，及时提出残疾人就业、社会福利生产、城市福利事业、社区服务和假肢科研生产的工作建议，为部领导和上级有关部门决策提供依据

3. 组织并参加社会福利工作重大问题的调查研究和发展方向的预测性研究；负责组织起草、修订、审核社会福利工作的有关重要文件、报告和工作计划；全面负责司内行政管理工作和思想政治工作；对司内人事、行政业务、后勤等各项工作负有领导责任

4. 协调部内、外有关部门之间的业务关系，开展社会福利工作的国际交流与合作

续表

五、工作标准：
1. 保证全司各项工作正确贯彻部领导意图，符合本司职能要求，并如期完成。起草、审核、签发的文件，符合国家法律、法规、方针政策及社会福利工作实际，对全国社会福利工作具有重要指导作用
2. 制定司工作计划、规划符合部工作要点和统一部署，突出重点，兼顾一般。在人力、物力和时间安排上合理可行
3. 全面掌握全国社会福利工作情况，为部领导提供的政策性建议及时、正确
4. 确保司内人员思想政治觉悟和业务水平不断提高，注意发挥全司干部的积极性，树立团结、进取、高效、廉洁的工作作风，建立和保持良好的工作秩序，杜绝重大事故的发生，不准徇私舞弊
5. 处理日常行政事务条理清楚，办事公道，决策果断，正确无误

六、所需知识能力：
1. 需受过经济管理或有关理工专业的高等教育，熟悉社会福利工作的专业知识，具有丰富的实际工作经验
2. 熟悉国家有关的法律、法规及方针政策，具有较高的政策理论水平，具有较强的宏观决策、组织协调、处理解决实际问题的能力和文字表达能力
3. 具有一定的外语水平

七、转任和升迁方向：
1. 德才表现优秀且工作需要，可升任上一级职位
2. 根据组织安排，可转任同级其他职位
3. 本职位空缺时，由符合本职位任职条件和资格者升任

某工程承包公司项目经理岗位说明书

岗位职责	1. 组织并负责做好经营项目的前期工作，执行公司"三合一"管理体系程序文件，具体组织编制投标文件和参加项目投标工作和技术答辩； 2. 参加合同谈判和签约； 3. 组织编制业务范围内项目的各项作业计划； 4. 组织项目的管理小组并领导小组工作实施各项作业计划； 5. 在业务范围内全权负责对外联络工作，组织处理项目执行过程中发生的一切问题，归口管理与顾客及分承包方的一切往来函件、资料及项目运作过程中的有关记录，对这些资料的正确性和有效性负责。在项目结束后负责将院有资料整理归档。			
		四级项目经理	三级项目经理	二级项目经理	一级项目经理

		四级项目经理	三级项目经理	二级项目经理	一级项目经理
承担业务范围	设备成套	一般项目的多个专业的工作	一般项目的全面工作	重要项目的全面工作	重要重大项目的全面工作
	工程项目	一般项目的一个方面工作	一般项目的一个或几个方面的工作	一般项目的全面工作或重要重大项目某几个方面的工作	重要重大项目的全面工作
	其他经营	一般贸易项目的全面工作	一般贸易项目的全面工作	重要重大贸易项目的全面工作	重要重大贸易项目的全面工作

续表

		四级项目经理	三级项目经理	二级项目经理	一级项目经理
任职资格	教育水平	大学本科及以上	大学本科及以上	大学本科及以上	大学本科及以上
	专业要求	工程技术专业及相关专业	工程技术专业及相关专业	工程技术专业及相关专业	工程技术专业及相关专业
	经验要求	具备工程师资格，5年以上业务范围内工作经验	具备工程师资格，8年以上业务范围内工作经验	具备高级工程师资格，10年以上业务范围内工作经验	具备高级工程师资格，15年以上业务范围内工作经验
	技能要求	熟练使用计算机、良好的英语听说读写能力、良好的沟通能力以及良好的组织协调能力	熟练使用计算机、良好的英语听说读写能力、良好的沟通能力、良好的组织协调能力、一般项目的管理能力	熟练使用计算机、良好的英语听说读写能力、良好的沟通能力、较强的组织协调能力、重要项目的管理能力	熟练使用计算机、良好的英语听说读写能力、良好的沟通能力、有很强的组织协调能力、重大项目的管理能力
工作业绩		二年内担任过一般工程项目的一个分项经理或一般设备成套项目、一般贸易项目的开拓经理或项目经理。考核合格	二年内担任过一般工程项目的两个以上专项经理或两个以上一般设备成套项目、一般贸易项目的开拓经理或项目经理。考核合格	三年内担任过重要、重大工程项目的专项经理或重要、重大设备成套项目或重要、重大贸易项目的开拓经理或项目经理。考核合格	三年内担任过重要、重大工程项目的开拓经理或项目经理或重要、重大工程项目的两个以上专项经理或重要、重大设备成套项目或重要、重大贸易项目的开拓经理或项目经理。考核合格

说明：1. 承担业务范围划分：设备成套——承担超过两种以上设备集中采购供货服务；

工程项目——承担含咨询、设计、采购、施工、调试等工作中任两项以上工作的项目；

其他经营——承担单种设备采购供货或进出口购销代理经营。

2. 工程项目的专项经理划分：一般可分为计划经理、质量经理、财务经理、设计经理、采购经理、施工经理、调试经理、综合经理等。

DLWZ公司招标处处长岗位说明书

一、岗位基本信息

岗位名称	招标处处长	所属部门	招标处	岗位编码	0901
直接上级	招标业务副经理	岗位性质	管理	定员	1人

二、岗位描述

职责概述	负责组织、实施DLWZ公司大宗物资招标工作

续表

岗位职责	核心职责	1. 负责组织、实施DLWZ公司大宗物资招标工作 2. 负责组织完成招标处安全、廉政、经营责任目标 3. 全面负责招标处各项管理工作
	常规职责	1. 负责制定、完善有关招标业务的管理制度 2. 负责招标处业务培训、岗位学习、职业道德培训工作 3. 负责开发用户市场,组织完成各业主委托的招标业务 4. 负责组织完成公司招标资质年审工作 5. 负责组织组建华龙公司评标专家库工作 6. 负责审核定标汇报资料 7. 负责编制各类设备的招标方案
	服务职责	1. 主动走访建设单位,根据用户需求,制定规范、合理的招标方案 2. 组织做好对投标厂商的政策、投标咨询解答工作 3. 负责制定本处室的优质服务守则,做好日常的组织落实工作
行为禁区	绝对禁止	1. 泄露企业、工作机密 2. 招标工作程序违反国家有关法律、法规及规定
	后果严重	1. 招标工作不规范 2. 招标工作管理不到位

三、工作权限

1. 本处内人员岗位调整建议权;2. 工作程序调整权

四、任职资格要求

准入学历	大学本科
专业要求	工程管理类或企业管理类专业
知识要求	掌握招标相关的法律知识、物资管理知识、工程管理知识、技术经济知识及企业管理知识;熟悉电力基本建设工作程序,熟悉招投标知识,熟悉电力设备生产、采购、管理、安装等常识
经验要求	从事物资管理、招标管理、工程管理或相关管理工作7年以上
专业技术等级/技能等级要求	中级专业技术水平
基本技能要求	熟练使用计算机及各种常用办公软件
关键能力要求	具有较高的计划组织能力、协调能力、分析判断力、解决问题的能力、语言文字表达能力
职业培训	招投标法律法规知识、电力设备知识、人际沟通、工程管理、物资管理等

五、工作关系

内部协作	物资公司领导、各处室
外部协作	电力公司各职能部室及各建设单位、中国机电设备招标中心、中国招投标协会

范例三

《DLWZ 公司岗位说明书》填写说明

第一部分　岗位基本信息

1. 岗位名称：指实际从事岗位的名称。

   例如： "计划管理中级岗"。

2. 所属部门：指本岗位所属处室的名称。

3. 岗位编码：由公司工作分析项目办公室负责统一填写。

4. 直接上级：填写本岗位的直接上级岗位名称。

5. 岗位性质：指岗位属于什么工作性质，与从事该岗位的人员身份无关。本公司的岗位性质分为管理、技术、生产三大类。

6. 定员：指从事本岗位工作不可缺少的人数。

7. 岗位等级：指目前该岗位执行的岗位等级，由公司劳动人事处统一填写。

8. 测评等级：由劳动人事处负责在 DLWZ 公司岗位评价后统一填写。

9. 编写日期：以召开制定《岗位说明书》培训会当天日期为准。填写要求使用阿拉伯数字。例如：2006－11－10。

10. 分析制定人：指岗位说明书编写人，要求由岗位的直接上级或处室领导担任。请填写姓名。

11. 审核人：由公司相关行政领导负责审核。请填写姓名。

第二部分　岗位描述

1. 职责概述：用简要的语言文字描述岗位的职责内容。一般以一句话为宜，职责较多时用顿号隔开。

   例如： 主要负责项目立项、计划、实施、协调及综合统计工作。

2. 岗位职责：是指分配给每个岗位的主要工作事项。岗位职责的描述按照岗位的核心职责、常规职责、服务职责三个方面分别描述，并要求对每类职责按照重要、比较重要的顺序逐项填写。

3. 岗位行为禁区：是指任职人员履行本岗位职责绝对不允许的工作行为。从绝对禁止行为和后果严重行为两个方面分别描述。

   绝对禁止：在履行本岗位职责中，任职人员利用职务之便谋取私利、触犯国家法律法规的行为。

   例如： 泄露商业秘密。

   严重后果：在履行本岗位职责中，由于任职人员违反工作操作规程，给处室和公司造成严重后果的行为。

例如：技术澄清文件出现差错，有歧义。

第三部分　工作权限

请说明履行本岗位职责所必需的工作权限（从财务、人事、物资、专业管理等方面说明）。

例如：某单位经营开发处处长岗位权限。

1. 500 万元以内合同的签约权；

2. 本处内人员的调配权；

3. 计划经营开发经费的使用审批权；

4. 本处内仪器设备的调配权。

第四部分　任职资格要求

岗位任职资格要求，是指胜任本岗位工作，任职人员在学历、经验、专业技术/技能水平等方面应达到的基本要求，或应具备的基本条件。

1. **准入学历**：指能够顺利履行岗位职责所要求的，通过学校或职业训练所获得的最低学业水平。

例如："本科""大专""中专""高中/技校""初中"等。

2. **专业要求**：指从事本岗位工作需要精通何种专业的理论知识。

3. **知识要求**：指从事本岗位工作需要熟悉哪些专业的理论知识，以及相关理论知识和业务知识。

例如：精通人力资源管理专业知识，具备管理学、经济学专业知识以及熟悉国家人事、劳动政策法规，了解公司招标、采购业务流程基本知识等。

4. **经验要求**：指岗位任职人员从达到岗位工作的基本要求开始，到胜任本岗位工作所需要经历的实际工作时间。高等级岗位应包括任职前必需的"台阶"或"阶梯"时间。

例如："从事行政管理或相关管理工作 5 年以上"等。

5. **专业技术/技能等级**：管理岗位、技术岗位任职人员应具备的专业技术水平；生产岗位任职人员应具备的技能水平。

专业技术等级包括"无等级""员级""助理级""中级""副高级""正高级"。

技能等级包括"普通工""初级工""中级工""高级工""技师""高级技师"。

6. **基本技能要求**：从事本岗位工作需要具有哪些实际技能。

例如："能够熟练使用办公软件和计算机""精通外语，具有较强的听说读写能力"等。

7. **关键能力要求**：从事本岗位工作需要具有哪些关键性的能力。

例如："具有较高的协调沟通能力及创新能力""具有较高的计划组织能力、决策能力"

"具有较强的语言文字表达能力"等。

8. 职业培训：从事本岗位工作前需要接受哪些业务知识的培训或本岗位工作应从哪些方面进行岗位知识的培训。

例如："需要进行财务管理、企业会计、会计核算等基本知识的培训"，或"需要进行电力设备知识、人际沟通以及项目工期控制等相关业务知识的培训"。

9. 身体要求：从事本岗位工作对任职人员的身体健康、身体素质、身体灵活程度、体力体能等方面的要求。

例如："身体健康，并具有能够经常加班、能够承受较大工作压力的身体素质。"

第五部分　工作关系

1. 内部协作：履行本岗位职责需要与本公司内部哪些部门及岗位进行协作。

2. 外部协作：履行本岗位职责需要与本公司外部哪些单位进行协作配合。

第六部分　工作环境与工作条件

1. 工作时间特征：指任职人员所从事的岗位，在工作时间上的要求。即"100%白班""100%夜班""倒班"或其他能够说明本岗位工作时间特征的具体描述。

2. 工作危险性：指履行本岗位职责时存在哪些危险。首先定性描述危险性的大小，从"没有危险性""较小危险性""较大危险性"三个方面描述，并同时对造成危险的原因加以说明。

例如：较大危险性。"高温、高压、易燃、易爆，有毒，有职业病危险，对身心造成潜在危害"，或"高空作业""噪声污染严重""粉尘污染"等。

3. 工作场所：指履行本岗位职责是否经常外出（出差），是对工作场所的固定程度进行描述。可以从"工作场所固定""工作场所较小固定性""工作场所不固定"三个方面加以描述。并同时说明在工作场所不固定的状态下，外出工作时间占制度工作时间的比例。

例如：工作场所不固定。外出工作时间占制度工作时间50%以上。

4. 办公工具与设备：指完成本岗位职责所需要使用的工具及仪器设备。

例如："计算机""传真机"等。

特别提示：填写岗位说明书的版面、格式、字体、字号大小等，须与《岗位说明书（范本）》一致。

范例四

DLWZ 公司岗位评价标准体系

简 要 说 明

一、岗位评价的核心是划分岗位级别，其目标是为了建立合理的薪酬结构

岗位评价是对不同岗位的工作进行研究和分级的方法。岗位评价关心的是岗位的分级，而不去注意谁去做这项工作或谁在做这项工作。

岗位评价作为一种解决薪酬分配问题的公正方法，是确定合理薪酬结构的基础。岗位评价的核心，是给各种不同的工作确定级别。岗位评价的目标是按照内部一致性的原则，建立合理的薪酬等级结构，以实现组织内部的分配平等，即同工同酬、高岗高酬、低岗低酬。

二、岗位评价的实质，是把生产不同使用价值的产品或服务的具体劳动，还原为抽象劳动，进而使各种具体劳动之间可以相互比较，以确定各个岗位在组织中的相对地位和相对价值

岗位评价提供了这样一种技术，它把生产不同使用价值的产品或提供不同具体服务的各种不同形式的、不可以拿来直接相互比较的具体劳动，通过还原为抽象劳动，使它们可以相互比较。具体办法是把各种劳动统统分解为劳动的四个基本要素，再把四个基本要素分解为若干子因素；之后用统一的衡量标准，对各个子因素分级、配点。然后，用事先确定的衡量标准，评定每一岗位各个子因素的级数，并得出相应的点数。最后把每个岗位所有的子因素的评定点数加和，得出每一岗位的总点数。

当所有岗位的评价点数得出以后，就可以根据每一岗位点数的多少划分岗位等级，从而确定每一岗位在一个组织中的相对地位和相对价值。

三、计点法是岗位评价诸方法中科学性最高的一种方法

岗位评价可以采取不同的方法。目前，岗位评价有四种方法可以采用，即排列法、分类法、要素比较法和要素分级计点法，其中，要素分级计点法是数量化的评价方法，在诸多评价方法中，是公认的科学性、可靠性最高的一种。

DLWZ 公司"岗位评价标准体系"的设计，就是按照计点法的要求，同时结合 DLWZ 公司"以经济效益为中心的服务型企业"的基本定位和"安全、廉政、规范、服务"的方针，为 DLWZ 公司实施岗位评价而专门设计的。

四、"DLWZ 公司岗位评价标准体系"的框架

DLWZ 公司岗位评价标准体系把岗位劳动对人的要求划分为四大要素，在四大要素的基础上，又进一步分解为 16 个子因素，每个子因素再细分为 4~5 个等级，并分别给予定义和配点。

具体评价要素、子因素、分级、分级定义及配点，详见《岗位评价要素、因素及因素分级、配点表》（见表2—7）和《岗位评价要素、因素、因素分级、分级定义及配点》。

岗位评价要素、因素、因素分级、分级定义及配点

一、劳动复杂程度

1. 学历

本因素衡量岗位任职人员顺利履行工作职责应具有的最低学历。最低学历应在从事本岗位工作之前通过学历教育获得，在从事本岗位工作后所获得的学业水平除外。

分级	分级定义	副点	点数
一级	初中及以下	10	20
二级	高中（职业高中、中专、技校）	30	40
三级	大学专科	50	60
四级	大学本科	70	80

备注：在本因素评价中，如认为某岗位处于两个等级之间，可按副点给予点数。下同。

2. 经验

本因素衡量岗位任职人员在具备岗位任职的基本要求可以上岗从事本岗位工作，到掌握工作的技巧而完全胜任本岗位工作之间，一般所需要经历的最低实际工作时间。

提示：对于高等级岗位，是指从事担任本岗位之前应经历的实际工作时间，即经历阶梯岗位一般所必需的累计最低工作时间。

分级	分级定义	副点	点数
一级	1年以下	11	22
二级	1～2年	33	44
三级	3～4年	55	66
四级	5～6年	77	88
五级	7年及以上	99	110

备注：在本因素评价中，如果认为某岗位达到区间上限或接近区间上限，则打正点；如认为处于区间之间或接近区间下限，则打副点。下同。

3—1. 专业技术水平（管理、技术岗位）

本因素衡量岗位对任职人员在生产经营管理、技术管理及相关业务活动方面的能力要求和业务水平要求。

分级	分级定义	副点	点数
一级	了解工作内容，照章办事，完成例行的、重复性的工作，具有一般的辅助性工作能力 专业技术水平要求：无	9	18
二级	了解和初步掌握本专业工作内容及本专业有关政策规定，具有简单的分析判断能力，能完成一般性技术或管理工作 专业技术水平要求：员级	27	36
三级	熟悉本专业工作内容和政策规定，有一定分析判断能力，能够独立解决处理本专业范围内的问题，能独立承担本专业中一般专业技术工作，能完成一般性的工作总结、报告 专业技术水平要求：助理级	45	54
四级	熟练掌握本专业工作内容和政策规定，具有一定的综合分析和独立判断及解决本专业、本部门较为复杂问题的能力，有一定的工作经验和开拓能力，能独立承担本部门或本专业较复杂的专业技术工作及经营管理工作，能撰写一定水平的总结、报告 专业技术水平要求：中级	63	72
五级	有较高的业务水平和综合、独立判断和解决处理多专业和多部门复杂问题的能力，有较丰富的工作经验，具有较强的开拓能力，能独立主持或组织本部门、本专业内重大经营管理项目，能撰写较高水平的总结、报告 专业技术水平要求：高级	81	90

3—2. 技能水平（生产岗位）

本因素衡量生产岗位任职人员在从事本岗位生产、服务工作中，任职人员应达到的技能要求。

分级	分级定义	副点	点数
一级	使用较为简单的工具，从事的基本是纯体力劳动 技能水平要求：初级工及以下	8	16
二级	使用一般工具，从事某种精度的劳动或一般性加工 技能水平要求：中级工	24	32
三级	在日常工作中使用大多数的工具，并能应用普通量规进行精度较高的劳动或精度较高的加工，能够处理一般性技术难题 技能水平要求：高级工	40	48
四级	使用工具从事高技术的劳动，能够处理非常规的技术难题 技能水平要求：技师	56	64
五级	具有本专业（工种）的系统的技术理论知识，以及高超、精湛的技艺和综合操作技能 技能水平要求：高级技师	72	80

4. 创造性

本因素衡量岗位任职人员在运用新知识、新方法、新技术改进工作需要等方面所要求的创造程度。

分级	分级定义	副点	点数
一级	简单常规性工作，几乎不需要创造和改进	6	12
二级	常规性工作，按照若干具体规程行事，需要较低的创造性	18	24
三级	较常规性工作，基于本专业现有的经验和技术，需要对工作过程中具体的程序、方法进行调整和改进，要求具有中等水平的创造性	30	36
四级	非常规性工作，需要解决各种复杂的问题，需要基于跨专业的先进经验，创造新方法和新技术。要求具有较高水平的创造性	42	48
五级	开拓性工作，需要解决某一领域的重大课题；基本没有可借鉴的经验，需要进行科学性的新发明。要求具有高水平的创造性	54	60

5. 岗位空缺替代难度

本因素衡量岗位出现人员空缺以后，在公司内部或外部寻找合适人员填补岗位空缺的难易程度、成本高低及时间长短。

分级	分级定义	副点	点数
一级	市场供给过剩，岗位出现空缺后，在公司内部或外部市场寻找替代人员很容易，几乎不需要成本和时间	5	10
二级	市场供给基本过剩，岗位出现空缺后，在公司内部或外部市场寻找替代人员容易，只需较小成本和较短的时间	15	20
三级	市场供求基本平衡。岗位出现空缺后，在公司内部或外部市场寻找或培养替代人员较困难，需要付出一定的成本	25	30
四级	市场紧缺，岗位出现空缺后，在公司内部或外部市场寻找或培养替代人员困难，需要付出较高的成本	35	40
五级	市场稀缺，岗位出现空缺后，在公司内部或外部市场寻找或培养替代人员非常困难，需要付出很高的成本	45	50

二、劳动责任

6. 经济效益责任

本因素衡量岗位任职人员圆满完成本职工作，在实现公司经济效益目标过程中贡献的大小。或者岗位任职人员工作发生失误，对本公司收入、利润等经济效益指标造成的直接和间接损失的大小。

分级	分级定义	副点	点数
一级	工作失误对本部门工作影响很小，对本公司经济效益的损失影响几乎没有	10	20
二级	工作失误仅对本部门的工作有所影响，但对本公司经济效益的损失影响很小；或者圆满完成本职工作，对实现公司经济效益目标的贡献很小	30	40
三级	工作失误对本部门或其他部门的相关工作有影响，但对本公司经济效益的损失影响较小；或者圆满完成本职工作，对实现公司经济效益的目标贡献较小	50	60
四级	工作失误对公司内某些部门活动的主要行为有影响，但对本公司经济效益的损失影响一般；或者圆满完成本职工作，对实现公司经济效益的目标贡献一般	70	80
五级	工作失误对公司内大多数部门的重要行为有影响，并对本公司经济效益的损失影响较大；或者圆满完成本职工作，对实现公司经济效益的目标贡献较大	90	100

7. 服务责任

本因素衡量岗位任职人员落实"服务是生产力""诚信服务、优质服务是物资公司生命线"的精神，对提升公司服务质量，提高客户（供应商、厂家、内部）服务满意度，保障内部和外部工作正常、和谐、顺畅运行所应负有的责任的大小。

分级	分级定义	副点	点数
一级	负有很小的责任	8	16
二级	负有较小的责任	24	32
三级	负有一定的责任	40	48
四级	负有较大的责任	56	64
五级	负有重大的责任	72	80

8. 安全生产责任

本因素衡量岗位任职人员对实现安全生产目标的影响大小，以及在落实公司安全生产方针上所负责任的大小。

分级	分级定义	副点	点数
一级	岗位任职人员对落实公司安全生产目标责任几乎无关	7	14
二级	岗位任职人员对落实公司安全生产目标负有较小的责任	21	28
三级	岗位任职人员对落实公司安全生产目标负有一定的直接或间接的管理责任	35	42
四级	岗位任职人员对实现安全生产目标负有直接管理责任，对落实公司安全生产方针负有较大的责任	49	56
五级	岗位任职人员对落实公司安全生产目标负有直接的重大责任	63	70

9. 精神文明建设责任

本因素衡量岗位对任职人员在企业形象宣传、党风廉政建设、员工思想政治教育、企业文化建设及公司内部稳定等方面所应承担的责任。

分级	分级定义	副点	点数
一级	岗位要求对公司精神文明建设、党风廉政建设与公司内部稳定等承担较小的责任	7	15
二级	岗位要求对公司精神文明建设、党风廉政建设与公司内部稳定等承担一般责任	22	30
三级	岗位要求对公司精神文明建设、党风廉政建设与公司内部稳定等承担较大的责任	37	45
四级	岗位要求对公司精神文明建设、党风廉政建设与公司内部稳定等承担重大的责任	52	60

10. 指导监督、协调沟通责任

本因素衡量岗位任职人员在正常权限范围内,对工作进行指导、监督和帮助的责任。其责任的大小,根据所监督、指导人员的范围、层次和数量进行判断;或者为了保证公司赋予本岗位所承担职责的完成,需要在公司内部和外部协调沟通的层次、范围、难度的大小和频度。

分级	分级定义	副点	点数
一级	在别人指导监督下工作,基本上只对本人工作负责	5	10
二级	担任班组长或相当职责 仅与本部门、本班组人员进行工作的协调沟通,偶尔与其他部门进行一些个人协调,协调沟通不利,基本不会影响双方正常工作	15	20
三级	担任部门科长或相当职责 工作内容涉及面较宽,需要与本部门和公司其他部门的工作人员经常协调沟通	25	30
四级	担任部门副职或相当职责 工作内容涉及面宽,与公司内外多个部门有工作协调、沟通的必要	35	40
五级	担任部门正职或相当职责 工作内容涉及面广泛,管理业务复杂且具有多样性,难度大,与公司内多个部门及社会单位频繁协调、沟通	45	50

三、劳动强度

11. 脑力强度

本因素指工作时所需要的脑力,即在进行本岗位工作时需要的思考深度、广度和强度。

分级	分级定义	副点	点数
一级	需要较低的脑力：在从事本岗位工作时，工作节奏可以自由调节和掌握，需要较少的脑力	6	12
二级	需要初等强度的脑力：在从事本岗位工作时需要集中脑力	18	24
三级	需要中等强度的脑力：在从事本岗位工作时需要经常保持思想集中和运用脑力	30	36
四级	需要较高强度的脑力：在从事本岗位工作时，需要持续地保持思想集中和使用脑力	42	48
五级	需要高强度的脑力：在从事本岗位工作时，需要高强度的脑力思考，并具有深远性和战略性	54	60

12. 体力强度

本因素衡量工作中所需要的体力强度。对强度大小的衡量，以固定坐姿、站立或其他非自由姿势时间的比率，体力搬运物件的重量、工作用力、负重的重量和频率等因素综合确定。

分级	分级定义	副点	点数
一级	较轻强度的体力支出	5	10
二级	中等以下强度的体力支出	15	20
三级	中等强度的体力支出	25	30
四级	中等以上强度的体力支出	35	40

13. 工作负荷率

本因素衡量岗位任职人员，在完成本岗位工作的日常确定性工作和非确定性工作所需要的纯劳动时间占制度工作时间的比率。

分级	分级定义	副点	点数
一级	工作负荷率较低，即每天一般纯劳动时间在4小时以下	5	10
二级	工作负荷率一般，即每天一般纯劳动时间在4～6小时之间，可以准时下班	15	20
三级	工作负荷率基本满负荷，纯劳动时间在6～7小时之间，基本可以准时下班	25	30
四级	工作满负荷，纯劳动时间达7个小时以上，难以保证准时下班	35	40
五级	工作超负荷，经常需要加班加点	45	50

14. 心理压力

本因素衡量在完成本岗位所承担的任务时，由于工作范围、工作节奏、责任大小、风险程度和不可预见性等方面的综合因素对岗位任职人员所造成的精神紧张程度。

分级	分级定义	副点	点数
一级	几乎无心理压力：工作单一、轻松，工作时几乎不被打断或干扰，不需要或很少做出决定，工作常规化	5	10
二级	较小的心理压力：工作较为轻松，手头工作偶尔被打断，很少作决定，工作节奏有一定要求	15	20
三级	中等程度的心理压力：工作有较快节奏的要求，手头工作有时被打断，并需要做出一些决定，需要处理一些应急性的事宜	25	30
四级	较大的心理压力：工作任务多样化，较为繁重、紧迫，手头工作经常被打断，经常要求迅速作出决定	35	40
五级	很大的心理压力：工作任务多样化、繁杂，很繁重、很紧张，经常要求迅速做出决定，甚至在工作时间之外才能考虑某些更深入的问题	45	50

四、劳动环境

15. 工作场所

本因素衡量履行岗位职责是否需要下生产、建设现场以及接触不良环境的频度。是否需要夜间进行现场管理作为不良环境的因素之一考虑。

分级	分级定义	副点	点数
一级	几乎不需要下生产、建设现场，接触不良环境的机会极少	2	5
二级	偶尔下生产、建设现场，接触不良环境的机会较少	7	10
三级	有时下生产、建设现场，有一定接触不良环境的机会	12	15
四级	经常下生产、建设现场，接触不良环境的机会较多	17	20
五级	住在外埠生产、建设现场，生产建设环境很差，经常接触不良环境	22	25

16. 危险性

本因素指岗位任职人员在工作中可能出现的涉及自身的工伤事故及其轻重程度。

分级	分级定义	副点	点数
一级	工作中工伤事故发生可能性较低	2	5
二级	工作中偶然会发生轻微的皮伤事故	7	10
三级	工作中可能发生工伤停工事故，因而必须遵守安全操作规程	12	15
四级	工作中必须高度注意，防止较为严重的伤残事故	17	20
五级	工作中必须极度注意，严格遵守操作要求，严防伤亡重大事故发生	22	25

范例五

［美］纺织业工作评价体系

1. 专业知识和学业水平

本因素衡量职工自学校或职业训练而不是实际工作中所获得的学业水平或专业知识。

分级	分级定义	点数
一级	要求较低水平的专业知识——能阅读和书写，会运算整数加减法	10
二级	要求平均以下水平的专业知识——能使用简单量具和看懂简单图样，会运算小数及分数加减法	20
三级	要求平均水平的专业知识——能看懂较为复杂的图样，会应用计算公式和多种精密量具	30
四级	要求平均以上水平的专业知识——能看懂复杂的图样，会应用高等数学及各种精密量具	40
五级	要求较高水平的专业知识——能对最复杂的机械、电气等各种工程上存在的问题进行处理	50

2. 工作熟练期

本因素衡量为熟练掌握某种工作而所需的实际工作经历时间，其中包括开始工作时的见习时间，但不包括已在上列专业知识项下衡量过的在学校内的职业培训时间。

分级	分级定义	点数
一级	需要较短的经历时间——不超过3个月	16
二级	需要平均以下的经历时间——3个月至1年	32
三级	需要平均的经历时间——1～3年	48
四级	需要平均以上的经历时间——3～5年	64
五级	需要较长的经历时间——5年以上	80

3. 技术

本因素衡量职工在工作中所表现的熟练程度、准确程度和控制能力，包括必需的感官配合，如无论是通过触觉、视觉或听觉，都可将设备调节的符合标准。

分级	分级定义	点数
一级	要求较低的技术水平——使用最简单的工具，从事纯体力的工作	16
二级	要求平均以下的技术水平——使用较为简单的工具，从事中等技术要求的粗加工	32
三级	要求平均技术水平——使用一般工具，从事需要达到某种精度的一般性加工	48
四级	要求平均以上的技术水平——在日常工作中能熟练使用大多数工具，并能应用普通量规进行精度要求较高的加工	64
五级	要求较高的技术水平——能运用工具从事高技术要求的工作，能应用各种量规达到公差范围	80

4. 主动性及灵活性

本因素衡量工作本身所要求的独立操作能力和决断能力,如果该项工作各阶段的决策已经完成,或是工作的处理方法已订有章程者,则本因素的分级方法应作变动,一般而言,简单工作所需的主动性及灵活性较少些,而复杂的工作较多些。

分级	分级定义	点数
一级	要求具有较低的主动性及灵活性——仅需按照简单的规定行事,具有对简单事项作出决断的能力	8
二级	要求具有平均以下水平的主动性及灵活性——能够按照若干具体规程行事,具有一般的判断能力和决断能力	16
三级	要求具有平均水平的主动性及灵活性——工作上具有作出一定规划的能力,并具有确保正常运转和产品质量的一般决断能力	24
四级	要求具有平均以上水平的主动性及灵活性——工作上经常需要进行决断,具有较高的规划能力	32
五级	要求具有较高的主动性及灵活性——具有突出的工作能力和高度的规划性,能对复杂工作中各种变化情况应付自如	40

5. 脑力程度

本因素衡量工作上所需的脑力或视力,即在操作机台或在进行某项工作时需要思想及视力的集中程度。

分级	分级定义	点数
一级	需要较低的脑力——从事周期较长或周期较慢的工作,需要较少的脑力或视力	10
二级	需要平均以下水平的脑力——在间断性流水线上从事操作而经常需要集中脑力或视力,但在流水线中断时需要集中思想	20
三级	需要平均水平的脑力——工作上需要不断保持思想集中和运用脑力和视力	30
四级	需要平均以上水平的脑力——工作上需要持续的脑力和视力	40
五级	需要较高的脑力——工作上需要脑力和视力的高度集中,并具有远见性和计划性	50

6. 体力强度

本因素衡量人工在正常或紧张状态中搬动不同重量的器材,经历不同时间周期所付出的体力。

分级	分级定义	点数
一级	轻体力——工作时可采取正常的坐、立和移动姿势,体力消耗较少	5
二级	中等以下体力——工作时使用较轻的原材料,或在单位时间内平均使用较轻的原材料,大部分工作时间可以正常姿势进行,偶尔需在紧张状态中搬动较轻的原材料	10

续表

分级	分级定义	点数
三级	中等体力——工作时需持续使用较轻的原材料,并经常处于紧张状态中为一系列机台进行投料和卸料	15
四级	中等以上体力——工作时需在紧张状态中处理中等重量的原材料,或在正常状态中频繁处理重型原材料	20
五级	强体力——工作时常处于紧张状态并连续处理重型原材料	25

7. 对原材料或产品的责任性

本因素衡量因事故发生废品损失时所应承担的责任。在考虑可能发生的废品总损失时,应剔除废品余值。

分级	分级定义	点数
一级	负有轻度责任——工作中发生事故的可能性较小;即使发生事故,影响甚微,因而需要的注意力较少	5
二级	负有中等以下责任——工作中有可能发生事故,但稍加注意,即可防止,而即使发生事故,损失也不大	10
三级	负有中等责任——工作中事故难免,需要比较注意,产品或原料可能发生中等程度的损失	15
四级	负有中等以上责任——在大部分工作时间需要高度注意防止事故;如一旦发生事故,则损失较大,返修成本也较高	20
五级	负有较重责任——在工作时稍有疏忽就会酿成事故,而且损失可能是巨大的	25

8. 对设备或操作的责任性

本因素衡量在防止因设备事故造成的损失或因工作疏忽致使设备停台而造成的产量损失时所应承担的责任。

分级	分级定义	点数
一级	负有轻度责任——设备事故发生的可能性较小,只需稍加注意就可防止;如发生事故,也易于修复,损失可忽略不计	5
二级	负有轻度责任——事故有发生的可能性,但只要稍加注意就可避免;即使发生事故,损失轻微	10
三级	负有中等责任——工作中存在事故的可能性,因而需要经常密切注意预防;一旦发生事故,会造成一定的损失	15
四级	负有中等以上责任——工作的需要不时地密切注意预防事故发生;一旦发生事故,会造成一定的损失	20
五级	负有较重责任——工作的需要思想高度集中,否则就会发生设备或操作事故;一旦发生事故,损失巨大	25

9. 对他人安全的责任

本因素衡量工作人员在工作时损伤他人的可能性，因工作疏忽造成他人损伤也在考虑之内。

分级	分级定义	点数
一级	负有轻度责任——在单独的工作场所或不用传动机械操作的工作，损伤他人的可能性很小	5
二级	负有中等以下责任——工作时只要合理操作就可避免损伤他人；即使发生，也仅属轻度皮伤事故	10
三级	负有中等责任——必须遵守一切安全操作规程，才能避免对他人的意外损伤	15
四级	负有中等以上责任——工作上具有危险性，因而在工作时必须不时警惕以免损伤他人，同时必须警告他人注意防止遭受损伤	20
五级	负有较重责任——工作一旦不慎，即有可能造成他人的伤亡事故，因而在工作时必需处处谨慎，防止事故发生	25

10. 对他人工作的责任

本因素衡量对他人进行帮助或指导的工作量。其责任大小，则取决于受帮助或指导的人数。

分级	分级定义	点数
一级	负有轻度责任——单独进行工作，只对本人工作负责	5
二级	负有中等以下责任——和1~2名助手组成工作小组，要对小组工作进行帮助或指导	10
三级	负有中等责任——负责10人左右的生产小组，安排及协助组员进行工作	15
四级	负有中等以上责任——负责25人以内的生产小组，安排及协助组员进行工作	20
五级	负有较重责任——负责25人以上的生产小组，安排及协助组员进行工作	25

11. 工作场所

本因素衡量工作区域的环境情况，包括短绒、污垢、尘埃、闷热、寒冷、潮湿、油腻、烟灰等含量，以及暴露时间。

分级	分级定义	点数
一级	轻度污染——工作环境较好，轻度污染或无污染	5
二级	中等以下污染——工作环境尚好，存有少量尘埃，但不是持续的	10
三级	中等污染——工作环境内存在短绒、尘埃、污垢等情况，或存在闷热、寒冷等情况，但其中只有1~2项的污染源持续地出现	15
四级	中等以上污染——工作环境内大部分时间充斥着污垢、尘埃、烟灰等，或是闷热或过冷	20
五级	严重污染——工作环境内持续出现多种污染源	25

12. 危险性

本因素衡量工作中可能出现的工伤事故及其轻重程度。

分级	分级定义	点数
一级	较低危险性——工作中工伤事故发生可能性较低,不致危害健康	10
二级	中等以下危险性——工作中偶然会发生轻微的皮伤事故	20
三级	中等危险性——工作中可能发生工伤停工事故,因而必须遵守安全操作规则	30
四级	中度以上危险性——工作中必须高度注意,防止较为严重的工伤事故	40
五级	较为危险性——工作中必须极度注意,防止断肢或失明等工伤残疾事故	50

范例六

关于召开 DLWZ 公司岗位评价会议的通知

公司各位领导、处室各负责人:

定于 12 月 2—3 日召开 DLWZ 公司岗位评价工作会议。现将有关事项通知如下:

一、参会人员(岗位评价委员会委员)

1. 领导班子成员

2. 各部门负责人

二、地点、时间

地点:诺林大酒店

会议开始时间:12 月 2—3 日(周六—周日)

三、携带工具

要求必须各自携带笔记本电脑。

四、认真做好会议发言和书面交流资料的准备工作

会议将首先安排时间,用于交流各部门及所属岗位信息。

交流的部门、岗位信息,将成为评价委员进行岗位评价的重要信息来源。因此,各部门负责人应高度重视,认真准备书面发言资料。

在岗位评价会议上,将通过两种形式进行部门和岗位信息的交流:

1. 部门负责人的会议发言(口头发言要突出重点,简明扼要)

2. 《部门职能说明书》和《岗位说明书》(装订成册)

附表 1 岗位评价工作会议日程安排

附表 2 部门、岗位信息交流顺序

DLWZ 公司岗位评价项目办公室

2006 年 11 月 20 日

附表1　　　　　　　　　　　岗位评价工作会议日程安排

时间		议程	备注
12月2日（周六）	上午 8：00—12：00	1. 公司领导做岗位评价工作会议动员 2. 项目组专家康教授讲解《岗位评价标准体系》及岗位评价注意事项	评价委员体会《岗位评价体系》
	下午 13：30—18：00	1. 按照岗位清单顺序，进行部门、岗位信息交流	1. 签到时发放岗位评价会议资料 2. 部门负责人发言，代表本部门交流部门、岗位信息等
	晚上 19：30	1. 各处室负责人按照《岗位清单》顺序，进行部门、岗位信息交流 2. 典型岗位试评（岗位练兵）	部门、岗位信息交流，了解各处室职能、岗位情况等
12月3日（周日）	上午 8：00—12：00	评价委员独立实施岗位评价	1. 以子因素为单位，按顺序评价岗位 2. 平均评价一个岗位手工打点需要5分钟，笔记本电脑打点需要3分钟 3. 必须对每个岗位子因素评价点数加和，得出每个岗位的评价点数
	下午 13：30—18：00	评价委员独立实施岗位评价	1. 掌握评价尺度 2. 对不同岗位进行横向平衡调整
		评价委员将《岗位评价记录表》平衡满意并签字后，交给项目组（电子版当场打印，本人签字）	岗位评价会议结束

附表2　　　　　　　　　　　部门、岗位信息交流顺序

序号	部门	负责人	时间（分钟）
1	经理办公室	略，下同	10
2	政治工作办公室		10
3	监察室		10
4	安全监察室		10
5	劳动人事处		10
6	财务处		10
7	综合处		10
8	招标处		20
9	采购处		20
10	中心库主任		15
11	行政处		20

范例七

关于准备岗位评价会议《处室及所属岗位信息交流资料》的通知

各处、室负责人：

在岗位评价会议上，各交流的处室及所属岗位信息，将成为评价委员进行岗位评价的重要信息来源。因此，各处室负责人应高度重视，在岗位评价会议召开之前认真准备。

在岗位评价会议上，将通过两种形式进行处室信息和岗位信息的交流：

1. 各单位（处室）负责人发言（口头形式。口头发言要突出重点，简明扼要）。职位较少的处室不超过10分钟，职位最多的处室以20分钟为限。

2. 各单位（处室）岗位信息介绍交流资料（书面形式。书面发言用于补充口头发言的局限和不足，不受字数限制，但要防止冗长、重复）。

关于《处室及所属岗位信息交流资料》（发言提纲）的指导意见，见附件1。

《处室、岗位信息交流资料》书写格式要求，见附件2。

DLWZ公司项目办公室（代章）

2006年11月20日

附件1

关于准备《处室及所属岗位信息交流资料》的指导意见

《处室及所属岗位信息交流资料》是岗位评价委员实施岗位评价的主要的信息来源，客观、准确地表达本处室及所属岗位的职责、工作特点和重要性，以及对任职人员的特殊要求，关系到岗位评价的客观性和合理性。因此，每个处室应给予充分重视，认真准备。

《处室及所属岗位信息交流资料》一般应表达的基本内容如下：

一、处室基本信息

（一）本处室的组建（沿革）情况

（二）本处室的人员构成情况（填写表1）

表1　　　　　　　　　　　　处室人员构成情况表

职工总数	编制人数	实有人数	管理岗位实有人数	专业技术岗位实有人数	工人岗位实有人数	
学历情况	文化程度	初中	高中	大专	本科	研究生
	人数					
专业技术资格（职称）等级	等级	员级	助理级	中级	副高级	正高级
	人数					
技术等级	普通工	初级工	中级工	高级工	技师	高级技师
年龄	20岁以下	21～30岁	31～40岁	41～50岁	51岁以上	平均年龄

注：1. 表中"专业技术资格"限于管理岗位、专业技术岗位人员。
2. 表中"技术等级"限于工人岗位人员。

二、本处室的职能配置或承担的主要工作任务（填写表2）

表2　　　　　　　　　　　　处室职能配置列表

职能分类	职能配置或承担的主要任务
核心职能	1.
	2.
常规职能	1.
	2.
服务职能	1.
	2.

三、本处室的工作特点和承担的责任（如复杂程度、难度、不确定性、强度等，可以用典型事例说明）

四、公司要求本处室承担的主要生产工作指标和标准（填写表3）

表3　　　　　　　　　　　　生产工作指标及考核标准列表

序号	主要生产工作指标	指标量化标准或定性标准

五、本处室内所属岗位设置情况

（按照岗位清单顺序介绍）

本处室所属岗位名称、主要职责、岗位对任职人员的特殊要求（填写表4）。

表 4		××处室岗位设置情况表	
序号	岗位名称	职责概要或岗位特殊要求	对任职人员特殊要求

六、每个部室内的岗位相对价值排序

以技术高、责任重为主要依据衡量的相对价值最高的岗位，相对价值处于中间的岗位，相对价值靠后的岗位（填写表5）。

表 5	××处室岗位相对价值排序表
排序	岗位名称

备注：岗位相对价值，按照降值顺序排列（岗位价值高的排在前面，价值低的排在后面，岗位价值相同的，并列排列）。

附件2

《处室及所属岗位信息交流资料》（书面）格式要求与时间要求

一、关于标题格式

一级标题用大写"一、二、三、……"表示，使用黑体字。

例如："一、本处室基本信息"

二级标题用"（一）（二）（三）……"表示，使用楷体字。

例如：（一）本处室的组建（沿革）情况

三级标题用"1.2.3.……"表示，使用宋体字。

例如："1. 本处室职能的转变"

二、关于行文字体

标题之外的行文，一般使用宋体。个别需要强调的字、词、句子可以使用楷体，或在宋体字下面加点。

三、关于报送《处室及所属岗位信息交流资料》（书面）的时间要求

报送《处室、岗位信息介绍交流资料》（书面）的时间： 月 日 17:30 之前。

报送形式：电子版一份，书面打印稿一份。

报送：项目办公室。

范例八

DLWZ公司岗位评价记录表

1	经理办公室	经理办公室主任	0201	级数															—
				点数															
5	经理办公室	档案管理初级岗	0205	级数															—
				点数															
10	政治工作办公室	党务管理中级岗	0302	级数															—
				点数															
34	招标处	招标处处长	0901	级数															—
				点数															
50	采购处	采购处副处长	1002	级数															—
				点数															
66	采购二处	生产计划（配送计划）	1102	级数															—
				点数															
76	仓储配送中心	库工	1207	级数															—
				点数															
83	行政处	司机	1304	级数															—
				点数															
88	行政处	物业服务组组长	1309	级数															—
				点数															

评价委员签字：_____ 　　　年___月___日

范例九

××公司岗位评价点数汇总表（摘录）

序号	部门	岗位	编号												总点数	平均点数
27	生产部	生产工	SCB-15	324	275.5	339	321	359	339	339	339	331	286	331	3 584	328
33	生产部	库管员	SCB-21	266	301	438.5	322	435.5	410.5	344.5	334.5	324.5	286.5	324.5	3 788	343
52	综合办公室	厨师	ZHB-08	337	296	324	335	350	374	374	374	307	374	350	3 795	347
44	安保部	公务车司机	ABB-02	295	345	379	352	395.5	350	352	352	374	282	366	3 880	356
10	营销部	调度员	YXB-06	339	381	429	327	384	464	341.5	323.5	341.5	295	341.5	3 972	357
29	生产部	铲车操作工	SCB-17	378	357	385.5	326	442	412	338.5	331	349.5	315	349.5	3 984	359
28	生产部	叉车操作工	SCB-16	388	367	385.5	326	468.5	420.5	333.5	326	349.5	317	349.5	4 031	361
11	营销部	核算管理员	YXB-07	331	350	424	345	379	459	359	340	369	285	369	4 005	362
24	生产部	生产部司机	SCB-12	351	345	398.5	352	400.5	395.5	352	347	368	266.5	368	3 944	364
25	生产部	司炉工	SCB-13	336	359	434	348	435.5	439	356	356	370	326.5	370	4 130	374
7	营销部	统计员	YXB-03	366	340	429	389	354	344	430	379.5	399	399	399	4 209	382
31	生产部	维修工	SCB-19	460	391	529	419	560	534	436.5	400	423.5	396.5	423.5	4 577	403
32	生产部	电工	SCB-20	452	439	558	397	539.5	529.5	421	380	421	396.5	421	4 955	446

备注：此表已按平均点数升序排列。表中"平均点数"为去掉一个最高点数，一个最低点数后，其余9个评价委员评价点数的算术平均数。

第二模块 计点法岗位评价流程及其技术要点

范例十

××供电公司岗位等级划分初评结果与复评表（摘录）

序号	岗位等级	点数幅度	所属部门	岗位名称	岗位代码	平均点数	生产技术处	安全监察处	工程建设处	调度室	市场营销处	线路工区	变电工区	配电工区	客户服务中心	计量工区	营业站	拟调岗位等级	说明
30	四级	421~455点	营业站	电费收费（售电）岗	1710	438											电费收费（售电）岗		
31	四级	421~455点	客户服务中心	社区服务所卡表抢修岗	1511	450									社区服务所卡表抢修岗				
37	五级	456~490点	变电工区	直流电测班维修工岗	1321	464							直流电测班维修工岗						
43	五级	456~490点	配电工区	箱变班运行岗	1408	473								箱变班运行岗					
57	六级	491~525点	线路工区	电缆线路工岗（35 kV）	1217	496						电缆线路工岗（35 kV）							
73	七级	526~560点	市场营销处	用电检查及负荷岗	1006	536					用电检查及负荷岗								
82	八级	561~595点	计量工区	修理试验班班长	1605	563										修理试验班班长			
89	八级	561~595点	工程建设处	工程建设管理岗	0802	569			工程建设管理岗										
90	八级	561~595点	营业站	电费核算班长	1704	575											电费核算班长		
98	八级	561~595点	计量工区	低压装表接电班班长	1604	589										低压装表接电班班长			
105	九级	596~630点	生产技术处	技改工程管理岗	0607	602	技改工程管理岗												
106	九级	596~630点	营业站	抄表收费班长	1703	604											抄表收费班长		
112	九级	596~630点	调度室	定值计算、方式员岗	0903	612				定值计算、方式员岗									
117	九级	596~630点	线路工区	抢修班长	1210	619						抢修班长							
118	九级	596~630点	变电工区	保护二次修试班班长	1316	626							保护二次修试班班长						
122	十级	631~665点	调度室	调度班班长	0902	637				调度班班长									
124	十级	631~665点	安全监察处	输配电安全监察管理岗	0703	637		输配电安全监察管理岗											

第三模块

工资结构调整与工资标准测算

薪酬设计全程指导

【核心技能】

1. 工资测算的内容和程序；
2. 工资结构调整的要求和内容；
3. 数学测算法和薪酬调查法确定工资中线标准的办法；
4. 确定一岗多薪工资标准的办法；
5. 纳入一岗多薪工资标准的几种方法；
6. 薪酬调整的内容和办法；
7. 工资清单的组成内容和编制方法。

【重点概念】

工资结构　工资测算　工资系数　薪酬调查　工资浮动幅度　工资宽带　工资标准档次　工资档次纳入表　专业技术资格　专业技术年限　技术年限　连续工龄　薪酬预算　工资清单

第一节　工资测算的一般流程

工资测算，是在岗位等级表形成之后，在工资存量统计调查、市场薪酬调查的基础上，确定工资水平、调整工资组成和工资标准的过程。其成果表现为工资方案中的工资组成项目和工资标准表。

工资测算的一般程序如下：

一、工资存量统计调查

工资存量调查的做法是：在岗位等级表形成之后，将列入工资改革范围的员工，根据每人任职的实际工作岗位，分别放进各个岗位等级。之后，将改革之前能够说明工资存量实际发生的月工资支付表、奖金支付表等进行统计调查。

统计调查的重点是工资总额存量、岗位等级之间形成的工资水平及其差距、同一岗位等级内部不同员工之间的差距。

例如，以某发电公司为例，对该公司统计调查的2005年工资总额存量、各等级员工年总收入见表3—1、表3—2。

表 3—1　　　　　　　　某发电公司工资存量统计表

一、月初工资	年总额	年平均	月平均	占月初工资（%）	占总收入（%）
1. 技能工资	3 245 100	3 210	267	19.80	7.42
2. 岗位工资	8 142 370	8 054	671	49.69	18.63
3. 岗差工资	1 811 295	1 792	149	11.05	4.14
4. 副贴	291 331	288	24	1.78	0.67
5. 内浮工资	282 735	280	23	1.73	0.65
6. 工龄工资	776 927	768	64	4.74	1.78
7. 能源补贴	181 425	179	15	1.11	0.42
8. 书报费	197 054	195	16	1.20	0.45
9. 洗理费	226 590	224	19	1.38	0.52
10. 交通费	120 950	120	10	0.74	0.28
11. 误餐费	1 088 550	1 077	90	6.64	2.49
12. 补发	3 525	3	0	0.02	0.01
13. 其他	18 889	19	2	0.12	0.04
月初工资小计	16 386 741	16 208	1 351	100.00	37.49
二、月末工资					
1. 奖金、津贴	10 782 808	10 665	889	—	24.86
2. 一次性奖金	15 426 832	15 259	1 272	—	35.57
3. 奖金、福利	64 686	64	5	—	0.15
4. 月末其他	705 090	697	58	—	1.63
月末工资小计	26 979 416	26 686	2 224	—	62.21
总收入合计	43 366 156	42 894	3 575	—	100.00

表 3—2　　　　　　　　2005 年各等级员工年总收入统计表

岗级	人数	平均总收入	工资系数	最高工资	最低工资	最高最低差	幅度（%）
1	35	31 834	1.00	39 822	20 437	19 385	95
2	20	34 885	1.10	51 343	27 672	23 671	86
3	86	34 966	1.10	48 054	27 972	20 082	72
4	67	37 172	1.17	48 347	29 620	18 728	63
5	324	37 077	1.16	59 384	17 866	41 518	232
6	158	38 208	1.20	62 766	18 779	43 988	234
7	93	45 161	1.42	70 045	18 300	51 745	283
8	35	49 538	1.56	71 970	33 451	38 519	115
9	115	49 327	1.55	79 922	25 296	54 626	216
10	36	70 969	2.23	132 470	41 572	90 899	219

续表

岗级	人数	平均总收入	工资系数	最高工资	最低工资	最高最低差	幅度（%）
11	20	78 763	2.47	94 175	60 208	33 967	56
12	11	93 076	2.92	122 103	56 458	65 645	116
13	9	109 337	3.43	132 467	85 866	46 601	54
14	2	131 211	4.12	132 464	129 959	2 506	2
合计	1 011	42 894	—				—

二、初步确定工资改革投入的工资总量

工资总额投入量由两部分组成：一是 2005 年的工资存量为 4 336.615 6 万元；二是 2006 年工资总额增量为 10%，即工资增量为 433.661 6 万元。

存量和增量合计，本次工资改革，投入工资总额为 4 770.277 2 万元，年人均工资 4.718 4 万元，月人均工资 3 932 元。

如果当年的工资总额投入量，不能满足"存量不变、增量调整"的要求，可以采取以下两个办法解决：

1. 把次年的工资增量拿到当年使用，次年则停止一年工资标准的调整。

2. 把工资标准测算到位，但对本轮工资调整中工资增长幅度过大的员工，增加的工资分两年或三年分步兑现。

三、确定工资水平或工资中线

确定工资水平或工资中线的办法很多，如数学测算法、存量推定法、薪酬调查法等。还可以把几种方法结合起来使用。

例如，某发电公司，根据本次工资改革的目标，在年薪水平调查的基础上，确定最高工资为最低工资的 5.56 倍，即最低岗级员工年薪中线确定为 2.7 万元，最高岗级年薪中线为 15 万元，见表 3—3。

表 3—3　　　　　　　　2006 年各岗级拟定年薪标准表

岗位等级	代表性岗位	岗级人数	原平均年薪	原年薪系数	拟定年薪（元）			
					年薪级差	拟定年薪标准	月薪标准	年薪系数
一	收发传达、体育馆管理组长	22	29 222	1.00	—	27 000	2 250	1.00
二	商务安全员、煤制样工	22	35 224	1.21	2 000	29 000	2 417	1.07
三	出纳、扳道员、内退干事	18	34 932	1.20	2 000	31 000	2 583	1.15

续表

岗位等级	代表性岗位	岗级人数	原平均年薪	原年薪系数	拟定年薪（元）			
					年薪级差	拟定年薪标准	月薪标准	年薪系数
四	综合班长、燃油站长	146	36 047	1.23	6 000	37 000	3 083	1.37
五	软件工程师、接待秘书、薪酬统计（工资）	321	36 995	1.27	3 000	40 000	3 333	1.48
六	审计岗、值班员、保卫班长	161	38 351	1.31	2 000	42 000	3 500	1.56
七	化学运行班长、轨道班长、车务班长、输煤专工	97	44 995	1.54	5 000	47 000	3 917	1.74
八	法律事务、成本管理、教育培训	31	50 622	1.73	8 000	55 000	4 583	2.04
九	安全监督工程师、机长、副单元长、控制员	115	49 327	1.69	8 000	63 000	5 250	2.33
十	综合副主任、主任工程师、电力市场营销主管、电气运行管理工程师	36	70 969	2.43	17 000	80 000	6 667	2.96
十一	运行值长、输煤副主任	20	78 763	2.70	10 000	90 000	7 500	3.33
十二	综合主任、运行管理主任工程师	11	93 076	3.19	10 000	100 000	8 333	3.70
十三	商务主任、运行管理副主任、生产副主任	9	109 337	3.74	20 000	120 000	10 000	4.44
十四	安生部主任、发电主任、副总师	2	131 211	4.49	30 000	150 000	12 500	5.56
合计		1 011	42 894	—	—	46 947	—	—

四、确定工资结构（工资组成）

对工资结构的概念，有四种不同的理解和用法。

（一）工资差距

工资差距包括各工资等级之间的工资差距、最高工资与最低工资的差距。如本章第五节中的工资结构线。

（二）工资组成

对工资的组成也有多种解释和用法。从统计的角度，将工资总额分为六个组成部分；从工资支付依据的角度，可将工资分为能力工资和绩效工资；从是否固定支付的角度，分为固定支付的基本工资和浮动支付的绩效工资或计件工资。

1. 工资等级确定的依据，同工作性质有关

（1）研发人员可以实行能力工资制，薪酬构成项目主要是能力工资。

（2）销售人员可以实行绩效工资制，薪酬构成项目主要是提成工资。

(3) 产品工人的工资构成中，主要是计件工资。

2. 薪酬浮动比例，同岗位等级的高低有关

(1) 高级管理人员，浮动工资比重大。

(2) 企业执行层的员工（除了实行计件工资或提成工资的员工），浮动工资比重小。

(三) 收入构成项目各自所占的比例

1. 工作性质不同，薪酬结构比例不同

(1) 销售人员应重激励，浮动工资（或奖金）应占较大的比重。

(2) 由于管理部门的人员劳动不直接影响企业的经济效益，所以应重保障，浮动工资（或奖金）占的比重要小一些。

2. 岗位等级不同，薪酬结构比例不同

(1) 高级管理人员，浮动工资比重大。

(2) 企业执行层的员工（除了实行计件工资或提成工资的员工），浮动工资比重小。

(四) 新型薪酬结构（短期激励与长期激励相结合）

新型薪酬结构的特点是短期激励与长期激励相结合。为了更好地激励高级管理人员和技术骨干人员，在其薪酬结构中，除了有固定薪酬部分和当期激励薪酬外，还有股票期权、股票增值权、虚拟股票等长期激励的薪酬部分。一般情况是高级管理人员的薪酬结构中长期激励部分比重大，而中级管理人员的薪酬结构中长期激励部分比重小，一般员工的中长期激励部分比例更小。

企业不同人员的薪酬结构如图 3—1 所示。

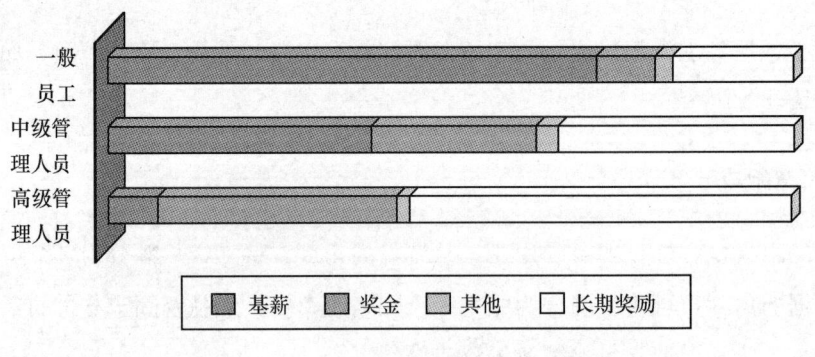

图 3—1　企业不同人员的薪酬结构

接上例，该发电公司，在初步确定理顺工资关系的基础上，确定了新的工资组成。

第一单元，岗位基本工资。岗位等级由低到高，岗位工资约分别约占岗位与绩效工资水

平的40%～70%。

第二单元，岗位绩效工资。岗位等级由低到高，绩效工资分别约占该岗位与绩效工资水平的30%～60%。

第一单元工资与第二单元工资各自占月薪的比例，见表3—4。

表3—4　　　　　　　　岗位基本工资与岗位绩效工资占月薪比例

岗位等级	岗位基本工资占月薪（%）	岗位绩效工资占月薪（%）	合计（%）
1～3	70	30	100
4～6	65	35	100
7～8	60	40	100
9	55	45	100
10～13	45	55	100
14	40	60	100

第三单元，特殊工资。包括加班加点工资、技术专家/专业带头人/技术能手津贴、保留工资。

第四单元，公司经理基金，也称经理年度工资调节基金。

公司经理基金用于：作为特殊贡献奖，奖励在生产、技术、经营管理创新和增收节支等方面作出重大贡献的公司员工；作为分配调节金，用于解决收入分配中的特殊问题。用作特殊贡献奖和分配调节金之后还有剩余的，可作为年终奖计发。

公司经理基金的额度，为当年工资总额（董事会批准的工资总额＋与利润挂钩的效益奖金），减去日常实际发生的岗位工资、绩效工资和特殊工资后的余额。

公司经理基金的额度及其占工资总额的比例是个变数，随公司发电量、利润以及年度工资总额内日常工资支付的数额等因素变动。

五、确定工资标准表

接上例，某发电公司确定的岗位工资标准，见表3—5。

表3—5　　　　　　　　　　某发电公司岗位工资标准表

等级	岗位工资档差	岗位工资标准档次						绩效工资标准	月薪	年薪
		1	2	3	4	5	6			
一	80	1 495	1 575	1 655	1 735	1 815	1 895	675	2 250	27 000
二	85	1 605	1 690	1 775	1 860	1 945	2 030	725	2 415	28 980
三	90	1 720	1 810	1 900	1 990	2 080	2 170	775	2 585	31 020

续表

等级	岗位工资档差	岗位工资标准档次						绩效工资标准	月薪	年薪
		1	2	3	4	5	6			
四	100	1 905	2 005	2 105	2 205	2 305	2 405	1 080	3 085	37 020
五	110	2 055	2 165	2 275	2 385	2 495	2 605	1 165	3 330	39 960
六	115	2 160	2 275	2 390	2 505	2 620	2 735	1 225	3 500	42 000
七	120	2 230	2 350	2 470	2 590	2 710	2 830	1 565	3 915	46 980
八	140	2 610	2 750	2 890	3 030	3 170	3 310	1 835	4 585	55 020
九	145	2 745	2 890	3 035	3 180	3 325	3 470	2 365	5 255	63 060
十	150	2 850	3 000	3 150	3 300	3 450	3 600	3 665	6 665	79 980
十一	170	3 205	3 375	3 545	3 715	3 885	4 055	4 125	7 500	90 000
十二	190	3 560	3 750	3 940	4 130	4 320	4 510	4 585	8 335	100 020
十三	225	4 275	4 500	4 725	4 950	5 175	5 400	5 500	10 000	120 000
十四	250	4 750	5 000	5 250	5 500	5 750	6 000	7 500	12 500	150 000

注：1. 月薪＝月岗位工资标准（二档）＋月绩效工资标准
    2. 年薪＝月薪×12，不含特殊工资和公司经理基金

六、确定员工纳入新工资标准的办法

接上例，该发电公司工资确定纳入新工资标准的办法是：

（一）纳入岗位工资等级的办法

所有人员首先按照现任岗位的所属岗位等级，直接进入与本岗位等级相对应的工资等级。

主持部门工作的中层副职人员，在进入与本岗位等级相对应的工资等级的基础上，高定一个工资等级。

（二）纳入岗位工资档次的办法

所有员工，以截至2005年的本人专业技术资格或技术等级，按照表3—6，纳入工资档次。

表3—6　　　　　　　　　　岗位工资档次纳入表

专业技术资格/技术等级	无专业技术资格/中级工及以下	高级工	中级师/技师	高级师/高级技师
纳入岗位工资档次	1	2	3	4

（三）纳入绩效工资的办法

所有员工按照任职的岗位等级直接纳入"一岗一薪"的绩效工资标准。

七、员工纳入新工资标准后，检验新工资标准的可行性

该发电公司各岗级员工纳入新工资标准后的员工收入情况统计，见表3—7、表3—8、表3—9、表3—10、表3—11。

表3—7　　员工纳入新岗位工资标准后员工月岗位基本工资情况统计表　　单位：元/月

岗级	人数	平均工资	工资系数	最高工资	最低工资	最高最低差	本岗级工资幅度（%）
1	22	1 513	1.00	1 655	1 495	160	11
2	22	1 659	1.10	1 775	1 605	170	11
3	18	1 740	1.15	1 810	1 720	90	5
4	146	1 924	1.27	2 105	1 905	200	10
5	321	2 076	1.37	2 275	2 055	220	11
6	161	2 215	1.46	2 505	2 160	345	16
7	97	2 301	1.52	2 590	2 230	360	16
8	31	2 741	1.81	2 890	2 610	280	11
9	115	2 864	1.89	3 035	2 745	290	11
10	36	3 092	2.04	3 300	2 850	450	16
11	20	3 452	2.28	3 545	3 205	340	11
12	11	3 871	2.56	4 130	3 560	570	16
13	9	4 700	3.11	4 950	4 275	675	16
14	2	5 000	3.30	5 250	4 750	500	11
合计	1 011	2 293	—	—	—	—	—

表3—8　　员工纳入新工资标准后月岗位工资（含绩效工资）情况统计表

岗级	人数	平均工资	工资系数	最高工资	最低工资	最高最低差	本岗级工资幅度（%）
1	22	2 188	1.00	2 330	2 170	160	7
2	22	2 384	1.09	2 500	2 330	170	7
3	18	2 515	1.15	2 585	2 495	90	4
4	146	3 004	1.37	3 185	2 985	200	7
5	321	3 241	1.48	3 440	3 220	220	7
6	161	3 440	1.57	3 730	3 385	345	10

续表

岗级	人数	平均工资	工资系数	最高工资	最低工资	最高最低差	本岗级工资幅度（%）
7	97	3 866	1.77	4 155	3 795	360	9
8	31	4 576	2.09	4 725	4 445	280	6
9	115	5 229	2.39	5 400	5 110	290	6
10	36	6 757	3.09	6 965	6 515	450	7
11	20	7 577	3.46	7 670	7 330	340	5
12	11	8 456	3.86	8 715	8 145	570	7
13	9	10 200	4.66	10 450	9 775	675	7
14	2	12 500	5.71	12 750	12 250	500	4
合计	1 011	3 859	—	—	—	—	—

表3—9　工资改革前后各等级员工平均年度收入增减情况

岗级	人数	2005年平均总收入	2006年平均总收入	2006年比2005年平均年收入增减	2006年比2005年平均增减（%）
1	22	29 222	26 258	−2 964	−10
2	22	35 224	28 609	−6 615	−19
3	18	34 932	30 180	−4 752	−14
4	146	36 047	36 050	3	0
5	321	36 995	38 895	1 900	5
6	161	38 351	41 280	2 929	8
7	97	44 995	46 386	1 391	3
8	31	50 622	54 912	4 290	8
9	115	49 327	62 742	13 415	27
10	36	70 969	81 080	10 111	14
11	20	78 763	90 918	12 155	15
12	11	93 076	101 471	8 395	9
13	9	109 337	122 400	13 063	12
14	2	131 211	150 000	18 789	14
合计	1 011	42 894	46 308	3 414	8

表 3—10　　　　工资改革前后各等级员工收入平均增资、减资情况

岗级	人数	增资人数	年平均增资	月平均增资	减资人数	年平均减资	月平均减资
1	22	2	2 975	248	20	−3 558	−297
2	22	1	1 309	109	21	−6 992	−583
3	18	2	799	67	16	−5 446	−454
4	146	86	2 123	177	60	−3 035	−253
5	321	257	2 923	244	64	−2 208	−184
6	161	119	5 281	440	42	−3 733	−311
7	97	55	4 930	411	42	−3 243	−270
8	31	22	9 359	780	9	−8 102	−675
9	115	108	14 749	1 229	7	−7 172	−598
10	36	31	17 194	1 433	5	−33 807	−2 817
11	20	18	13 732	1 144	2	−2 037	−170
12	11	7	19 936	1 661	4	−11 802	−984
13	9	6	24 028	2 002	3	−8 866	−739
14	2	2	18 789	1 566	0	0	0
合计	1 011	716	6 624	552	295	−4 378	−365

表 3—11　　　　2006 年工资总额、平均工资构成表

工资构成	工资总额	占工资总额（％）	平均工资	占平均工资（％）
岗位工资	27 813 180	59.41	27 511	59.41
绩效工资	19 003 920	40.59	18 797	40.59
合计	46 817 100	100	46 308	100

备注：此表不含特殊工资及公司经理基金。
附件：2006 年某发电公司工资改革员工工资标准纳入及改革前后工资增减变动表（略）。

根据纳入新工资标准后的统计结果，管理方认为，新工资标准是可行的，达到了改革的目标。

纳入新工资标准后，总收入增加人数为 716 人，占总人数的 70.8%，年增资总额为 474.278 4 万元，年人均增资 6 624 元，月人均增资 552 元；总收入减少人数为 295 人，占总人数的 29.2%，年减少总额为 129.151 万元，年人均减少 4 378 元，月人均减少 365 元。

以下是某研究所工资改革后，员工纳入新工资标准后，从不同角度所进行的统计，见表 3—12、表 3—13、表 3—14、表 3—15。

表3—12　　　　　全部人员纳入新工资标准工资增加情况表

岗位等级	岗级人数	原平均工资	原平均工资系数	新平均工资	新平均工资系数	平均增资	增资比例（%）	岗级最高工资	岗级最低工资	岗级工资幅度	岗级工资幅度比例（%）
一	2	1 851	1.00	1 860	1.00	9	0.49	1 920	1 800	120	7
二	14	2 181	1.18	2 202	1.18	21	0.96	2 539	1 865	674	36
三	16	2 261	1.22	2 341	1.26	80	3.53	3 103	2 085	1 018	49
四	24	2 280	1.23	2 353	1.27	73	3.22	2 665	2 070	595	29
五	130	2 378	1.28	2 518	1.35	140	5.89	3 441	2 120	1 321	62
六	46	2 475	1.34	2 653	1.43	178	7.21	3 160	2 260	900	40
七	80	2 544	1.37	2 987	1.61	443	17.40	3 875	2 610	1 265	48
八	35	2 589	1.40	3 098	1.67	509	19.67	3 700	2 790	910	33
九	18	2 707	1.46	3 470	1.87	763	28.19	3 960	3 120	840	27
十	10	3 062	1.65	3 918	2.11	856	27.96	4 270	3 630	640	18
十一	23	3 312	1.79	4 464	2.40	1 152	34.77	4 905	4 030	875	22
十二	10	3 554	1.92	4 957	2.67	1 403	39.48	5 425	4 645	780	17
十三	8	3 704	2.00	5 481	2.95	1 777	47.97	5 830	4 970	860	17
十五	3	4 356	2.35	7 175	3.86	2 819	64.72	7 450	6 900	550	8
十六	4	4 493	2.43	7 425	3.99	2 932	65.26	7 500	7 200	300	4
合计	423	2 586	—	3 012	—	426	16.49	—	—	—	—

表3—13　　　　管理人员、专业技术人员、工人分类工资增长对比表

岗位性质	人数	原平均工资	新平均工资	增资额	增长（%）
管理岗位	143	2 873	3 691	818	28.48
专业技术岗位	38	2 517	3 089	572	22.74
生产岗位	242	2 428	2 599	171	7.04
合计	423	2 586	3 012	426	16.49

表3—14　　　　按技术等级分类人员工资增长情况表

技术等级	人数	原平均工资	新平均工资	增资额	增长（%）
初级工	8	2 029	2 127	98	4.82
员级（中级工）	30	2 065	2 248	183	8.85
助理级（高级工）	228	2 343	2 623	280	11.96
中级（技师）	114	2 865	3 433	568	19.83
副高级（高级技师）	35	3 428	4 144	716	20.90
正高级	8	4 378	6 903	2 525	57.66
合计	423	2 586	3 012	426	16.49

表 3—15　　　　　　　工资改革前后岗位工资总额及平均工资对比表

	月工资总额（万元）	年工资总额（万元）	月平均工资（元）	年平均工资（万元）
执行老标准	109.404 8	1 312.858 0	2 586	3.103 7
执行新标准	127.420 9	1 529.050 8	3 012	3.614 4
增加	18.016 1	216.192 8	426	0.510 7
增长（%）	16.5	16.5	16.5	16.5

八、工资标准不可行时的调整措施

如果将员工纳入新的工资标准后，统计出来的结果不合适，则可以通过"五调"进行调整，即调整岗位等级，调整工资中线标准，调整档差，调整工资档次数目，调整纳入工资档次的办法。直到认为工资标准合适为止。

第二节　岗位工资中线测算：数字测算法

使用数字测算法测算"一岗一薪"标准，其适用范围一般是运行多年的企业，在工作评价的基础上，对整合的工资总额进行重新分配，并立足于建立起符合企业自身内部一致性的工资结构。

使用数字测算法测算工资标准的理念是：建立起企业内部一致的、规范的工资标准体系，不被市场工资所左右。在整体工资水平上与社会工资水平一致，但不保证每种职业工资标准与市场一致。

以某公司工资标准测算的实例来说明一岗一薪工资标准的测算过程和结果。工资测算是在 1999 年进行的，调查使用的基础数据以 1998 年实际发生数为基础，测算的工资标准于 2000 年投入使用。

测算 2000 年岗位工资标准按以下步骤和方法进行：

一、确定测算 2000 年岗位工资标准总额

以上一年度统计的工资总额为基础，再加上报告年度和新的方案实行之年的工资总额增量，作为测算工资标准的工资总额基数。之后确定标准工资在工资总额中的比例为 70%（预留 10% 津贴、补贴，20% 奖金），则测算新方案的工资标准总额和月度的工资标准总额是：

$$年度岗位工资标准总额＝年度工资总额×70\%$$

月度岗位工资标准总额＝年度工资标准总额÷12

例如，某公司的工资标准总额核定见表3—16。

表3—16　　　　测算2000年工资标准的工资总额基数核定表　　　　单位：万元

项目 下属单位	工资总额	1 中央全民	2 地方全民	3 临时工	4 中央集体	5 全民工资总额
	—					1+2
一厂	4 244.37	4 097.28	—	—	147.10	4 097.28
二厂	7 331.33	5 138.95	1 923.98	0.56	267.84	7 062.93
三厂	4 003.11	3 700.99		101.35	200.77	3 700.99
四厂	2 957.05	2 807.37		23.61	126.07	2 807.37
机关	192.56	192.560	—	—	—	192.560
合计	18 728.42	15 937.15	1 923.98	125.52	741.78	17 861.13

资料来源：根据《全口径从业人员劳动报酬情况（累计）》（表二）（1998年12月）汇总计算。

按照表3—16，1998年，某公司全民职工工资总额为17 861.13万元．考虑1999年和2000年工资总额8％的增长幅度，预计2000年工资总额应为：

预计2000年工资总额＝17 861.13×108％×108％＝20 833.22万元

按照该公司人事部的意见，岗位工资标准总额按工资总额的70％确定，工龄工资占6％，奖金占22％强，津贴、补贴占2％弱。2000年岗位工资标准总额应为：

2000年岗位工资标准总额＝20 833.22×70％＝14 583.25万元

二、确定岗位工资标准的倍数（工资幅度）

这是测算工资标准的前提和基础。确定工资倍数，应考虑以下情况和依据：

1. 上一年度已经形成的最高岗级年均收入为最低岗级收入的倍数

（1）某公司下属的四家生产单位的工资倍数见表3—17，四家的高低收入倍数高低悬殊，平均为3.78倍。

表3—17　　　　1998年四家生产单位最高收入为最低收入倍数　　　　单位：元

单位	最低收入（4级或5级及以下）	最高收入（20级或21级）	最高为最低倍数
一厂	14 276	43 352（20级）	3.04
二厂	17 041	43 494（21级）	2.55
三厂	4 600	63 786（21级）	13.83
四厂	13 369	36 089（20级）	2.70
平　均	12 797	48 394	3.78

资料来源：某公司"四位一体"统计报表。

(2) 某公司最高岗级 23 级 1998 年收入为 59 580 元,为实际最低岗级 4 级年均收入 12 797 元的 4.66 倍。

2. 国家和行业主管部门的政策性意见或指导性意见。

3. 政府部门发布的劳动力市场指导价位和最低工资标准。

4. 企业所有制的性质和参与市场竞争的程度。

三、确定岗位工资等级系数

确定岗位工资等级系数,是工资标准测算中的难点问题,是能否正确处理好岗级之间、各类人员之间工资关系的关键。

可以选择的方法基本有两类:一类是薪点法;另一类是系数法。实际上,两种方法测算的结果——工资标准是相同的。

(一)薪点法

薪点法是指直接依据工作评价得出的各个岗位等级的点数来测算工资标准。薪点法有两种:一是等差点数法;二是等比递增点数法。

1. 等差点数法

例如,某公司在测算工资标准中,直接参照了行业主管部门"咨询建议"中提出的工资幅度(6.5 倍)及列出的各岗级的薪点数计算了 21 岗级的工资标准。具体见表 3—18。

表 3—18　　　　　　某公司月岗位工资标准测算表

[等差点数法,等差点数 = (650 − 100) ÷ (21 − 1) = 27.5]　　　单位:元/月

1	2	3	4	5	6	7	8	9
岗级	岗级人数	等差点数	每一岗级点数	每一岗级点数之和	点值	每一岗级工资标准	个位四舍五入简化	级差
—	—	—	—	2×4	—	4×6	—	—
一	151	—	100.00	15 100	5.18	518	520	—
二	159	27.5	127.50	20 272.5	5.18	660	660	140
三	371	27.5	155.00	57 505	5.18	803	800	140
四	1 024	27.5	182.50	186 880	5.18	945	950	150
五	1 770	27.5	210.00	371 700	5.18	1 088	1 090	140
六	1 657	27.5	237.50	393 537.5	5.18	1 230	1 230	140
七	1 507	27.5	265.00	399 355	5.18	1 373	1 370	140
八	939	27.5	292.50	274 657.5	5.18	1 515	1 520	150

续表

1	2	3	4	5	6	7	8	9
岗级	岗级人数	等差点数	每一岗级点数	每一岗级点数之和	点值	每一岗级工资标准	个位四舍五入简化	级差
九	819	27.5	320.00	262 080	5.18	1 658	1 660	140
十	326	27.5	347.50	113 285	5.18	1 800	1 800	140
十一	198	27.5	375.00	74 250	5.18	1 943	1 940	140
十二	143	27.5	402.50	57 557.5	5.18	2 085	2 090	150
十三	103	27.5	430.00	44 290	5.18	2 227	2 230	140
十四	60	27.5	457.50	27 450	5.18	2 370	2 370	140
十五	41	27.5	485.00	19 885	5.18	2 512	2 510	140
十六	27	27.5	512.50	13 838	5.18	2 655	2 660	140
十七	19	27.5	540.00	10 260	5.18	2 797	2 800	140
十八	7	27.5	567.50	3 973	5.18	2 940	2 940	140
十九	2	27.5	595.00	1 190	5.18	3 082	3 080	140
二十	1	27.5	622.50	623	5.18	3 225	3 230	150
二十一	0	27.5	650.00	0	5.18	3 367	3 370	140
合计	9 324	—	—	2 347 690	—	—	—	—

备注：1. 测算 2000 年工资标准的总额为：14 583.25 万元
　　　2. 点值（每点工资率）＝工资标准总额÷12 月÷全部岗级点数之和＝14 583.25 万元÷12÷2 347 690≈5.18 元
　　　3. 标准级差＝27.5×5.18＝142.45 元

表3—18按21岗级计算，从1级100点开始，向上逐级增加27.5点，一直到21级，21级点数为650点。27.5是级差点数，27.5＝（最高点数650－最低点数100）÷20。

对等差点数法的分析：薪点法的级差是等差的，其测算的工资标准，低等级之间的级差和高等级之间的级差都是相同的，与多年来形成的现实工资差距相比，缩小了岗级之间实际形成的工资差距，同时不能反映市场工资差距。因此，等差点数法特别不适用于技术差别大、责任差别大的大中型企业。故一些单位在使用薪点法时，只把其作为划分工资等级的依据，而工资级差则采用另外的方法确定。

2. 等比递增点数法

递增点数法即把工资倍数开方，确定等比系数。开多少次方，以岗位等级数目减去1为准。如岗位等级为21级，则开21－1＝20次方。

例如，某公司在采用等差薪点法测算工资标准的同时，还使用了等比递增薪点法，见表3—19。

表 3—19　　　　　　　　某公司月岗位工资标准测算表

[等比递增点数法，等比系数＝6.5倍开（21－1）次方＝1.098 1]　　单位：元/月

1	2	3	4	5	6	7	8	9
岗级	岗级人数	等比系数	每一岗级点数	每一岗级点数之和	点值	每一岗级工资标准	个位四舍五入简化	级差
—	—	—	—	2×4	—	4×6	—	—
一	151	1.000 0	100.00	15 100	7.55	755	760	—
二	159	1.098 1	109.81	17 460	7.55	829	830	70
三	371	1.098 1	120.58	44 736	7.55	910	910	80
四	1024	1.098 1	132.41	135 589	7.55	1 000	1 000	90
五	1770	1.098 1	145.40	257 360	7.55	1 098	1 100	100
六	1657	1.098 1	159.66	264 565	7.55	1 205	1 210	110
七	1507	1.098 1	175.33	264 219	7.55	1 324	1 320	110
八	939	1.098 1	192.53	180 784	7.55	1 454	1 450	130
九	819	1.098 1	211.41	173 149	7.55	1 596	1 600	150
十	326	1.098 1	232.15	75 682	7.55	1 753	1 750	150
十一	198	1.098 1	254.93	50 476	7.55	1 925	1 930	180
十二	143	1.098 1	279.94	40 031	7.55	2 114	2 110	180
十三	103	1.098 1	307.40	31 662	7.55	2 321	2 320	210
十四	60	1.098 1	337.56	20 253	7.55	2 549	2 550	230
十五	41	1.098 1	370.67	15 197	7.55	2 799	2 800	250
十六	27	1.098 1	407.03	10 990	7.55	3 073	3 070	270
十七	19	1.098 1	446.96	8 492	7.55	3 375	3 380	310
十八	7	1.098 1	490.81	3 436	7.55	3 706	3 710	330
十九	2	1.098 1	538.96	1 078	7.55	4 069	4 070	360
二十	1	1.098 1	591.83	592	7.55	4 468	4 470	400
二十一	0	1.098 1	650.00	0	7.55	4 908	4 910	440
合计	9 324	—	—	1 610 851	—	—	—	—

备注：1. 测算2000年工资标准的总额为14 583.25万元。

　　　2. 点值（每点工资率）＝工资标准总额÷12月÷全部岗级点数之和＝14 583.25万元÷12月÷1 610 851
　　　　≈7.55元

（二）系数法

系数法分为两类。一是等差系数法，二是等比递增系数法。

1. 等差系数法

确定等差系数的方法是用工资倍数减去1,再除以岗位等级数减去1。工资倍数是6.5倍,岗位等级是21级,则(6.5-1)÷(21-1)=0.275。

测算过程见表3—20。

表3—20　　　　　某公司月岗位工资标准测算表

[等差系数法,(6.5-1)÷(21-1)=0.275]　　　　　单位:元/月

1	2	3	4	5	6	7	8	9
岗级	岗级人数	等差系数	岗级系数	每一岗级系数之和	第一岗级工资标准	每一岗级工资标准	个位四舍五入简化	级差
—	—	—	—	2×4	—	4×6	—	—
一	151	0	1.000	151.00	518	518	520	—
二	159	0.275	1.275	202.725	518	660	660	140
三	371	0.275	1.550	575.05	518	803	800	140
四	1024	0.275	1.825	1 868.80	518	945	950	150
五	1770	0.275	2.100	3 717.00	518	1 088	1 090	140
六	1657	0.275	2.375	3 935.375	518	1 230	1 230	140
七	1507	0.275	2.650	3 993.55	518	1 373	1 370	140
八	939	0.275	2.925	2 746.575	518	1 515	1 520	150
九	819	0.275	3.200	2 620.80	518	1 658	1 660	140
十	326	0.275	3.475	1 132.85	518	1 800	1 800	140
十一	198	0.275	3.750	742.50	518	1 943	1 940	140
十二	143	0.275	4.025	575.575	518	2 085	2 090	150
十三	103	0.275	4.300	442.90	518	2 227	2 230	140
十四	60	0.275	4.575	274.50	518	2 370	2 370	140
十五	41	0.275	4.850	198.85	518	2 512	2 510	140
十六	27	0.275	5.125	138.38	518	2 655	2 660	140
十七	19	0.275	5.400	102.60	518	2 797	2 800	140
十八	7	0.275	5.675	39.73	518	2 940	2 940	140
十九	2	0.275	5.950	11.90	518	3 082	3 080	140
二十	1	0.275	6.225	6.23	518	3 225	3 230	150
二十一	0	0.275	6.500	0	518	3 367	3 370	140
合计	9 324	—	—	23 476.90	—	—	—	—

备注:1. 测算2000年工资标准的总额为:14 583.25万元
　　　2. 第一(最低)岗级工资标准=工资标准总额÷12÷全部岗级系数之和=14 583.25万元÷12÷23 476.90
　　　　≈518元
　　　3. 标准级差=0.275×518=142.45元

2. 等比递增系数法

等比递增系数的确定方法是：用工资倍数开 n 次方（n＝工资等级数目－1）。

用等比递增系数测算工资标准的过程见表 3—21。

表 3—21　　　　　　　　某公司月岗位工资标准测算表

[等比递增系数法，等比系数＝6.5 倍开 20 次方＝1.098 1]　　单位：元/月

1	2	3	4	5	6	7	8	9
岗级	岗级人数	等比递增系数	每一岗级系数	每一岗级系数之和	第一岗级工资标准	每一岗级工资标准	个位四舍五入简化	级差
—	—	—	—	2×4	—	4×6	—	—
一	151	1.000 0	1.000 0	151.00	755	755	760	—
二	159	1.098 1	1.098 1	174.60	755	829	830	70
三	371	1.098 1	1.205 8	447.36	755	910	910	80
四	1024	1.098 1	1.324 1	1 355.89	755	1 000	1 000	90
五	1770	1.098 1	1.454 0	2 573.60	755	1 098	1 100	100
六	1657	1.098 1	1.596 6	2 645.65	755	1 205	1 210	110
七	1507	1.098 1	1.753 3	2 642.19	755	1 324	1 320	110
八	939	1.098 1	1.925 3	1 807.84	755	1 454	1 450	130
九	819	1.098 1	2.114 1	1 731.49	755	1 596	1 600	150
十	326	1.098 1	2.321 5	756.82	755	1 753	1 750	150
十一	198	1.098 1	2.549 3	504.76	755	1 925	1 930	180
十二	143	1.098 1	2.799 4	400.31	755	2 114	2 110	180
十三	103	1.098 1	3.074 0	316.62	755	2 321	2 320	210
十四	60	1.098 1	3.375 6	202.53	755	2 549	2 550	230
十五	41	1.098 1	3.706 7	151.97	755	2 799	2 800	250
十六	27	1.098 1	4.070 3	109.90	755	3 073	3 070	270
十七	19	1.098 1	4.469 6	84.92	755	3 375	3 380	310
十八	7	1.098 1	4.908 1	34.36	755	3 706	3 710	330
十九	2	1.098 1	5.389 6	10.78	755	4 069	4 070	360
二十	1	1.098 1	5.918 3	5.92	755	4 468	4 470	400
二十一	0	1.098 1	6.500 0	0.00	755	4 908	4 910	440
合计	9 324	—	—	16 108.51	—	—	—	—

备注：1. 测算 2000 年工资标准的总额为 14 583.25 万元
　　　2. 第一岗级，即最低岗级工资标准＝工资标准总额÷12月÷全部岗级系数之和
　　　　　＝14 583.25 万元÷12月÷16 108.51≈755 元

从点数法和系数法计算的结果来看,等差点数法与等差系数法的计算结果完全相同,而等比系数点数法则与等比递增系数法完全相同。

四、计算公司岗位(工资)等级系数(点数)总和及计算岗位工资标准

(一)计算公司岗位(工资)等级系数(点数)总和

方法及步骤:
1. 逐岗级计算每一岗级工资等级系数(点数)之和。
公式:
$$每一岗级系数(点数)之和=每一岗级系数(点数)\times 该岗级人数$$
2. 计算某公司所有岗位工资等级系数(点数)总和。
公式:
$$公司所有岗位工资系数(点数)总和=一级岗位系数(点数)之和+二级岗位系数(点数)之和+\cdots+二十一级岗位系数(点数)之和$$

(二)计算岗位工资标准

方法及步骤:
薪点法按下列公式进行:
$$点值=工资总额\div 所有岗级的点数之和$$
$$每一岗级工资标准=点值\times 该岗级评价点数$$

系数法按下列步骤进行:
1. 按照确定的工资等级系数分别计算最低岗级的月岗位工资标准。
公式:
$$最低等级月岗位工资标准=2000年月工资标准总额\div 所有岗位工资等级系数之和$$
2. 计算所有岗级的月岗位工资标准。
公式:
$$各岗级工资标准=各岗级系数\times 最低等级岗位工资标准$$
3. 按照个位数"四舍五入"简化工资标准。
以上步骤按4种方法的计算过程和结果,见表3—18、表3—19、表3—20、表3—21。

五、测算标准的可行性,选择确定拟实行的工资标准

计算完岗位工资标准后,根据计算结果,分别进行测算标准的可行性研究,选择确定拟实行的工资标准。测算工资标准的可行性研究,见表3—22和表3—23。

表3—22　　　　　　　　等差法测算工资标准的可行性比较　　　　　　　单位:元

1	2	3	4	5	6	7	8
岗级	1998年岗级年均收入	1998年岗级年均收入校正	推算2000年年收入	推算2000年月工资标准	测算2000年月工资标准	2000年测算标准比推算标准增加	2000年测算标准比2000年推算标准增加(%)
一	汇总数	—	3栏×1.1664	4栏÷12×70%	表3—14转来	6栏—5栏	6栏÷5栏—100%
一	12 797.27	12 797	14 927	871	520	−351	−40
二	13 905.18	13 905	16 219	946	660	−286	−30
三	15 012.79	15 013	17 511	1 021	800	−221	−21
四	17 237.65	17 238	20 106	1 173	950	−223	−19
五	18 173.57	18 174	21 198	1 237	1 090	−147	−12
六	19 419.07	19 419	22 650	1 321	1 230	−91	−7
七	19 823.81	19 824	23 122	1 349	1 370	−21	1.6
八	21 688.01	21 688	25 297	1 476	1 520	44	3
九	24 696.15	24 696	28 806	1 680	1 660	−20	−1
十	27 528.82	27 529	32 110	1 873	1 800	73	3.9
十一	27 644.03	27 644	32 244	1 881	1 940	59	3.1
十二	27 758.42	27 758	32 377	1 889	2 090	201	10.7
十三	30 013.94	30 014	35 008	2 042	2 230	189	9.2
十四	32 675.35	32 675	38 113	2 223	2 370	146	6.6
十五	33 890.10	33 890	39 529	2 306	2 510	204	8.9
十六	37 910.07	37 910	44 218	2 579	2 660	81	3.1
十七	42 262.16	42 262	49 295	2 876	2 800	−76	−2.6
十八	48 394.14	48 394	56 447	3 293	2 940	−352	−10.7
十九	51 000.00	51 000	59 486	3 470	3 080	−390	−11.2
二十	59 580.00	59 580	69 494	4 054	3 230	−823	−20.3
二十一	—	—	—	—	3 370	—	—

备注:1.1664为1999年和2000年预计工资总额指数的乘积,即1.08×1.08。

分析:1~6级、9级和17~20级存在收入下降问题,特别是低等级和高等级,即"两头"收入下降较多,违反了工资改革"存量不动"的原则,因此,此测算方法及按照此法测算的工资标准不宜采用。

表 3—23　　　　　　　　等比递增法测算工资标准的可行性比较　　　　　　　单位：元/月

1	2	3	4	5	6	7	8
岗级	1998年岗级年均收入	1998年岗级年均收入校正	推算2000年年收入	推算2000年月工资标准	测算2000年月工资标准	2000年测算标准比推算标准增加	2000年测算收入比2000年推算收入增加（％）
一	汇总数	—	3栏×1.1664	4栏÷12×70%	表3—17转来	6栏－5栏	6栏÷5栏－100%
一	12 797.27	12 797	14 927	871	760	－111	－12.72
二	13 905.18	13 905	16 219	946	830	－116	－12.27
三	15 012.79	15 013	17 511	1 021	910	－111	－10.91
四	17 237.65	17 238	20 106	1 173	1 000	－173	－14.74
五	18 173.57	18 174	21 198	1 237	1 100	－137	－11.04
六	19 419.07	19 419	22 650	1 321	1 210	－111	－8.42
七	19 823.81	19 824	23 122	1 349	1 320	－29	－2.14
八	21 688.01	21 688	25 297	1 476	1 450	－26	－1.74
九	24 696.15	24 696	28 806	1 680	1 600	－80	－4.78
十	27 528.82	27 529	32 110	1 873	1 750	－123	－6.57
十一	27 644.03	27 644	32 244	1 881	1 930	49	2.61
十二	27 758.42	27 758	32 377	1 889	2 110	221	11.72
十三	30 013.94	30 014	35 008	2 042	2 320	278	13.61
十四	32 675.35	32 675	38 113	2 223	2 550	327	14.70
十五	33 890.10	33 890	39 529	2 306	2 800	494	21.43
十六	37 910.07	37 910	44 218	2 579	3 070	491	19.02
十七	42 262.16	42 262	49 295	2 876	3 380	504	17.54
十八	48 394.14	48 394	56 447	3 293	3 710	417	12.67
十九	51 000.00	51 000	59 486	3 470	4 070	600	17.29
二十	59 580.00	59 580	69 494	4 054	4 470	416	10.27
二十一	—	—	—	—	4 910	—	—
合计	—	—	—	—	—	—	—

分析：从1级开始按等比递增系数计算的工资标准，同推算的工资标准相比，1~10级有降低，但仍高于市场工资率；11~20级有增加，满足了中高级职位较多增加工资的要求。因此，此法和此法测算的工资标准，在"纳入"中只要适当变通就是可行的。

本着"存量不动"的原则，对老职工采取"级对级"纳入新工资标准之后如有降低收入的，可在推算工资标准的基础上，就近就高纳入新工资标准。对于新工资标准实施后的新职工，则直接采取"级对级"的纳入方法。

通过对等差法和等比递增法两类共四种工资标准测算结果的比较，证明等差法测算的工资标准可行性差，其计算的工资标准"两头小、中间大"，低等级的职工难以保证"存量不变"，而高等级职工也达不到"增量调整"的目标。因此，等差法及等差法测算的工资标准只能舍弃。最后选定等比递增法测算的工资标准。

需要提示的是：在工作评价基础上，按照等差或等比系数法测算的工资标准，其适用范围是外部市场上供求基本平衡或供大于求的人员，而对市场上供给紧缺的人员，则不适用。确定这些人员的工资标准，一般是参照市场价格直接使用协商工资制的办法。另外一个做法是：在与其他员工一起执行统一工资标准的基础上，另外确定技术津贴或其他形式的待遇，以保持同外部市场的一致。

第三节　岗位工资中线确定：薪酬调查法

使用市场薪酬调查法确定工资标准，其适用范围一般为新建企业，事业单位改企业，以及企图借用市场力量和市场价位改造或调整目前不合理的工资结构的单位。

一、薪酬调查的目标

薪酬调查是采集、分析竞争对手所支付薪酬水平的过程。

薪酬调查能提供设计与竞争对手相关的薪酬策略所需要的数据，并把策略变成实际操作中的薪酬水平和薪酬结构。

薪酬调查关注的两个目标如下：

1. 控制劳动力成本。通过控制劳动力成本，特别是发生职位空缺以后从市场容易寻找人员填补的岗位的人工成本，达到控制并降低产品成本或服务成本，从而实现产品市场或服务市场扩张的目标。

2. 吸纳和保留员工。对难以填补职位空缺的职位，必须按照竞争对手的薪酬状况正确决定自己的薪酬水平，从而保持企业薪酬分配的对外竞争力，以取得吸纳保留优秀员工、有效参与劳动力市场竞争的优势。

二、市场薪酬调查工作的程序

不论企业的规模大小，在确定一个或更多岗位的工资时，实际上都需要进行薪酬调查。国外绝大多数企业多利用薪酬市场调查来确定员工的薪酬水平。薪酬市场调查的过程如图3—2所示。

（一）确定调查目的

在薪酬调查时，首先应清楚调查目的和调查结果的用途，再开始组织薪酬调查。一般而言，调查结果可以为以下工作提供参考和依据：确定整体薪酬水平或薪酬水平的调整，薪酬差距的调整，薪酬晋升政策的调整，具体岗位薪酬水平的调整，评价竞争对手的劳动力成本等。根据调查的目的和用途，再确定调查范围、调查方法和统计分析调查数据方法。

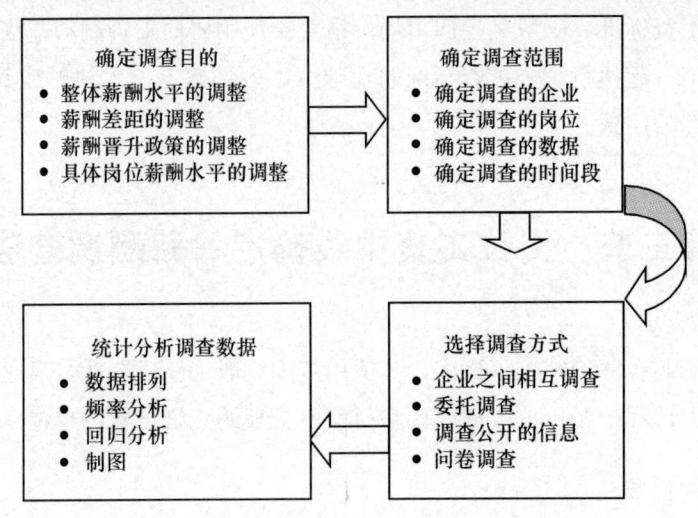

图 3—2　薪酬市场调查的过程

（二）确定调查范围

1. 确定调查的企业，即界定相关劳动力市场

选择要调查的企业时，应本着与企业薪酬有可比性的原则，即选择调查企业时，要选择其雇用的劳动力与本企业具有可比性的企业。一般而言，可供选择的调查企业有 5 类，见表 3—24。

表 3—24　　　　　　　　　　　可供选择的薪酬调查对象

第一类	同行业中同类型的其他企业（与本企业竞争，提供同类产品或服务的企业）
第二类	其他行业中有相似岗位或工作的企业
第三类	与本企业雇用同一类型的劳动力，可构成人力资源竞争对象的企业
第四类	与本企业在同一地域范围内竞争员工的企业
第五类	经营策略、信誉、报酬水平和工作环境均合乎一般标准的企业

调查企业的数目没有统一的规定。采取领先型薪酬策略的企业，一般仅与几个支付高薪酬的竞争对手交换数据。一般企业可根据企业的人力、物力、财力、时间及目的有所不同，但通常调查 10 家以上企业。

2. 确定调查的岗位

确定调查岗位时，也应遵循可比性原则，即在选择调查的岗位时，应选择其工作责权、重要程度、复杂程度与本企业需调查岗位的责权具有可比性的岗位。因为我国还没有建立规范的岗位名称，因此，即使岗位名称相同，在不同的企业有可能有不同的工作责权、重要程度、复杂程度。所以，薪酬调查时首先确认调查岗位的工作责权、重要程度与复杂程度，然后再调查其薪酬状况。

调查时可以选择企业中的主要岗位，差不多占企业所有岗位的20%或更多，这样可以根据市场价格确定至少20%或更多岗位的薪酬，其他岗位可以根据与那些主要岗位在企业中相对价值的比较，确定其薪酬水平。

3. 确定调查的数据

薪酬调查的数据要全面，要调查薪酬结构的所有项目。既要调查货币性薪酬，如工资、奖金、津贴、补贴、劳动分红等，也要调查非货币性薪酬，如为员工提供的住房、培训、社会保险和商业保险等。

4. 确定调查的时间段

要明确收集薪酬数据的开始时间和截止时间。

（三）选择调查方式

当企业确定由人力资源部来完成薪酬调查工作时，就要确定调查目的、被调查对象、所需信息和使用的方法。目标不同、对象不同，那么所需的信息、选择使用的方法是有差异的。通常一些较明确、简单、规范的岗位只需简单的信息就可以实现目标，因此可选择使用简单的调查方法，如企业之间相互调查、委托调查、调查公开的信息；反之，则需要使用较为复杂的方法才能实现薪酬调查的目的，如调查问卷等。

常用的调查方法有：

1. 企业之间相互调查

通过不同员工之间的联系进行调查。那些有良好对外关系的企业，比较适合采用这种方式，因为他们与同行之间有着较为紧密的合作关系，能够较为轻松地获得所需的薪酬信息。

2. 委托调查

委托调查是指委托商业性、专业性的咨询公司进行调查。尤其是当企业需要确定薪酬水平的岗位，难以在类似企业中找到对等的岗位时，或者该企业属于新兴时，例如，当首次设立"网络编辑"这个岗位时，企业将面临确定其薪酬水平的困难，这时可考虑选择咨询公司，搜集所需的信息。但所花的费用将比企业之间相互调查方式多得多。

3. 调查公开的信息

调查公开的信息是指调查政府公布的信息，如每年定期公布的劳动力市场指导价位；有关的专业协会或学术团体提供的数据；如报纸、杂志、网络上的数据（仅作为参考）等。但是，这些数据的针对性不强，比如政府所做的薪酬调查侧重于对宏观信息的收集和调查，侧重于面而不是点；专业协会或学术团体对薪酬的调查，也不可能面面俱到完全满足企业的需要，只能用于对宏观的把握和参考。另外，企业也不可能免费使用政府或协会、团体薪酬调查的数据，只是这些数据相对于委托调查的数据更便宜。

4. 调查问卷

前三种方式是简单的用于薪酬调查的方法，对于少数、规范的岗位薪酬调查是切实可行的，但对于大量、复杂的岗位做薪酬调查则是不可行的。事实上，20%～25%的企业是通过正式的问卷调查来实现薪酬调查目标的。

【相关链接】

表 3—25　　　　　　　　　　薪酬调查问卷

（1）基本情况

您的姓名	年龄	性别	本专业/领域工作年限
您所在部门	职务	学历	来企业的时间

（2）您现在的年总薪酬收入为＿＿＿＿＿＿元。

在您的年总薪酬收入中，由哪几部分组成？他们各占总薪酬收入的比例是多少？

总薪酬的组成部分	占总薪酬的比例（%）

（3）目前的薪酬水平和您的付出是成正比的吗？

差不多	付出更多	薪酬更多

（4）非货币化收入占您年总收入的比例约是（　　）。

60%	50%	40%	30%	20%	10%	其他（请说明）

(5) 您享受企业提供的哪些福利？（多选，知道具体数额的请在最后一列填写大约数额）

1. 社会养老保险	每月_____元	
2. 社会医疗保险	每月_____元	
3. 社会失业保险	每月_____元	
4. 商业医疗保险	每月_____元	
5. 商业养老保险	每月_____元	
6. 住房公积金	企业负担_____% 个人负担_____%	
7. 报销通信费	每月_____元	
8. 免费用车	车辆的牌子/购买年限	
9. 车辆补贴	每月_____元	
10. 报销交通费	每月_____元	
11. 在职培训	每年_____	
12. 带薪休假	每年_____	
13. 劳保物品	每年_____元	
14. 俱乐部会员费	每年_____元	
15. 加班补贴	每小时_____元	
16. 企业组织活动	每年_____天	
17. 住房	_____居室/无补助	
18. 其他（请说明）		

(6) 您上次提薪的时间是（　　）。

二年以前	一年半前	半年前	三个月前	一个月前	其他（请说明）

(7) 您认为贵企业的薪酬在同行业中属于何种水平？

上等	中等	下等

（四）统计分析调查数据

薪酬调查的数据一定要真实、可靠。在统计分析时应选用那些可靠的数据进行统计、分析。统计分析的方法有以下几种：

1. 数据排列

先将调查的同一类数据由高至低排列，再计算出数据排列的中间数据，即 25% 点处、中点或 50% 点处和 75% 点处。薪酬水平高的企业应注意 75% 点处甚至 90% 点处的薪酬水平；薪酬水平低的企业应注意25%点处的薪酬水平；一般企业应注意中点处薪酬水平。表3—26所示是调查的会计岗位的数据。

表3—26　　　　　　　　　　会计岗位薪酬调查数据

企业名称	平均工资（元）	排列	
A	2 500	1	
B	2 200	2	90%点处=2 200元
C	2 200	3	
D	1 900	4	75%点处=1 900元
E	1 700	5	
F	1 650	6	
G	1 650	7	
H	1 650	8	中点或50%点处=1 650元
I	1 600	9	
J	1 600	10	
K	1 550	11	
L	1 500	12	25%点处=1 500元
M	1 500	13	
N	1 500	14	
O	1 300	15	

2. 频率分析

如果被调查企业没有给出准确的薪酬水平数据，只能了解到该企业的平均薪酬情况时，可以采取频率分析法，记录在各薪酬额度内各企业平均薪酬水平出现的频率，从而了解这些企业薪酬的一般水平。表3—27分析的是会计岗位的薪酬频率。

表3—27　　　　　　　　　　会计岗位的薪酬频率分析

薪酬额度	出现频率
2 400～2 599	1
2 200～2 399	2
2 000～2 199	1
1 800～1 999	3
1 600～1 799	4
1 400～1 599	1

3. 回归分析

回归分析时，可以利用一些数据统计软件（如SPSS等）所提供的回归分析功能，分析两种或多种数据之间的关系,从而找出影响薪酬水平或者薪酬差距的主要因素以及影响程度,进而对薪酬水平或者薪酬差距的发展趋势进行预测。

4. 制图

制图是一种形象的分析工具,可以直观地反映调查数据,包括直线图、柱状图、饼状图等。

三、工作分析、岗位评价、薪酬调查及个人之间的关系

一般来说,大多数企业在设计新的薪酬制度之前,为保证内部公平,首先需要进行工作分析,明确岗位职责和任职人员的资格条件;在此基础上进行岗位评价,划分岗位等级。有了岗位等级,才能确定与之对应的薪酬等级。可见,岗位分析与岗位评价的目的是为了得到岗位等级或薪酬等级。

同时,为了达到控制成本和保留吸引员工的目的,保证薪酬支付的外部公平,还要在岗位分析和岗位等级形成的基础上进行薪酬市场调查,根据可比性数据,对岗位评价结果的合理性进行验证,并最终确定每一岗位等级的工资标准,如图3—3所示。

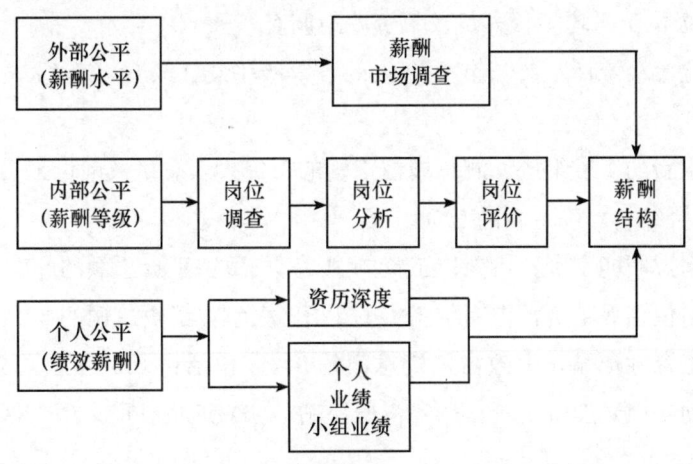

图3—3 岗位评价、薪酬调查、个人资历业绩的关系

第四节 岗位工资中线测算:存量推定法

存量推定法,是在员工现有工资水平的基础上,推算出新的工资标准的方法。

这种方法是作者在近三年来从事企业、事业单位工资测算的实践中,破除条条框框,从实际出发摸索出来的一种方法。这种方法可以有效地避免工资改革后部分群体人员工资大增

大减的缺陷，使各等级员工的工资增长比较均衡，最后得到单位领导和员工的接受和认可。

采用存量推定法，对薪酬设计人员的专业水平和实际经验要求很高。

下面引用某电力企业2006年11月测算2007年工资标准的实例，说明使用存量推定法确定工资标准的步骤和方法。

第一步：对列入工资改革范围的员工，进行工资存量调查

1. 确定模拟测算工资标准的人数

模拟纳入本次工资测算的基本信息完整的人数为570人。

2. 工资总额存量及其构成统计调查

调查依据是570人的2005年月工资表和2005年奖金支付汇总表。

570人2005年的工资构成大致可分为四个组成部分，每一部分工资总额及具体工资支付项目见表3—28。

表3—28表明，2005年570名员工，第一部分工资表8项工资与第二部分各种奖金性之和共计2 210万元，每人年平均38 776元，占年平均工资总额的90.9%。

2005年四个组成部分合计，工资总额为2 432万元，年平均为42 673元。

3. 各岗位等级员工平均工资存量及工资差距调查

按照新的岗位等级统计，2005年570人的各等级平均工资及各等级内最低和最高工资差距，见表3—29。

第二步：确定新的工资组成、测算岗位工资的工资投入总量及岗位工资构成

（一）调整工资结构，确定新的工资组成。

第一单元，岗位职能工资，占岗位工资的2/3，大致占工资总额的60%。

第二单元，岗位绩效工资，占岗位工资的1/3，大致占工资总额的30%。

第三单元，工资性津贴，大致占工资总额的9%。包括：（1）工龄工资；（2）运龄工资；（3）提租补助；（4）加班工资；（5）夜班津贴；（6）通信补助；（7）保健津贴；（8）夜餐津贴。

第四单元，福利补贴，大致占工资总额的1%。包括：（1）冬季取暖补贴；（2）独生子女补贴；（3）少数民族伙食补贴；（4）奶费；（5）托儿补助费。

（二）按照新的工资结构安排，投入2007年新的岗位工资标准测算的工资总额为2223万元，年人均3.9万元。

（三）工资改革后2007年新的岗位工资构成安排，见表3—30。

第三步：确定最高岗位等级工资和最低岗位等级工资的倍数

根据表3—29统计的最高岗级和最低岗级平均工资存量的倍数和合理扩大工资差距的要求，决定将工资倍数确定为4倍（不含公司经营层管理职位）。

第四步：先采用纯数学方法分别测算岗位工资中线和岗位职能工资标准

1. 岗位职能工资标准的测算

投入岗位职能工资测算的工资总额为1 482万元。等比系数为1.080 0，用4倍开18次方计算。月岗位职能工资中线标准测算表，见表3—31。岗位职能工资标准为"一岗九薪"制。

根据表3—31测算的工资中线形成的一岗九薪的岗位职能工资标准表，见表3—32。

2. 岗位绩效工资标准的测算

投入岗位绩效工资测算的工资总额为741万元，占岗位工资总额的33.33%。岗位绩效工资实行"一岗一薪"。

绩效工资系数为等比系数，等比系数用4倍开18次方计算，得1.080 0。

月岗位绩效工资标准测算表，见表3—33。

3. 各岗级年薪标准

将岗位职能工资基准＋岗位绩效工资标准相加，为各岗级年薪标准（中线），见表3—34。

第五步：确定员工纳入岗位工资标准的办法

1. 纳入工资等级

所有人员按照所任岗位评定的岗位等级，直接进入与本岗位等级相对应的工资等级。

2. 岗位职能工资档次

按照表3—35纳入。纳入工资档次的步骤和办法是：

（1）按照《公司职位系列、层级划分与任职要求》，明确每个岗位等级任职的专业技术资格等级或技术等级。

（2）正好符合任职专业技术资格等级或技术等级要求的，纳入岗位职能工资的基准档次。

（3）低于任职专业技术资格等级或技术等级条件的，每低一个层次，低纳2档（中层干部低纳一个工资档次），最低以一档为限。

（4）高于任职专业技术资格条件或技术等级条件的，每高一个层次，高纳2档（中层干部高纳一个工资档次），最高以九档为限。

3. 岗位绩效工资标准纳入

直接按照"一岗一薪"的绩效工资标准纳入。

第六步：将员工纳入新工资标准，并按岗位等级统计改革前后工资增减情况

将员工纳入新的工资标准。纳入的办法是：岗位职能工资，按照表3—35《岗位职能工资档次纳入表》纳入；岗位绩效工资，按一岗一薪的岗位绩效工资标准纳入。两者之和构成每个员工的新工资标准。

将员工纳入新工资标准（岗位职能工资与岗位绩效工资）后，每个等级改革后的平均工资与前的八项平均工资存量相比，增减对比情况，见表3—36。

从表3—36中不难看出，有些等级工资的增加幅度是偏高的，应降低工资水平；有的等级工资增加得的幅度偏低，甚至负增长，需要提高工资水平。

第七步：根据员工纳入新工资标准后的统计数据推推算新的工资标准

根据工资存量和表3—36的对比结果，推算调整确定的新工资标准，见表3—37。

第八步：根据调整后的年薪水平，再形成新的岗位职能工资标准和岗位绩效工资标准表

月岗位职能工资标准和绩效工资标准，见表3—38。

第九步：将员工纳入调整后的工资标准，并统计验证工资标准是否合适

在采用工资存量推定法测算工资标准时，第六步和第七步要反复进行几次才能推算出适合企业实际的工资标准。

将员工纳入调整后的工资标准，验证工资标准是否合适，见表3—39和表3—40。

通过再一次的改革前后工资增减对比分析，认为调整后的岗位职能工资标准和岗位绩效工资标准，见表3—38，符合本次工资改革的目标，是符合公司实际合适的工资标准，最后被采用。

表3—28　　　　　　　　2005年度工资构成及支付项目一览表

工资组成		来源项目	总额	人均	占全部工资收入（%）
第一部分	工资表8项工资	1. 技能工资	2 140 944	3 756	8.8
		2. 岗位工资	5 007 855	8 786	20.6
		3. 岗位目标奖	708 570	1 243	2.9
		4. 基础补贴	409 680	719	1.7
		5. 洗理费	149 736	263	0.6
		6. 书报费	161 770	284	0.7
		7. 远郊津贴	49 030	86	0.2
		8. 伙食补助	566 724	994	2.3
		小计	9 194 309	16 130	37.8
第二部分	各项奖金	1. 其他收入	2 352	4	0.01
		2. 奖金	11 246 721	19 731	46.2
		3. 进山补助	225	0.39	0.001
		4. 财务补助	1 200	2	0.005
		5. 司机行车补贴	120 539	211	0.5
		6. 单位缴纳个人所得税	1 537 078	2 697	6.3
		小计	12 908 114	22 646	53.1

续表

工资组成		来源项目	总额	人均	占全部工资收入（%）
第三部分	工资性津贴	1. 工龄工资	1 164 660	2 043	4.8
		2. 运龄工资	57 600	101	0.2
		3. 提租补贴	535 090	939	2.2
		4. 加班工资	282 179	495	1.2
		5. 夜班津贴	83 002	146	0.3
		6. 通信补助	50 070	88	0.2
		7. 保健津贴（卫生粉尘补助）	23 707	42	0.1
		8. 夜餐津贴	0	0	0
		小计	2 196 308	3 853	9
第四部分	福利补贴	1. 煤火费	200	0.35	0.001
		2. 奶费	52	0.09	0.000 2
		3. 独生子女费	8 245	14	0.03
		4. 托儿补助费	16 080	28	0.1
		5. 回补	72	0.13	0.000 3
		小计	24 649	43	0.1
合计			24 323 380	42 673	100

表3—29　2005年570人在岗员工等级平均工资及最低和最高工资差距

职位等级	岗位人数	年薪				月薪				工资系数
		平均年薪	最高	最低	工资差距	平均月薪	最高	最低	工资差距	
1	5	30 101	35 168	26 925	8 243	2 508	2 931	2 244	687	1.00
2	31	29 637	37 437	27 046	10 391	2 470	3 120	2 254	866	0.98
3	16	31 060	35 504	27 229	8 275	2 588	2 959	2 269	690	1.03
4	47	31 121	39 882	24 923	14 959	2 593	3 323	2 077	1 246	1.03
5	178	34 239	59 123	7 981	51 142	2 853	4 927	665	4 262	1.14
6	65	35 663	50 331	28 239	22 092	2 972	4 194	2 353	1 841	1.18
7	49	39 222	49 660	29 381	20 279	3 268	4 138	2 448	1 690	1.30
8	18	39 486	48 774	30 330	18 444	3 290	4 065	2 527	1 538	1.31
9	25	39 106	55 487	27 426	28 061	3 259	4 624	2 286	2 338	1.30
10	45	42 453	59 694	31 446	28 248	3 538	4 974	2 621	2 353	1.41
11	38	45 891	70 851	34 849	36 002	3 824	5 904	2 904	3 000	1.52
12	15	49 878	64 244	40 847	23 397	4 156	5 354	3 404	1 950	1.66
13	7	53 020	61 396	46 335	15 061	4 418	5 116	3 861	1 255	1.76

续表

职位等级	岗位人数	年薪				月薪				工资系数
		平均年薪	最高	最低	工资差距	平均月薪	最高	最低	工资差距	
14	4	54 775	81 327	31 569	49 758	4 565	6 777	2 631	4 146	1.82
15	7	58 362	65 786	48 779	17 007	4 863	5 482	4 065	1 417	1.94
16	6	65 114	86 181	49 573	36 608	5 426	7 182	4 131	3 051	2.16
17	6	89 451	108 005	75 320	32 685	7 454	9 000	6 277	2 723	2.97
18	6	87 097	95 399	79 105	16 294	7 258	7 950	6 592	1 358	2.89
19	2	99 759	110 199	89 319	20 880	8 313	9 183	7 443	1 740	3.31
平均		38 776	—	—	—	3 231	—	—	—	—

表3—30　　　　工资改革后2007年新的岗位工资构成安排

工资组成	比例（%）	工资总额（万元）	年人均（万元）
岗位工资	100	2 223	3.9
其中：第一单元 岗位职能工资	66.67	1 482	2.6
其中：第二单元 岗位绩效工资	33.33	741	1.3

表3—31　　　　月岗位职能工资标准测算表

岗级	岗级人数	等比递增系数	每一岗级点数	每一岗级点数之和	点值	每一岗级工资标准	调整标准	级差
1	2	3	4	5=2×4	6	7	8	9
一	5	1.080 0	100.00	500	13.21	1 321	1 320	—
二	31	1.080 0	108.00	3 348	13.21	1 427	1 430	110
三	16	1.080 0	116.64	1 866	13.21	1 541	1 540	110
四	47	1.080 0	125.97	5 921	13.21	1 664	1 660	120
五	178	1.080 0	136.05	24 217	13.21	1 798	1 800	140
六	65	1.080 0	146.93	9 551	13.21	1 941	1 940	140
七	49	1.080 0	158.69	7 776	13.21	2 097	2 100	160
八	18	1.080 0	171.38	3 085	13.21	2 264	2 260	160
九	25	1.080 0	185.09	4 627	13.21	2 446	2 450	190
十	45	1.080 0	199.90	8 996	13.21	2 641	2 640	190
十一	38	1.080 0	215.89	8 204	13.21	2 852	2 850	210
十二	15	1.080 0	233.16	3 497	13.21	3 081	3 080	230
十三	7	1.080 0	251.82	1 763	13.21	3 327	3 320	240
十四	4	1.080 0	271.96	1 088	13.21	3 593	3 590	270

续表

岗级	岗级人数	等比递增系数	每一岗级点数	每一岗级点数之和	点值	每一岗级工资标准	调整标准	级差
十五	7	1.080 0	293.72	2 056	13.21	3 881	3 880	290
十六	6	1.080 0	317.22	1 903	13.21	4 191	4 180	300
十七	6	1.080 0	342.59	2 056	13.21	4 527	4 500	320
十八	6	1.080 0	370.00	2 220	13.21	4 889	4 880	380
十九	2	1.080 0	400.00	800	13.21	5 285	5 280	400
合计	570	—	—	93 472	—	—	—	—

注：1. 投入职能工资测算的总额为 1 482 万元。

2. 表中第六列数，点值=14 820 000÷12÷93 472=13.21 元。

3. 表中第 7 列数个位数四舍五入得出第八列数"调整标准"。

表 3—32　　　　　　　　岗位职能工资标准表

（本表将表 3—31 测算出的工资中线作为工资基准放在 3 档上，档差按工资基准的 5%确定）

岗位等级	级差	档差	职能工资档次								
			1	2	**3**	4	5	6	7	8	9
一	—	65	1 190	1 255	**1 320**	1 385	1 450	1 515	1 580	1 645	1 710
二	110	70	1 290	1 360	**1 430**	1 500	1 570	1 640	1 710	1 780	1 850
三	110	75	1 390	1 465	**1 540**	1 615	1 690	1 765	1 840	1 915	1 990
四	120	85	1 490	1 575	**1 660**	1 745	1 830	1 915	2 000	2 085	2 170
五	140	90	1 620	1 710	**1 800**	1 890	1 980	2 070	2 160	2 250	2 340
六	140	95	1 750	1 845	**1 940**	2 035	2 130	2 225	2 320	2 415	2 510
七	160	105	1 890	1 995	**2 100**	2 205	2 310	2 415	2 520	2 625	2 730
八	160	115	2 030	2 145	**2 260**	2 375	2 490	2 605	2 720	2 835	2 950
九	190	125	2 200	2 325	**2 450**	2 575	2 700	2 825	2 950	3 075	3 200
十	190	130	2 380	2 510	**2 640**	2 770	2 900	3 030	3 160	3 290	3 420
十一	210	145	2 560	2 705	**2 850**	2 995	3 140	3 285	3 430	3 575	3 720
十二	230	155	2 770	2 925	**3 080**	3 235	3 390	3 545	3 700	3 855	4 010
十三	240	165	2 990	3 155	**3 320**	3 485	3 650	3 815	3 980	4 145	4 310
十四	270	180	3 231	3 411	**3 590**	3 770	3 949	4 129	4 308	4 488	4 667
十五	290	195	3 490	3 685	**3 880**	4 075	4 270	4 465	4 660	4 855	5 050
十六	300	210	3 760	3 970	**4 180**	4 390	4 600	4 810	5 020	5 230	5 440
十七	320	225	4 050	4 275	**4 500**	4 725	4 950	5 175	5 400	5 625	5 850
十八	380	245	4 390	4 635	**4 880**	5 125	5 370	5 615	5 860	6 105	6 350
十九	400	265	4 750	5 015	**5 280**	5 545	5 810	6 075	6 340	6 605	6 870

备注：本表将工资基准放在三档上。将工资基准放在哪个档次，以人员纳入工资档次后，将工资总额基本用完为准。

表 3—33　　月岗位绩效工资标准计算表

岗级	岗级人数	绩效工资系数	等比递增系数	每一岗级系数之和	绩效工资基数	岗级绩效工资标准	级差
1	2	3	4	5＝2×3	6	7＝3×6	8
一	5	1.00	—	5.00	660	660	—
二	31	1.08	1.080 0	33.48	660	713	53
三	16	1.17	1.080 0	18.66	660	770	57
四	47	1.26	1.080 0	59.21	660	831	62
五	178	1.36	1.080 0	242.17	660	898	67
六	65	1.47	1.080 0	95.51	660	970	72
七	49	1.59	1.080 0	77.76	660	1 047	78
八	18	1.71	1.080 0	30.85	660	1 131	84
九	25	1.85	1.080 0	46.27	660	1 222	90
十	45	2.00	1.080 0	89.96	660	1 319	98
十一	38	2.16	1.080 0	82.04	660	1 425	106
十二	15	2.33	1.080 0	34.97	660	1 539	114
十三	7	2.52	1.080 0	17.63	660	1 662	123
十四	4	2.72	1.080 0	10.88	660	1 795	133
十五	7	2.94	1.080 0	20.56	660	1 939	144
十六	6	3.17	1.080 0	19.03	660	2 094	155
十七	6	3.43	1.080 0	20.56	660	2 261	167
十八	6	3.70	1.080 0	22.20	660	2 442	181
十九	2	4.00	1.080 0	8.00	660	2 640	198
合计	570	—	—	934.72	—	—	—

备注：1. 岗位绩效工资总额 741 万元。
　　　2. 岗位绩效工资基数：7 410 000÷12÷934.72＝660 元

表 3—34　　各岗级年薪标准（岗位职能工资基准＋岗位绩效工资标准）

岗位等级	岗级人数	岗位职能工资基准	岗位绩效工资标准	岗位月薪	岗位年薪
1	2	3	4	5＝3＋4	6＝5×12
一	5	1 320	660	1 980	23 760
二	31	1 430	713	2 143	25 714
三	16	1 540	770	2 310	27 718
四	47	1 660	831	2 491	29 897
五	178	1 800	898	2 698	32 375

续表

岗位等级	岗级人数	岗位职能工资基准	岗位绩效工资标准	岗位月薪	岗位年薪
六	65	1 940	970	2 910	34 917
七	49	2 100	1 047	3 147	37 768
八	18	2 260	1 131	3 391	40 693
九	25	2 450	1 222	3 672	44 059
十	45	2 640	1 319	3 959	47 512
十一	38	2 850	1 425	4 275	51 299
十二	15	3 080	1 539	4 619	55 427
十三	7	3 320	1 662	4 982	59 784
十四	4	3 590	1 795	5 385	64 619
十五	7	3 880	1 939	5 819	69 823
十六	6	4 180	2 094	6 274	75 284
十七	6	4 500	2 261	6 761	81 133
十八	6	4 880	2 442	7 322	87 864
十九	2	5 280	2 640	7 920	95 040

表 3—35　　　　　　　　　岗位职能工资档次纳入表

职位等级	任职专业技术等级/技能等级要求	任职人员实际具备专业技术资格等级/技能等级	纳入工资档次（一般任职人员）
一级 二级 三级	初级工	无等级	3
		初级工	5
		中级工	7
		高级工	9
四级 五级 六级 七级	员级；中级工	无等级	1
		初级工	3
		员级；中级工	5
		助理级；高级工	7
		中级；技师及以上	9
八级 九级 十级（生产岗）	助理级；高级工	初级工及以下	1
		员级；中级工	3
		助理级；高级工	5
		中级；技师	7
		副高级；高级技师	9

续表

职位等级	任职专业技术等级/技能等级要求	任职人员实际具备专业技术资格等级/技能等级	纳入工资档次（一般任职人员）
十级（管理岗） 十一级 十二级 十三级 十四级 十五级	中级；技师	员级、中级工及以下	1
		助理级；高级工	3
		中级；技师	5
		副高级；高级技师	7
		正高级；特级技师	9
十六级 十七级 十八级 十九级	副高级；高级技师	员级、中级工及以下	3
		助理级；高级工	5
		技师；中级	6
		副高级；高级技师	7
		正高级；特级技师	9

第三模块 工资结构调整与工资标准测算

表3-36 各岗级新岗位工资（岗位职能工资和岗位绩效工资合计）与原8项工资、奖金之和增减表

职位等级	岗位人数	8项工资	2005年工资存量		月岗位工资合计	2007年新标准			月岗位工资合计	岗位工资年增减	增减(%)	工资增减			
			奖金	年岗位工资合计		职能工资	绩效工资	年岗位工资合计				月减资	减资人数	月增资	增资人数
	2	3	4	5=3+4	6=5÷12	7	8	9=7+8	10=9÷12	11=9-5	12=9÷5	13=10-6		15=10-6	
一	5	14 748	15 353	30 101	2 508	16 152	7 920	24 072	2 006	-6 029	-20	-502	5	0	0
二	31	14 333	15 304	29 637	2 470	17 594	8 580	26 174	2 181	-3 463	-12	-289	31	0	0
三	16	14 463	16 597	31 060	2 588	19 830	9 240	29 070	2 423	-1 990	-6	-209	14	139	2
四	47	14 726	16 395	31 121	2 593	18 444	9 960	28 404	2 367	-2 717	-9	-285	41	171	6
五	178	15 027	19 212	34 239	2 853	20 933	10 800	31 733	2 644	-2 506	-7	-409	127	290	51
六	65	15 591	20 072	35 663	2 972	22 894	11 640	34 534	2 878	-1 129	-3	-387	37	293	28
七	49	16 406	22 816	39 222	3 269	26 897	12 600	39 497	3 291	275	1	-346	28	515	21
八	18	16 544	22 942	39 486	3 291	26 660	13 560	40 220	3 352	734	2	-360	7	329	11
九	25	16 451	22 655	39 106	3 259	29 640	14 700	44 340	3 695	5 234	13	-302	6	669	19
十	45	17 313	25 140	42 453	3 538	32 512	15 840	48 352	4 029	5 899	14	-500	7	674	38
十一	38	18 284	27 607	45 891	3 824	34 749	17 100	51 849	4 321	5 958	13	-1 134	4	688	34
十二	15	18 576	31 302	49 878	4 157	36 960	18 480	55 440	4 620	5 562	11	-684	4	881	11
十三	7	18 993	34 027	53 020	4 418	40 406	19 920	60 326	5 027	7 306	14	0	0	609	7
十四	4	18 795	35 980	54 775	4 565	47 388	21 540	68 928	5 744	14 153	26	-1 392	1	2 037	3
十五	7	20 755	37 607	58 362	4 864	48 566	23 280	71 846	5 987	13 484	23	-52	1	1 320	6
十六	6	20 929	44 185	65 114	5 426	56 460	25 080	81 540	6 795	16 426	25	-72	1	1 657	5
十七	6	22 514	66 937	89 451	7 454	61 650	27 166	88 816	7 401	-635	-1	-1 601	2	721	4
十八	6	22 876	64 221	87 097	7 258	67 380	29 280	96 660	8 055	9 563	11	0	0	797	6
十九	2	23 814	75 945	99 759	8 313	74 490	31 680	106 170	8 848	6 411	6	203	1	1 272	1
总计	570	9 194 309	12 908 114	22 102 423	1 841 869	14 975 472	7 410 394	22 385 866	1 865 489	283 442	1	-385	317	576	253
平均	—	16 130	22 646	38 776	3 231	26 273	12 999	39 272	3 273	496	1	—	—	—	—

表 3—37　　　　调整工资标准的参考数据和新推算调整的工资标准

岗位等级	2005年工资存量			2007年新标准（第一测算）			推算调整后岗级工资中线	月岗位工资	岗位职能工资	岗位绩效工资标准
	平均年薪	最高	最低	平均年薪	增减幅度	增减比例（%）				
1	2	3	4	5	6=5-2	7=6÷2	8	9=8÷12	10=9×66.67%	11=9×33.33%
一	30 101	35 168	26 925	24 072	-6 029	-20.03	23 600	1 967	1 320	650
二	29 637	37 437	27 046	26 174	-3 463	-11.68	25 600	2 133	1 430	700
三	31 060	35 504	27 229	29 070	-1 990	-6.41	27 600	2 300	1 540	760
四	31 121	39 882	24 923	28 404	-2 717	-8.73	30 400	2 533	1 700	840
五	34 239	59 123	7 981	31 733	-2 506	-7.32	35 000	2 917	1 950	960
六	35 663	50 331	28 239	34 534	-1 129	-3.17	37 000	3 083	2 070	1 020
七	39 222	49 660	29 381	39 497	275	0.70	39 400	3 283	2 200	1 090
八	39 486	48 774	30 330	40 220	734	1.86	41 200	3 433	2 300	1 130
九	39 106	55 487	27 426	44 340	5 234	13.38	43 000	3 583	2 400	1 190
十	42 453	59 694	31 446	48 352	5 899	13.90	44 700	3 725	2 500	1 230
十一	45 891	70 851	34 849	51 849	5 958	12.98	48 000	4 000	2 680	1 320
十二	49 878	64 244	40 847	55 440	5 562	11.15	52 800	4 400	2 950	1 450
十三	53 020	61 396	46 335	60 326	7 306	13.78	55 500	4 625	3 100	1 530
十四	54 775	81 327	31 569	68 928	14 153	25.84	57 300	4 775	3 200	1 580
十五	58 362	65 786	48 779	71 846	13 484	23.10	60 000	5 000	3 350	1 650
十六	65 114	86 181	49 573	81 540	16 426	25.23	62 700	5 225	3 500	1 730
十七	89 451	108 005	75 320	88 816	-635	-0.71	86 000	7 167	4 800	2 370
十八	87 097	95 399	79 105	96 660	9 563	10.98	95 000	7 917	5 300	2 620
十九	99 759	110 199	89 319	106 170	6 411	6.43	100 000	8 333	5 600	2 760

表 3—38　　　　岗位职能工资标准和绩效工资标准表

岗位等级	级差	档差	职能工资档次									绩效工资标准
			1	2	3	4	5	6	7	8	9	
一	—	65	1 190	1 255	1 320	1 385	1 450	1 515	1 580	1 645	1 710	650
二	110	70	1 290	1 360	1 430	1 500	1 570	1 640	1 710	1 780	1 850	700
三	110	75	1 390	1 465	1 540	1 615	1 690	1 765	1 840	1 915	1 990	760
四	160	85	1 530	1 615	1 700	1 785	1 870	1 955	2 040	2 125	2 210	840
五	250	100	1 750	1 850	1 950	2 050	2 150	2 250	2 350	2 450	2 550	960
六	120	105	1 860	1 965	2 070	2 175	2 280	2 385	2 490	2 595	2 700	1 020

续表

岗位等级	级差	档差	职能工资档次									绩效工资标准
			1	2	3	4	5	6	7	8	9	
七	130	110	1 980	2 090	2 200	2 310	2 420	2 530	2 640	2 750	2 860	1 090
八	100	115	2 070	2 185	2 300	2 415	2 530	2 645	2 760	2 875	2 990	1 130
九	100	120	2 160	2 280	2 400	2 520	2 640	2 760	2 880	3 000	3 120	1 190
十	100	125	2 250	2 375	2 500	2 625	2 750	2 875	3 000	3 125	3 250	1 230
十一	180	135	2 410	2 545	2 680	2 815	2 950	3 085	3 220	3 355	3 490	1 320
十二	270	150	2 650	2 800	2 950	3 100	3 250	3 400	3 550	3 700	3 850	1 450
十三	150	155	2 790	2 945	3 100	3 255	3 410	3 565	3 720	3 875	4 030	1 530
十四	100	160	2 880	3 040	3 200	3 360	3 520	3 680	3 840	4 000	4 160	1 580
十五	150	170	3 010	3 180	3 350	3 520	3 690	3 860	4 030	4 200	4 370	1 650
十六	150	175	3 150	3 325	3 500	3 675	3 850	4 025	4 200	4 375	4 550	1 730
十七	1 300	240	4 320	4 560	4 800	5 040	5 280	5 520	5 760	6 000	6 240	2 370
十八	500	245	4 810	5 055	5 300	5 545	5 790	6 035	6 280	6 525	6 770	2 620
十九	300	265	5 070	5 335	5 600	5 865	6 130	6 395	6 660	6 925	7 190	2 760

表3—39 纳入新工资标准后，各等级员工改革前后工资对比增减表

职位等级	岗位人数	2005年工资存量				2007年新标准				年岗位工资增减 11=9-5	增减(%) 12=11÷5	工资增减			
		8项工资 3	奖金 4	年岗位工资合计 5=3+4	月岗位工资合计 6=5÷12	职能工资 7	绩效工资 8	年岗位工资合计 9=7+8	月岗位工资合计 10=9÷12			月平均减资 13=10-6	减资人数	月平均增资 15=10-6	增资人数
一	5	14 748	15 353	30 101	2 508	16 152	7 812	23 964	1 997	-6 137	-20.39	-511	14	0	0
二	31	14 333	15 304	29 637	2 470	17 594	8 460	26 054	2 171	-3 583	-12.09	-298	31	0	0
三	16	14 463	16 597	31 060	2 588	19 830	9 120	28 950	2 413	-2 110	-6.79	-220	14	128	2
四	47	14 726	16 396	31 121	2 593	18 924	10 056	28 980	2 415	-2 141	-6.88	-290	34	115	13
五	178	15 027	19 211	34 239	2 853	22 658	11 544	34 202	2 850	-37	-0.11	-317	94	348	84
六	65	15 591	20 072	35 663	2 972	24 414	12 252	36 666	3 055	1 003	2.81	-321	28	389	37
七	49	16 406	22 816	39 222	3 269	28 178	13 020	41 198	3 433	1 976	5.04	-314	20	495	29
八	18	16 544	22 942	39 486	3 291	27 140	13 608	40 748	3 396	1 262	3.20	-316	7	373	11
九	25	16 451	22 655	39 106	3 259	29 030	14 208	43 238	3 603	4 132	10.57	-388	6	575	19
十	45	17 313	25 140	42 453	3 538	30 800	14 796	45 596	3 800	3 143	7.40	-469	12	528	33
十一	38	18 284	27 607	45 891	3 824	32 672	15 864	48 536	4 045	2 645	5.76	-786	8	488	30
十二	15	18 576	31 302	49 878	4 157	35 400	17 460	52 860	4 405	2 982	5.98	-891	4	663	11
十三	7	18 993	34 027	53 020	4 418	37 731	18 348	56 079	4 673	3 059	5.77	-137	3	548	4
十四	4	18 795	35 980	54 775	4 565	42 240	18 936	61 176	5 098	6 401	11.69	-1061	2	2128	2
十五	7	20 755	37 607	58 362	4 864	41 949	19 824	61 773	5 148	3 411	5.84	-438	2	573	5
十六	6	20 929	44 185	65 114	5 426	47 600	20 700	68 300	5 692	3 186	4.89	-872	3	1404	3
十七	6	22 514	66 937	89 451	7 454	65 280	28 440	93 720	7 810	4 269	4.77	-1166	2	1116	4
十八	6	22 876	64 221	87 097	7 258	74 380	31 404	105 784	8 815	18 687	21.46	0	0	1557	6
十九	2	23 814	75 945	99 759	8 313	78 330	33 120	111 450	9 288	11 691	11.72	0	0	974	2
平均	—	16 130	22 646	38 776	3 231	26 690	13 032	39 722	3 310	946	2.44	-357	275	486	295
合计	570	9 194 309	12 908 114	22 102 423	1 841 869	15 213 420	7 431 513	22 644 933	1 887 078	—	—	—	—	—	—

表 3—40　纳入新工资标准后，各岗级不同专业技术等级和技能等级员工增减表

岗位等级	岗级人数	无技术等级				初级工				员级/中级工				助理级/高级工				中级/技师				副高/高师技师			
		人数	2005年平均年薪	2007年平均年薪	增加	人数	2005年平均年薪	2007年平均年薪	增加	人数	2005年平均年薪	2007年平均年薪	增加	人数	2005年平均年薪	2007年平均年薪	增加	人数	2005年平均年薪	2007年平均年薪	增加	人数	2005年年薪	2007年年薪	增加
一	5	4	30 286	23 652	−6 634	1	29 360	25 212	−4 148	0	0	0	0	0	0	0	0	0	0	0	0	0	0	0	0
二	31	27	28 989	25 623	−3 366	1	28 042	27 303	−739	0	0	0	0	2	35 694	28 983	−6 711	1	36 609	30 663	−5 946	0	0	0	0
三	16	12	30 203	27 594	−2 609	0	0	0	0	0	0	0	0	2	31 912	32 994	1 082	2	35 349	32 994	−2 355	0	0	0	0
四	47	41	31 088	28 421	−2 667	1	30 370	30 461	91	3	32 357	32 501	144	2	30 325	34 541	4 216	0	0	0	0	0	0	0	0
五	178	117	33 986	32 540	−1 446	17	32 359	34 940	2 581	29	35 841	37 423	1 582	13	35 381	39 740	4 359	2	34 349	42 140	7 791	0	0	0	0
六	65	40	36 032	34 571	−1 461	2	35 743	37 091	1 348	17	34 631	39 611	4 980	6	36 097	42 131	6 034	0	0	0	0	0	0	0	0
七	49	18	39 594	36 780	−2 814	3	39 723	41 180	1 457	7	36 191	42 060	5 869	21	39 842	44 700	4 858	0	0	0	0	0	0	0	0
八	18	9	39 113	38 452	−661	0	0	0	0	4	36 711	41 902	5 191	5	42 375	43 972	1 597	0	0	0	0	0	0	0	0
九	25	9	38 140	40 124	1 984	2	39 445	40 124	679	3	41 376	43 004	1 628	10	39 062	46 172	7 110	1	40 752	48 764	8 012	0	0	0	0
十	45	12	42 144	41 795	−349	1	39 880	41 795	1 915	13	42 956	45 719	2 763	17	42 583	47 795	5 212	2	41 224	50 795	9 571	0	0	0	0
十一	38	6	45 715	44 781	−934	1	34 849	44 781	9 932	16	41 623	44 781	3 158	16	47 746	48 021	275	14	44 941	51 261	6 320	0	0	0	0
十二	15	3	55 437	49 259	−6 178	0	0	0	0	2	49 291	49 259	−32	7	49 607	53 373	3 766	3	45 340	57 659	12 319	0	0	0	0
十三	7	1	52 934	51 826	−1 108	0	0	0	0	0	0	0	0	4	52 619	55 546	2 927	2	53 865	59 266	5 401	0	0	0	0
十四	4	0	0	0	0	0	0	0	0	0	0	0	0	1	81 327	57 338	−23 989	2	47 107	61 178	14 071	1	43 559	65 018	21 459
十五	7	1	65 786	55 946	−9 840	0	0	0	0	0	0	0	0	2	58 011	60 026	2 015	4	56 681	64 106	7 425	0	0	0	0
十六	6	1	51 557	64 802	13 245	0	0	0	0	0	0	0	0	2	63 269	66 902	3 633	1	75 263	69 002	−6 261	2	68 664	71 102	2 438
十七	6	0	0	0	0	0	0	0	0	0	0	0	0	5	105 783	91 796	−13 987	0	79 592	94 676	15 084	1	86 364	94 676	8 312
十八	6	1	81 306	95 004	13 698	0	0	0	0	0	0	0	0	1	79 105	100 884	21 779	0	89 319	109 863	20 544	4	90 543	109 704	19 161
十九	2	0	0	0	0	0	0	0	0	0	0	0	0	0	0	0	0	1	49 906	57 424	7 518	1	110 199	113 043	2 844
合计	570	302	34 981	33 204	−1 777	29	33 867	35 914	2 047	79	37 318	40 314	2 996	113	43 997	47 390	3 393	38				9	82 181	94 862	12 681

从表 3—36 中可以看出，在实际操作中，这里采用的办法是先调整年薪水平，然后再按比例调整确定岗位职能工资水平。

第五节　设计薪酬浮动幅度和工资宽带

在前面章节中，使用系数法、市场薪酬调查法或存量推定法，或者三法结合构建了一条一岗一薪的工资结构线，反映了薪酬内部一致性和外部竞争性的组织策略。下一步要做的就是设计薪酬浮动范围和工资带。

一、设计薪酬浮动幅度

（一）为什么要设计薪酬幅度

相似的职位或技术的市场薪酬率不同反映了两个方面的外部压力：

1. 外部劳动力市场上个人的素质（技术、能力、经验）存在差异（例如，尽管 A、B 两企业对采购员职位描述相同，但公司 A 比公司 B 对此职位的要求更高）。

2. 承认不同素质的员工对企业劳动生产率的贡献不同（例如，Nordstrom 公司中的采购员比沃尔玛公司采购员负有更大的责任）。

除了外部压力需要薪酬有差异外，组织内部的薪酬策略有时也要求支付给同一职位员工不同的薪酬率。只要支付给同一职位的员工两个或更多的薪酬率，就存在薪酬浮动幅度。内部薪酬幅度反映了如下内部压力：

1. 用薪酬的变化来承认员工绩效的变化。例如，尽管采购员 A、B 的职位相同，职责一致，但采购员 A 比 B 作决策更及时、更好。

2. 员工总是希望自己的薪酬呈不断上升趋势。

从内部一致性的角度来看，浮动幅度反映了企业针对某一特定职位，愿意对具有不同绩效或技术、经验丰富的员工支付不同的工资。从外部竞争性角度来看，浮动幅度也可作为一种控制薪酬的工具。浮动的最高点是企业愿意支付给某职位的最高薪酬；最低点是企业愿意支付给某职位的最低薪酬。

并非所有企业都使用薪酬浮动幅度。以技能为基础的薪酬制度可能不考虑绩效和资历因素，为同一等级的技术等级制定了相同的薪酬率。许多集体谈判合同也是为同样职位确定了同一的薪酬率。这些同一的薪酬率常常是根据该职位薪酬调查的中位值来确定的。

(二) 确定薪酬浮动幅度

设计薪酬浮动幅度通常包括三步：

第一步，划分等级

把薪酬基本相同的不同职位归在一起称为一个等级。图 3—4 中横轴是划分了等级的职位结构。

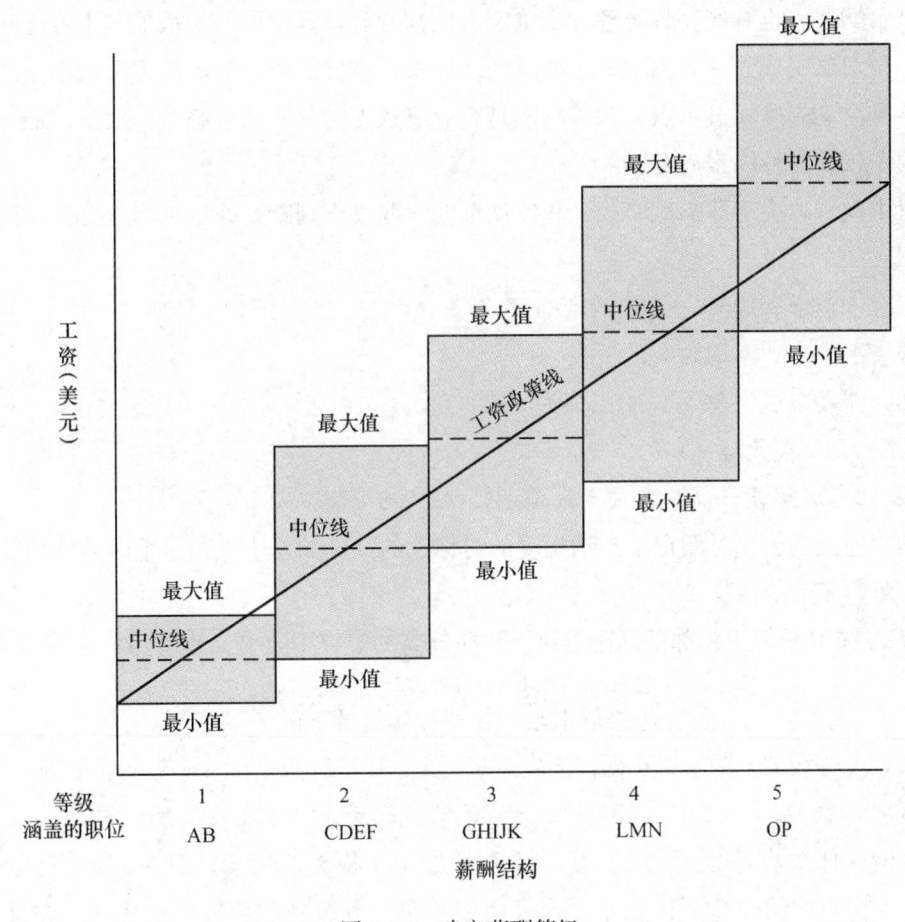

图 3—4　确定薪酬等级

第二步，确定薪酬浮动幅度（中点、最低点和最高点）

浮动幅度的中点常根据前面确定的具有竞争力的薪酬水平设定。薪酬政策线穿过每一等级上的这个点就成为这一等级薪酬浮动幅度的中点。浮动幅度的中点通常称为控制点。

这一点符合受到良好培训员工所需要的薪酬，而且员工对在此等级上工作感到满意。这一点也反映了企业在相关市场上的竞争力。理想的职级幅度取决于对它如何支持职业生涯、晋级和其他组织制度的实施。等级薪酬浮动的幅度一般在 10%～120%；高级管理职位等级浮动幅度通常为60%～120%；中级专业和管理职位浮动幅度为35%～60%；办公室文员和生产职位浮动幅度为10%～25%。上述逻辑是，管理职位浮动幅度比较大，反映了个人在自由决策和绩效方面有更多的机会。

另一方面，也许理想的薪酬浮动幅度更取决于对某一特定企业雇主的意愿。薪酬调查通常提供实际最高薪酬值和最低薪酬值。同时，还要根据薪酬策略确定浮动幅度。一些薪酬部门经理通常使用实际上支付的薪酬，特别是以调查中75%和25%薪酬水平点作为最高薪酬线和最低薪酬线。也有些薪酬经理分别确定最低幅度和最高幅度。最低值与中点之间的值往往代表一位新员工成为一名称职员工的时间。能很快掌握的职位其薪酬下限与中点之间的差就小。薪酬浮动幅度超过中点直到最高额是企业愿意支付其所认可绩效的薪酬。最终，浮动幅度取决于权衡各种因素后的判断。

一旦中点（取决于薪酬策略线）和浮动幅度（取决于判断）确定后，就可计算浮动的上限和下限：

下限＝中点÷（100%＋1/2 浮动幅度）

上限＝下限＋［浮动幅度×下限］

例如，浮动幅度为30%，中点值为3 000元。

下限＝3 000 美元÷［100%＋0.15］＝2 608元

上限＝2 608 美元＋（0.3×2 608 美元）＝2 608＋783＝3 390元

当然，前面的公式是假定了浮动幅度的对称性的（例如，中点距上下限的值相等）。

第三步，工资等级交叉

如果A和B是两个相邻的薪酬等级，B在较高的等级中，交叉程度为：

$$\frac{A\text{所在等级的上限}-B\text{所在等级的下限}}{A\text{所在等级的上限}-A\text{所在等级的下限}}\times 100\%$$

例如，A等级的上限4 050元，下限2 950元，B等级的上限4 470元，下限3 260元。则（4 050－3 260）÷（4 050－2 950）×100%＝790÷1 100×100%＝71.82%

交叉造成什么差别呢？看一下图3—5所示的两个极端的例子。图3—5a中等级交叉的幅度较大，中点之间的差距比较小，这表明相邻两个等级中职位的差别较小。在这种结构中，晋职（职位名称改变）不会引起薪酬发生大的变化。

另一方面，图3—5b中，等级较少和浮动幅度较小，不同等级中点的差距较大，相邻等级之间的交叉较小，这有利于管理人员强调晋职（晋职到一个新的等级），从而使薪酬大幅度提高。有时，差距必须足够大，以引导员工去寻求、接受提升或接受所需的必要培训。

二、扩展工资带

图3—5c把薪酬结构中的几个等级重新划分为几个跨度范围更大的等级，这称为扩展工

资带，即把4～5个传统的等级合并为只有一个上下限的等级。因为一个等级包含许多不同价值的职位，各个工资等级的中点则不再有用。

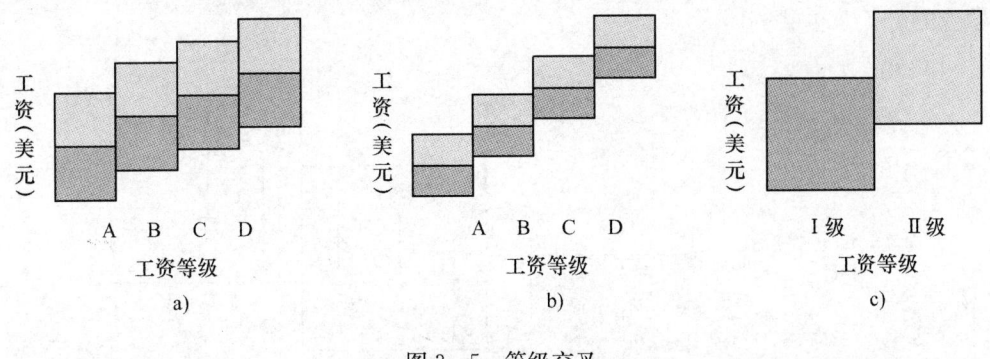

图3—5 等级交叉

表3—41对薪酬浮动幅度和扩展工资带作出了清楚的比较。扩展工资带的支持者认为，扩展工资带，即有几个优越于多等级的特点。首先，有利于提高更广泛地界定职责的灵活性。这有利于已经削减了管理类职位层次组织的重新设计，缩小了规模的或者无边界的组织。有助于培育那些新组织的跨职能成长和开发。员工为了获得更广泛的经历，可以在一个跨度较宽的等级中流动。强调横向流动，弱化了薪酬调整，有利于很少有晋升的扁平化组织的管理。

表3—41　　　　　　　　　薪酬浮动幅度与工资带之间的比较

薪酬浮动幅度的作用	工资带的作用
• 在控制范围内较灵活	• 强调指导范围内的灵活性
• 相对稳定的组织设计	• 层级较少的组织
• 通过等级或职位的晋升业绩得到承认	• 职能的经验获得和横向开发
• 中点控制，可作比较	• 参考市场薪酬率和浮动幅度
• 所有的控制设计成制度	• 预算控制，很少有制度
• 给管理人员"指导的自由"	• 给管理者管理薪酬的自由
• 浮动幅度达150%	• 浮动幅度在100%～400%

设计工资带包括下面三步：

第一步，确定工资带的数目

调查数据显示，公司正在使用4～8个工资带来确定薪酬。这些工资带之间通常有一个分界点，或者说，职位、技能或能力需求有不同的要求。典型的职位名称被用在每一工资带来反映主要的区分，如助理（新进入该职位的个人）、专业（有经验的、有知识的团队成员）、领导（项目或部门主管）、总监等。

图3—6中包括四个工资带（助理、专家、专家组长、资深专家），每个工资带中包含不

同职能部门的职位,或者不同职类。每个工资带中都包括从财务、采购、软件开发和工程师,以及市场营销等职能部门的职位。挑战在于支付在同一工资带却在不同部门从事不同工作的职位的员工多少薪酬。

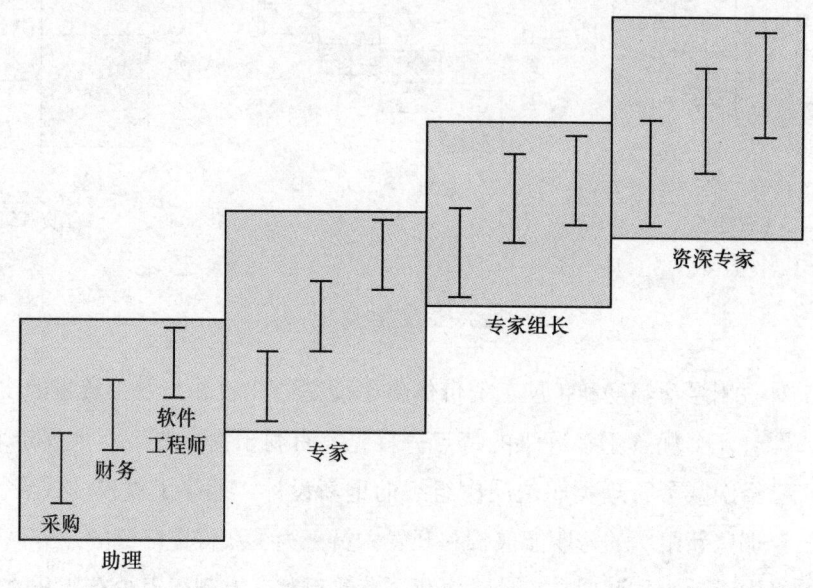

图3—6 四个工资带

像通用电气公司中的助理和专家层的采购员(有工商学位)能与软件工程师(有计算机学位)得到同样的薪酬吗?不可能。因为在外部市场上存在差异,因此,同一工资带内不同职能或部门的职位必有不同的价位。

第二步,确定工资带的价位

根据市场薪酬率和区域,如图3—7所示,在每一工资带中每个职能部门有不同的市场薪酬率。助理工资带中,3个不同的职能部门(采购、财务和软件工程师)参照的市场薪酬率不同。因此,下一步就是确定每一工资带中每个职能部门的市场薪酬率参照标准(与确定市场上的标杆工资率相似)。参照的薪酬率是根据市场数据来确定的,反映了竞争对手支付的薪酬情况。

你也许会说:"乍一看,这就像每一工资带中的等级浮动幅度。"也许你是正确的,这通常称为区域(zones),那些等级反映的是可参照的薪酬率,作为管理人员决策的依据。

第三步,工资带内横向职位轮换

同一工资带中薪酬的增加与不同等级薪酬增加相似,在同一工资带中,鼓励不同职能部门的员工跨部门(如从采购到财务,研发和系统设计之间)流动以增强组织的适应性,提高多角度思考问题的能力。因此,职业变化更可能的是跨职能部门,而从低工资带到高工资带

第三模块 工资结构调整与工资标准测算

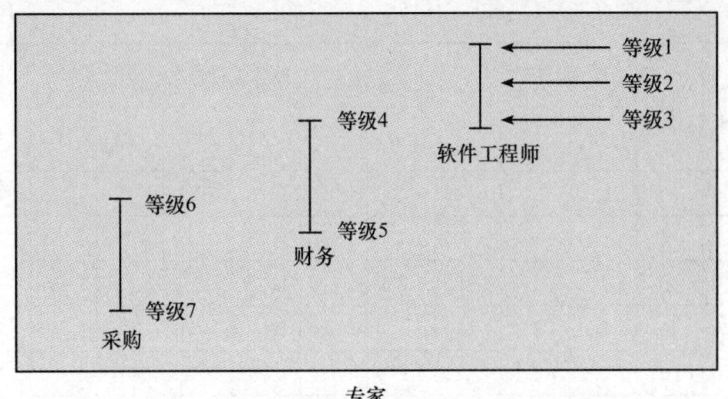

图 3—7　每个工资带中每个部门所参照的薪酬率

注：1～7 级是竞争对手支付的市场薪酬率。

跨部门流动如从 A 工资带到 B 工资带的流动则很少。

扩展工资带的倡导者认为，扩展工资带的特点是增加灵活性。但灵活只是问题的一面，混乱与偏袒却是问题的另一方面。所以，扩展工资带发挥作用的前提是管理者能以实现组织目标作为支付员工薪酬的基础，并且能公平地对待每一个员工。

第六节　一岗多薪工资标准确定方法

在一岗一薪的基础上，形成一岗多薪、上下等级交叉的工资标准办法很多。

一、按照岗位工资中线的百分比确定档差的方法

档差百分比的大小取决于横向工资幅度的大小和档次的多少两个因素。

以某工程公司一岗十二薪的工资标准为例，见表 3—42，首先把岗位工资中线作为基本标准；之后使用基本标准乘以 3%，经个位四舍五入计算出档差，并在基本标准的基础上，按照档差增减延伸出其他档次的工资标准。

表 3—42　　　　　某工程公司一岗十二薪工资标准表　　　　　单位：元/月

岗级 \ 档次标准	基本标准	档差	岗位工资档次											
			1	2	3	4	5	6	7	8	9	10	11	12
一	990	30	840	870	900	930	960	990	1 020	1 050	1 080	1 110	1140	1 170

续表

岗级 \ 档次	基本标准	档差	岗位工资档次											
			1	2	3	4	5	6	7	8	9	10	11	12
二	1 090	30	940	970	1 000	1 030	1 060	1 090	1 120	1 150	1 180	1 210	1 240	1 270
三	1 190	30	1 040	1 070	1 100	1 130	1 160	1 190	1 220	1 250	1 280	1 310	1 340	1 370
四	1 310	40	1 110	1 150	1 190	1 230	1 270	1 310	1 350	1 390	1 430	1 470	1 510	1 550
五	1 430	40	1 230	1 270	1 310	1 350	1 390	1 430	1 470	1 510	1 550	1 590	1 630	1 670
六	1 570	50	1 320	1 370	1 420	1 470	1 520	1 570	1 620	1 670	1 720	1 770	1 820	1 870
七	1 710	50	1 460	1 510	1 560	1 610	1 660	1 710	1 760	1 810	1 860	1 910	1 960	2 010
八	1 870	60	1 570	1 630	1 690	1 750	1 810	1 870	1 930	1 990	2 050	2 110	2 170	2 230
九	2 060	60	1 760	1 820	1 880	1 940	2 000	2 060	2 120	2 180	2 240	2 300	2 360	2 420
十	2 280	70	1 930	2 000	2 070	2 140	2 210	2 280	2 350	2 420	2 490	2 560	2 630	2 700
十一	2 530	80	2 130	2 210	2 290	2 370	2 450	2 530	2 610	2 690	2 770	2 850	2 930	3 010
十二	2 780	80	2 380	2 460	2 540	2 620	2 700	2 780	2 860	2 940	3 020	3 100	3 180	3 260
十三	3 050	90	2 600	2 690	2 780	2 870	2 960	3 050	3 140	3 230	3 320	3 410	3 500	3 590
十四	3 350	100	2 850	2 950	3 050	3 150	3 250	3 350	3 450	3 550	3 650	3 750	3 850	3 950
十五	3 700	110	3 150	3 260	3 370	3 480	3 590	3 700	3 810	3 920	4 030	4 140	4 250	4 360
十六	4 050	120	3 450	3 570	3 690	3 810	3 930	4 050	4 170	4 290	4 410	4 530	4 650	4 770
十七	4 450	150	3 700	3 850	4 000	4 150	4 300	4 450	4 600	4750	4900	5 050	5 200	5 350

二、按照岗位工资中线标准的百分比与按照绝对级差相结合确定档差的方法

某房地产公司岗位资质工资档次纳入表，见表3—43。该公司的岗位资质工资标准，中层管理人员、中层（不含）以下职工分开设计，见表3—44、表3—45。

请分析一下：该公司的两张工资标准表在档差设计上有什么不同？两部分人员使用的是同一张工资档次纳入表。按照这张套改表，中层管理人员纳入一级工资标准档次、中层（不含）以下职工也纳入一级工资标准档次，那么，在同一等级中，具有高级专业技术资格的人员，与没有专业技术资格的人员相比，工资差距分别有多大？

表3—43　　　　　　　　岗位资质工资档次纳入表

任职人员实际专业技术资格等级/技术等级	年功（缴费年限）								
	4年及以下	5～8年	9～12年	13～16年	17～20年	21～24年	25～28年	29～32年	33年及以上
无等级（初级工）	1	2	3	4	5	6	7	8	9

续表

任职人员实际专业技术资格等级/技术等级	年功（缴费年限）							
	4年及以下	5~8年	9~12年	13~16年	17~20年	21~24年	25~28年	29~32年	33年及以上
员级（中级工）	2	3	4	5	6	7	8	9	10
助理级（高级工）	3	4	5	6	7	8	9	10	11
中级（技师）	—	7	8	9	10	11	12	13	14
高级（高级技师）	—	—	10	11	12	13	14	15	16

表3—44　　　　　公司中层管理人员月度岗位资质工资标准表　　　　　单位：元/月

岗位等级	岗位资质工资档次标准															
	1	2	3	4	5	6	7	8	9	10	11	12	13	14	15	16
一	7 400	7 520	7 640	7 760	7 880	8 000	8 120	8 240	8 360	8 480	8 600	8 720	8 840	8 960	9 080	9 200
二	6 600	6 720	6 840	6 960	7 080	7 200	7 320	7 440	7 560	7 680	7 800	7 920	8 040	8 160	8 280	8 400
三	6 310	6 410	6 510	6 610	6 710	6 810	6 910	7 010	7 110	7 210	7 310	7 410	7 510	7 610	7 710	7 810
四	5 630	5 730	5 830	5 930	6 030	6 130	6 230	6 330	6 430	6 530	6 630	6 730	6 830	6 930	7 230	7 530

表 3—45　公司中层（不含）以下职工月度岗位资质工资标准表

单位：元/月

岗位等级	岗位资质工资档次标准																					
	1	2	3	4	5	6	7	8	9	10	11	12	13	14	15	16	17	18	19	20	21
一	3 100	3 385	3 670	3 955	4 240	4 525	4 810	5 095	5 380	5 665	5 950	6 235	6 520	6 805	7 090	7 375	7 660	7 945	8 230	8 515	8 800
二	3 020	3 240	3 460	3 680	3 900	4 120	4 340	4 560	4 780	5 000	5 220	5 440	5 660	5 880	6 100	6 320	6 540	6 760	6 980	7 200	7 420
三	2 805	2 975	3 145	3 315	3 485	3 655	3 825	3 995	4 165	4 335	4 505	4 675	4 845	5 015	5 185	5 355	5 525	5 695	5 865	6 035	6 205
四	2 665	2 795	2 925	3 055	3 185	3 315	3 445	3 575	3 705	3 835	3 965	4 095	4 225	4 355	4 485	4 615	4 745	4 875	5 005	5 135	5 265
五	2 555	2 660	2 765	2 870	2 975	3 080	3 185	3 290	3 395	3 500	3 605	3 710	3 815	3 920	4 025	4 130	4 235	4 340	4 445	4 550	4 655
六	2 310	2 405	2 500	2 595	2 690	2 785	2 880	2 975	3 070	3 165	3 260	3 355	3 450	3 545	3 640	3 735	3 830	3 925	4 020	4 115	4 210
七	1 985	2 070	2 155	2 240	2 325	2 410	2 495	2 580	2 665	2 750	2 835	2 920	3 005	3 090	3 175	3 260	3 345	3 430	3 515	3 600	3 685
八	1 795	1 855	1 915	1 975	2 035	2 095	2 155	2 215	2 275	2 335	2 395	2 455	2 515	2 575	2 635	2 695	2 755	2 815	2 875	2 935	2 995

注：本表岗位资质工资标准中的第 17～21 档次，只用于在 2008 年本人工资标准使用，2009 年就近就高纳入新工资标准使用，并只使用到 2011 年 12 月 31 日止。

第七节 纳入工资标准档次的办法

在实行一岗多薪的岗位工资制下,即在多个工资等级和每个岗位等级内多个工资档次组成的纵横结合的工资标准下,把每一员工纳入新的工资等级的办法很简单。所有人员按照现任岗位(职务)的所属岗位(职务)等级,直接进入与本岗位(职务)等级相对应的工资等级。

但如何把员工纳入到一岗多薪的工资档次中,就没有那么简单,它取决于企业的工资战略,即通过不同的工资档次的确定办法,向员工发出不同的导向信息,并影响员工的行为,从而达到保证实现企业战略目标或生产经营目标,并促进员工提高和开发技能的目的。

下面介绍实际工作中几种常用的工资档次纳入办法:

一、"硬件"纳入法(也称岗位职能纳入法或岗位资质纳入法)

(一)"硬件"纳入法

1. 主要根据技术水平和技术年限纳入

这是某路桥建设公司的做法,即管理人员、专业技术人员,主要根据个人专业技术水平和专业技术年限(连续工龄)确定,见表3—46;工人主要根据个人的技术水平和技术年限(连续工龄)确定,见表3—47。

专业技术年限或技术年限,是指管理人员、专业技术人员、技术工人获得现行的专业技术资格或技术等级的年限,专业技术年限或技术年限从取得的当年算起。

此种确定办法的核心理念是:

(1)取得专业技术资格证书或技术等级证书的,比没有取得的,工资档次要高。

(2)取得高一等级专业技术资格证书或技术等级证书的,比取得低一等级专业技术资格证书或技术等级证书的,工资档次要高。

(3)取得具有同等级专业技术资格或技术等级的,取得技术年限长的比短的,工资档次要高。

总之,必须明确一个导向,传递一个信息,即从提高人力资源的素质上,提高企业的核心竞争力,并从工资制度上保证和促进人力资源素质的提高。

2. 主要根据技术水平(或学历)和连续工龄纳入

这是某工贸集团公司的做法,即管理人员根据个人的专业技术资格等级(或学历)和连续工龄确定，见表3—48；生产服务岗位人员根据技术等级（或学历），结合个人的连续工龄确定，见表3—49。

此种确定办法中，把学历视同专业技术水平或技术水平，照顾了没有专业技术或技术水平的员工，同时所有员工考虑的是连续工龄，显得更现实、更灵活。

表3—46　　　　　　　　　　管理人员工资档次纳入表

普通管理人员	连续工龄	5年以下	6～10年	11～15年	16～20年	21年以上
	工资档次	1	2	3	4	5
员级	专业技术年限	4年以下	5～8年	9～12年	13～16年	17年以上
	工资档次	2	3	4	5	6
助理级	专业技术年限	4年以下	5～8年	9～12年	13～16年	17年以上
	工资档次	3	4	5	6	7
中级	专业技术年限	4年以下	5～8年	9～12年	13～16年	17年以上
	工资档次	5	6	7	8	9
高级	专业技术年限	4年以下	5～8年	9～12年	13～16年	17年以上
	工资档次	7	8	9	10	11
正高级	专业技术年限	4年以下	5～8年	9～12年	13～16年	17年以上
	工资档次	8	9	10	11	12

说明：专业技术系列包括经济系列、工程技术系列、政工系列及其他系列。

表3—47　　　　　　　　　　工人工资档次纳入表

普通工人	连续工龄	5年以下	6～10年	11～15年	16～20年	21年以上
	工资档次	1	2	3	4	5
初级工	技术年限	4年以下	5～8年	9～12年	13～16年	17年以上
	工资档次	2	3	4	5	6
中级工	技术年限	4年以下	5～8年	9～12年	13～16年	17年以上
	工资档次	3	4	5	6	7
高级工	技术年限	4年以下	5～8年	9～12年	13～16年	17年以上
	工资档次	5	6	7	8	9
技师	技术年限	4年以下	5～8年	9～12年	13～16年	17年以上
	工资档次	6	7	8	9	10
高级技师	技术年限	4年以下	5～8年	9～12年	13～16年	17年以上
	工资档次	8	9	10	11	12

表 3—48　　　　　　　　　　管理岗位人员工资档次套改表

普通工作人员	连续工龄	4年以下	5～9年	10～14年	15～19年	20～24年	25～29年	30年以上
	工资档次	1	2	3	4	5	6	7
员级；大专	连续工龄	4年以下	5～9年	10～14年	15～19年	20～24年	25～29年	30年以上
	工资档次	2	3	4	5	6	7	8
助理级；本科	连续工龄	4年以下	5～9年	10～14年	15～19	20～24年	25～29年	30年以上
	工资档次	3	4	5	6	7	8	9
中级；硕士	连续工龄	4年以下	5～9年	10～14年	15～19年	20～24年	25～29年	30年以上
	工资档次	4	5	6	7	8	9	10
高级；博士	连续工龄	4年以下	5～9年	10～14年	15～19年	20～24年	25～29年	30年以上
	工资档次	5	6	7	8	9	10	11
正高级	连续工龄	—	—	10～14年	15～19年	20～24年	25～29年	30年以上
	工资档次	—	—	8	9	10	11	12

备注：专业技术资格等级包括工程技术系列、经济系列、政工系列。

表 3—49　　　　　　　　　　生产服务岗位人员工资档次套改表

普通工人	连续工龄	4年以下	5～9年	10～14年	15～19年	20～24年	25～29年	30年以上
	工资档次	1	2	3	4	5	6	7
初级工	连续工龄	4年以下	5～9年	10～14年	15～19年	20～24年	25～29年	30年以上
	工资档次	2	3	4	5	6	7	8
中级工；高中、中专、技校	连续工龄	4年以下	5～9年	10～14年	15～19年	20～24年	25～29年	30年以上
	工资档次	3	4	5	6	7	8	9
高级工；大专	连续工龄	4年以下	5～9年	10～14年	15～19年	20～24年	25～29年	30年以上
	工资档次	4	5	6	7	8	9	10
技师；本科	连续工龄	4年以下	5～9年	10～14年	15～19年	20～24年	25～29年	30年以上
	工资档次	5	6	7	8	9	10	11
高级技师	连续工龄	—	5～9年	10～14年	15～19年	20～24年	25～29年	30年以上
	工资档次	—	7	8	9	10	11	12

3. 根据本人"硬件"与岗位要求的符合度纳入

例如，某研究所实行一岗十四薪工资标准，其工资档次纳入表见表 3—50。

表 3—50　　某研究所科研、生产、一般管理人员工资档次纳入表

岗位等级	任职专业技术资格要求	任职人员实际具备资格等级	技术年限				
			4年以下	5~8年	9~12年	13~16年	17年以上
一级 二级 三级	初级工及以下	初级工及以下	4	5	6	7	8
		中级工	6	7	8	9	10
		高级工	8	9	10	11	12
		技师及以上	10	11	12	13	14
四级 五级	中级工；员级	初级工及以下	2	3	4	5	6
		中级工；员级	4	5	6	7	8
		高级工；助理级	6	7	8	9	10
		技师；中级	8	9	10	11	12
		高级技师；副高级	10	11	12	13	14
六级 七级	高级工；助理级	中级工；员级	2	3	4	5	6
		高级工；助理级	4	5	6	7	8
		技师；中级	6	7	8	9	10
		高级技师；副高级	8	9	10	11	12
八级	中级；技师	高级工；助理级	2	3	4	5	6
		中级；技师	4	5	6	7	8
		高级技师；副高级	6	7	8	9	10
		特级技师；正高级	8	9	10	11	12
九级	中级；技师	高级工；助理级	2	3	4	5	6
		中级；技师	4	5	6	7	8
		高级技师；副高级	6	7	8	9	10
		特级技师；正高级	8	9	10	11	12

表 3—50 的核心是：本人专业技术资格符合岗位要求，一律从四档起，按技术年限长短纳入；低于岗位要求的，每低一个层次，起点档次低两档；每高出一个层次，起点档次高两档。

（二）使用"硬件"套入法的配套措施

由于有的人有"证书"，没水平，而也有的人没"证书"，有水平。还有一个问题，即技术水平和学历，使用哪个纳入工资档次。为了解决这两个问题，结合使用了以下配套措施：

1. 纳入新的工资标准所依据的专业技术资格等级或技术等级，是指在实际工作中表现出来的专业技术水平或技术水平确定，并以实际聘任的专业技术职务或技术等级认定。

2. 对于本次工资改革之前认定的专业技术资格或技术资格与实际水平不符的，可以采

取"高职低聘"的办法。原专业技术资格或技术资格作为"档案资格"予以保存。

3. 对于职工公认的在实际工作中确实表现出较高的专业技术水平或技术水平，并在工作中成为业务技术骨干的职工，包括中短期合同制工人，由于多种原因并不具有与实际水平相应等级的专业技术资格证书或技术等级证书，经本人申请、职工评议、部门或独立核算单位上报，公司经理办公会批准，可以破格高定1~3工资档次。

4. 在纳入工资档次使用的专业技术等级（技术等级）和学历两个条件中，选择能够纳入较高工资档次的专业技术等级（技术等级）条件或学历条件纳入。

另外，有的单位多年来没有重视员工专业技术资格的评定或技术等级鉴定工作，多数员工没有专业技术资格或技术等级，硬按工资档次纳入表执行，会遭到一些员工的不满，于是某集团公司采取了"视同"的过渡性办法，以管理人员、专业技术人员为例：

对于暂不具有专业技术资格证书的管理人员、专业技术人员，作为过渡性的办法，暂按以下条件，由人力资源部认定视同的专业技术资格，纳入工资档次：

1. 高中、中专、技校毕业生，从工作的第四年（含在其他单位工作的年限，下同）起，视同员级专业技术资格，并从工作的第四年起计算员级技术年限。

2. 大专毕业生，从参加工作的当年起，视同员级专业技术资格，并从工作的当年起计算员级技术年限；从参加工作的第四年起，视同助理级专业技术资格，并从参加工作的第四年起计算助理级技术年限。

3. 本科毕业生，从参加工作的当年起，视同员级专业技术资格；从工作的13个月起，视同助理级专业技术资格，并从第13个月起计算助理级技术年限。

4. 硕士研究生，从参加工作的当年起，视同助理级专业技术资格，从工作的当年起计算助理级技术年限；从参加工作的第三年起，视同中级专业技术资格，并从参加工作的第三年起计算中级技术年限。

5. 博士研究生，从参加工作的当年起，视同中级专业技术资格，并从参加工作的当年起计算中级技术年限。

以上视同的专业技术资格，从视同的当年算起，给予三年的过渡期。在三年的过渡期内，不能取得相应的专业技术资格的，从第四年起，可以保留视同的专业技术资格，但专业技术资格的晋升，必须通过参加专业技术资格考试或专业技术资格鉴定取得。

视同的专业技术资格由公司人力资源部认定。

二、考核等级纳入法

某网通研究院的做法是：员工本年度的绩效考核档次，决定下一年度的工资档次，即"秋后算账"。考核结果为A、B、C三个等级的，纳入相应的A、B、C三个工资档次，见

表 3—51。

表 3—51　　　　　　　　　员工工资档次纳入表

本年度绩效考核等级	A	B	C
下一年度本等级工资档次	A	B	C

考核等级为 D 等级的，按照该院《员工绩效考核管理办法（试行）》的规定，下调职位等级，并按照下调后的职位等级重新确定工资等级，工资档次按照新调整等级的三档工资标准确定。

考核为 E 等级的或连续两年考核为 D 等级的，不再执行本方案的工资标准，只发给最低生活保障费。

三、职能等级评价纳入法

这是某集团公司总部试行的办法，见表 3—52。纳入哪个工资档次，取决于对个人职能评价分数及其决定的职能等级的高低。

表 3—52　　　　　　　执行操作层管理人员个人职能评价标准

	分级标准 指标	A 10分	B 6分	C 3分	D 1分
潜在工作能力	学历	硕士生以上	大学本科	大学专科	高中（中专）
	工龄	16年以上	11～15年	6～10年	5年以下
	专业技术资格水平	本专业正高级专业技术资格	本专业副高级专业技术资格	本专业中级专业技术资格	本专业初级专业技术资格
	本岗级任职年限	9年及9年以上	6～8年	3～5年	1～2年
实际工作能力	专业能力	具有担当本职务岗位所要求的各种能力资格，能熟练掌握、运用专业技术、技巧，工作经验丰富，能根据客观情况变化，灵活有效地处理专业技术问题	具有担当本职务岗位所要求的各种能力资格，工作经验较丰富，能运用和处理有关专业技术问题	具有担当本职务岗位所要求的相当专业水平，工作经验较少，运用和处理有关专业技术问题不熟练	无本专业的知识和经验，不会运用和处理有关专业技术问题
	独立工作能力	能独立承担和完成本职工作范围内的重要业务工作	能独立承担和完成本职工作范围内的一般业务工作	有时需要在上级指导和同事的帮助下才能完成	经常需要上级指导和同事帮助才能完成

续表

指标	分级标准	A 10分	B 6分	C 3分	D 1分
实际工作能力	动手操作能力	动手能力和实际操作能力强,办事干净利索,非常优秀	有较好的动手能力和实际操作能力,办事能满足要求	有一定的动手能力和实际操作能力,办事能基本满足要求	动手能力和实际操作能力较差,办事不能满足要求
	体力和心理承受能力	身体健康,精力充沛,能出全勤,能持续紧张地工作,对工作中的压力与困难具有很强的心理承受能力	身体健康,精力较充沛,很少请病假,尚能紧张地工作,对工作中的压力与困难具有较强的心理承受能力	身体不够健康,有慢性疾病,常缺勤,不能适应紧张工作,承受工作中的压力与困难,心有余,力不足	身体有多种慢性病,不能坚持正常工作,工作中的压力与困难没承受能力
	适应能力	能在一个领域、一个部门中,完成多种任务或活动	能较快地适应新任务的要求,完成新任务	尚能适应新任务的要求,基本能完成新任务	不能适应新任务的要求,不能承担新任务
	创新能力	善于根据本职工作情况,提出新的工作方案,有效改进工作,善于开发利用新方法、新手段,富有创新成果	乐于接受新的工作任务,改进工作方法和手段,效果良好	努力学习掌握新知识、新技术,不断钻研新业务,提高自身创新能力	墨守成规,不求进取

第八节　工资调整与薪酬预算

工资调整,主要是指工资标准的调整。工资标准调整,大致又可分为三类:第一类是个体工资标准的调整,包括工资等级的调整,工资档次的调整;第二类是整体工资标准的调整,如全部岗位或全部员工工资标准的调整;第三类是结合内部分配改革对工资结构的调整。工资调整是保证工资正常运行的一个重要组成部分,也是工资能增能减机制的体现之一。在工资方案中,工资调整是必不可少的内容。

一、个体工资标准的调整

(一) 工资等级调整

管理人员提升职务等级,工人到高于现任等级的岗位上工作,按照新的岗位(职务)等级确定相应的工资等级。

当职工需要调整到比现任岗位等级较低等级的岗位时，也按低调后的岗位等级确定相应的工资等级。

由于岗位调整，晋升工资等级或下调工资等级，一律从新任岗位（职务）的次月起执行。

（二）工资标准档次的调整

工资标准档次的调整，包括以下情况：

1. "技变"晋档

员工取得较高一级的专业技术资格或技术等级，如果出现按高一等级的专业技术资格（或高一等级的技术等级）调整的工资档次，低于按原专业技术等级（或原技术等级）确定的工资档次时，按照"就高"确定工资档次。

专业技术等级、技术等级提高，应当调整工资档次的，一般从取得有效证书之月起调整。

2. "学变"晋档

职工取得比现有等级高一等级的有效学历证书，一般从取得高一等级证书的之月起晋升工资档次。

3. "龄变"晋档

专业技术年限、技术年限或工作年限增长，需要调整工资档次的，一般从当年的1月1日起调整。

4. 考核变档

考核变档是指在按照本人条件纳入或调整工资档次的基础上，连续两年或三年考核优秀、业绩突出的，可以晋升一个工资档次；如果考核结果较差，可以降低工资档次。

考核变档的时间一般从变档年度的1月1日起。

二、整体调整工资标准

（一）定期普遍调整工资标准

根据上年度企业所在本地区社会平均工资的增长、同行业、同类人员的平均工资增长，在企业生产经营基本正常具备支付能力的前提下，参照当地政府劳动部门公布的工资指导线，每年或每两年调整一次工资标准。

整体调整工资标准，综合了居民消费价格增长、社会和本企业劳动生产率增长、职工生活水准的提高等多种因素。是"阳光普照"式的调整。

整体调整工资标准的幅度每年多少，应仔细测算。一般来说，按照政府颁布的工资指导线的基准线计算的工资增量，其中30%～40%用于个别职工工资标准的调整，其余的60%～70%用于职工整体工资标准的调整。

整体调整工资标准，要注意可以采取普加（所有岗位等级增加一个同等的工资额）和（或）普调（所有岗位等级按照同样的一个百分比提高工资标准）相结合的形式。这样做的趋势和好处是：在压缩相对工资差距的同时，继续扩大绝对差距，但可以防止绝对差距不合理扩大。

（二）根据业绩决定加薪幅度

这是美国一些企业采取的办法，称为"绩效工资"，见表3—53。

表3—53　　　　　　　　　　绩效等级与加薪幅度

绩效定义	远高于平均水平	高于平均水平	平均水平	低于平均水平	远低于平均水平
绩效等级	1	2	3	4	5
基本工资增长（%）	6	5	4	3	0

基本做法是：在每个年度的年终，通常由员工的直接主管对其进行评价，并根据绩效等级决定基本工资的加薪幅度。其核心是，只要员工和雇主保持雇佣关系，那么，员工每年的工作就会得到相应的有效回报。这样，计入基本工资的金额，就会持续增加。

三、工资结构调整

工资结构调整即工资构成调整。伴随着每一次工资改革，都要进行一次工资结构的调整。

如何确定工资结构，取决于工资调整的指导思想和要达到的目标。

如果强调实行岗位工资制，则要求工资标准简单明了，改革中就会把能合并的多种工资合并，包括奖金、津贴、补贴等。

如果强调提高效率，将会降低岗位基本工资在岗位工资中的比例，相对提高岗位绩效工资在岗位工资中的比例。

四、薪酬预算（薪酬计划）

下面所述薪酬预算的方法是从绩效加薪的角度讲的。如果本单位员工增加工资采取的不是绩效加薪的办法，这里介绍的方法就不宜采用。

(一) 制定薪酬预算的工作程序

制定薪酬预算的工作程序如下：

1. 通过薪酬市场调查，比较企业各岗位与市场上相对应的岗位的薪酬水平（这里的薪酬水平是指总薪酬水平，包括工资、奖金、福利、长期激励等）。

2. 了解企业财力状况，根据企业人力资源策略，确定企业薪酬水平采用何种市场薪酬水平，是90％点处、75％点处，还是50％点处、25％点处。

3. 了解企业的人力资源规划。

4. 将前三个步骤结合起来画出一张薪酬计划计算表，表3—54所示为某企业薪酬计划计算表，各岗位的薪酬水平，企业采用50％点处的市场薪酬水平。

表3—54 某企业薪酬计划计算表

部门	岗位	市场薪酬水平 （50％点处）	人力资源规划的 各岗位人数	各部门薪酬总额（元）
行政部	岗位1	3 000	1	9 500
	岗位2	2 000	2	
	岗位3	1 500	1	
	岗位4	1 000	1	
财务部	岗位5	2 000	1	4 500
	岗位6	2 500	1	
生产部	岗位7	5 000	1	21 500
	岗位8	1 500	1	
	岗位9	2 000	1	
	岗位10	2 500	2	
	岗位11	4 000	2	
销售部	岗位12	2 000	6	18 000
	岗位13	1 500	4	
预计的薪酬总额				

5. 根据经营计划预计的业务收入和前几个步骤预计的薪酬总额，计算薪酬总额占销售收入的比率，将计算出的比率与同行业的该比率或企业往年的该比率进行比较，如果计算的比率小于或等于同行业水平或企业往年水平，则该薪酬计划可行；如果大于同行业水平或企业往年水平，可以根据企业董事会对薪酬计划的要求将各岗位薪酬水平适当降低。

6. 各部门根据企业整体的薪酬计划和企业薪酬分配制度规定，考虑本部门人员变化情况、各员工的基本情况（如工龄、业绩考核结果等）、能力提高情况等，拟订部门的薪酬计划，并上报到人力资源部，由人力资源部进行所有部门薪酬计划的汇总。

7. 如果汇总的各部门薪酬计划与整体薪酬计划不一致，需要再进行调整。

8. 将确定的薪酬计划上报企业领导、董事会报批。

(二) 制定薪酬预算的准备工作

在制定薪酬计划前需要搜集有关资料，对所有信息进行分析、检查。所需的资料包括员工薪酬基本资料，企业人力资源规划资料，物价、市场薪酬水平、国家薪酬和税收政策的变动资料，企业薪酬支付能力资料等，见表3—55。

表 3—55　　　　　　　　制定薪酬预算所需资料一览表

	姓名、年龄、性别、所在部门
	岗位名称
	当前薪酬水平
员工薪酬的基本资料	当前的工资级别
	所在工资级别的最高工资、中位工资、最低工资
	上次调资的时间、额度、调资类型
企业整体的薪酬资料	企业现有的员工人数
	企业在过去一年内实际发生的薪酬总额
	拟招聘的新员工人数
	拟招聘新员工的薪酬水平
企业在未来一年人力资源规划资料	预计晋升职务的员工人数
	预计岗位轮换的员工人数
	预计休假的员工人数
	预计辞职、辞退、退休的员工人数
物价变动资料	在过去一年里当地物价变动资料
市场工资水平	当前市场的劳动力供求状况与薪酬水平
国家薪酬政策	国家当前有关薪酬的法律、法规等
	企业薪酬支付能力
企业财务状况	企业上一年度经济效益状况
	股东要求的回报率
	企业预计的效益状况
	预测企业在未来一年的工资增长率
薪酬预测	预测员工在未来一年员工所在部门薪酬总额的增长率
	预测员工在未来一年增薪的时间、额度、调资类型等

(三) 制定薪酬预算的方法

制定薪酬预算的方法有两种，一种是从下而上法，另一种是从上而下法。名称虽然很普通，但却形象地反映了两种方法的各自特点。

1. 从下而上法

顾名思义，"下"指员工，"上"指各级部门，以至企业整体。从下而上法的工作程序是：根据部门的人力资源规划和企业的每一位员工在未来一年薪酬的预算估计数字，计算出整个部门所需要的薪酬支出，然后汇集所有部门的预算数字，编制企业整体的薪酬计划。在编制薪酬计划过程中，部门主管只需按企业既定的加薪准则，如按绩效加薪，按年资或消费品物价指数的变化情况等调整薪酬，分别计算出每个月员工的增薪幅度及应得的薪酬金额，计算出每一部门在薪酬方面的预算支出，再呈交给高层的管理人员审核和批准，一经通过，便可以着手编制计划。

通常从下而上法比较实际、灵活，且可行性较高。但不易控制总体的人工成本。

2. 从上而下法

与从下而上法相对照，从上而下法的工作程序是：先由企业的高层主管根据人力资源规划等决定企业整体的薪酬计划和增薪的数额，然后再将整个计划数目分配到每一个部门。各部门按照所分配的薪酬计划数额，根据本部门内部的实际情况，将数额分配到每一位员工。由此可见，从上而下法中的计划额是每一个部门所能分配到的薪酬总额，也是该部门所有员工薪酬数额的极限。至于部门经理如何将这笔薪酬总额分派给每一个员工，由部门经理自己决定。部门经理可以按企业所决定的增资准则，决定员工分配的薪酬数额。员工的不同绩效表现来决定薪酬率的高低，或者采取单一的增薪率，但单一增薪率会导致原有薪酬水平较高的员工薪酬增加较多，而原有薪酬水平较低的员工实际得益较少。

一般说来，从上而下法虽然可以控制住总体的薪酬成本，但缺乏灵活性，而且确定薪酬总额时主观因素过多，降低了计划的准确性，不利于调动员工的积极性。

由于两种方法各有优劣，通常企业会同时采用这两种方法。首先，根据企业制定的整体薪酬计划决定各部门的薪酬计划额；其次，根据企业规定的增资准则预测个别员工的增薪幅度；最后，比较这两步得出的结果，确保员工的增资符合部门的薪酬计划额。如果两者之间的差异较大，就要适当调整部门的计划额。

(四) 薪酬计划表的运用

制定薪酬计划时，可以制作一张薪酬计划表，以便于统计与分析。表3—56是一张较为典型的薪酬计划表范例。

表 3—56　　　　　　　　　　　薪酬计划表

部门：　　　　　　　　　　　　　　　　　　　　　　　　编制日期：

职位名称 编号 姓名	受聘日期	上次调资 时间 额度	目前薪酬 数额 （元）	工作表现	预测增薪 （%）	预测薪酬 水平 （元）	备注
薪酬计划总数							

（五）薪酬计划报告的撰写内容

薪酬计划报告通常包括以下内容：本年度薪酬总额和各部门、各类人员薪酬总额，本年度平均薪酬和各部门、各类人员平均薪酬，人力资源规划情况，如预计的招聘、晋升、辞退（职）、岗位轮换等情况，预测的下一年度企业薪酬总额、薪酬增长率及各部门薪酬增长率等。

第九节　编制工资支付清单

一、工资清单的概念

工资清单是指用人单位提供给劳动者的工资支付项目及其金额的明细。

《工资支付规定》明确规定："用人单位支付劳动者工资应当向其提供一份其本人的工资支付清单。"工资支付清单可以简称为"工资清单"，习惯上称其为"工资条"。

支付工资是劳动合同中的一项重要内容，是劳动合同双方当事人劳动权利义务的重要组成部分。作为履行义务的证明，用人单位有义务向员工提供其个人的工资清单。

员工也应主动向用人单位索取工资清单。一方面，员工可以从清单中得知自己获得的工资的组成情况，可以知晓用人单位有没有按劳动合同的约定全额支付了劳动报酬，有没有为自己缴纳"五险一金"，有没有支付自己的加班工资，有没有按照规定支付病事假工资等，做到心中有数。另一方面，一旦员工与用人单位之间发生纠纷，工资清单也是一个有力的证据。虽然现在很多用人单位都通过银行发工资，在存折上可以看出每个月的工资收入，但毕竟仅能看出一个总的数字，无法得知其具体的组成情况。

因此，用人单位在发工资时向员工提供工资清单是用人单位的法定义务。对员工来说，则是一项权利，员工有权要求用人单位在发工资时提供工资清单。

二、工资清单的组成

工资清单一般包括以下几个组成部分：

1. 工资支付项目及其金额。如岗位工资，技能工资，奖金，加班工资，法定事假工资，津贴、补贴等。

2. 应发工资。又称"税前工资"，是指应发工资项目的合计金额数。

3. 扣除项目及其金额。扣除项目一般包括个人应缴纳的基本养老金、失业保险金、基本医疗保险金、住房公积金、个人所得税等。

4. 实发工资，又称"税后工资"，是指从"应发工资"中扣除个人"费税"，实际支付的可供个人支配的工资所得。

工资支付清单实例，见表3—57至表3—62。

表 3—57　2010年10月××房地产开发公司工资单（摘录）

姓名	岗位工资质工资	保留工资	住房补贴	子女费	餐费	交通费	通讯费	本企业工龄津贴	应发合计	扣养老失业医疗保险	扣住房公积金	所得税	实发额
略	8 840.00	3 478.00	90.00	5.00	315.00	1 300.00	200.00	360.00	14 588.00	1 143.26	1 341.00	1 645.75	10 457.99
略	5 095.00	0.00	80.00	0.00	315.00	600.00	100.00	80.00	6 270.00	563.18	659.00	332.17	4 715.65

表 3—58　2010年11月××职业学院工资单（摘录）

职工姓名	岗位工资	薪级工资	绩效	交通	书报	洗理费	房补	通信补	绩效增加	绩效课酬	伙补	远郊津贴	应发合计	会费	失业	公积金	个人所得税	实发金额
略	1 420.00	1 289.00	577.20	15.00	27.00	20.00	115.00	200.00	380.00	2 883.60	100.00	110.00	6 559.60	6.50	19.99	972.00	337.00	5 224.11

表 3—59　2010年6月××市血液中心工资单（摘录）

姓名	岗位	薪级	绩效	取暖补贴	物价补贴	卫生津贴	工作津贴	房贴	独子费	计生补	中夜餐	加班费	补发工资	补发2	应发数	纳税额	扣款2	医保	养老险	房租	会费	病假工资	公积金	实发金额
略	1 420.00	904.00	577.20	80.00	212.00	8.00	1 345.00	24.50	0.00	100.00	300.00	760.00	700.00	0.00	6 545.70	1 032.24	0.00	156.00	0.00	0.00	11.30	0.00	1 222.00	4 124.16
略	1 045.00	1 109.00	569.20	75.00	212.00	8.00	1 045.00	7.00	0.00	10.75	300.00	610.00	600.00	0.00	5 670.95	820.98	0.00	156.00	0.00	0.00	10.40	0.00	1 141.00	3 542.57

表 3—60　2010 年 11 月××房地产开发公司工资单（摘录）

姓名	岗位工资	绩效工资	住房补贴	子女费	其他	应发额	扣养老失业医疗保险	扣住房公积金	扣其他	医保报销费用	所得税	实发额
略	5 000.00	1 667.00	90.00	0.00	0.00	6 757.00	703.04	800.00	0.00	0.00	363.09	4 890.87
略	3 100.00	417.00	80.00	0.00	0.00	3 597.00	372.29	422.00	0.00	0.00	55.27	2 747.44

表 3—61　2010 年 6 月××医药公司工资单（摘录）

姓名	基本工资	浮动工资	夜班费	保健费	回补	技术津贴	职务津贴	特殊津贴	学历津贴	其他	执业药师	工龄工资	独生子女	物价补贴	其他	应发工资	病假扣款	事假扣款	缺勤扣款	养老保险	失业保险	医疗保险	公积金	餐费	房租	欠款	其他扣款	所得税	实发工资
略	791.0	119.0	6.0	12.0	0.0	0.0	0.0	0.0	0.0	0.0	29.0	0.0	100.0	0.0	1 057.0	0.0	0.0	0.0	118.0	14.8	0.0	52.2	0.0	0.0	0.0	0.0	0.0	872.0
略	473.0	0.0	6.0	12.0	0.0	0.0	0.0	0.0	0.0	0.0	7.0	0.0	100.0	0.0	598.0	0.0	0.0	0.0	81.8	10.2	0.0	25.8	0.0	0.0	0.0	0.0	0.0	480.2

表 3—62　2010 年 9 月××研究院工资单（摘录）

姓名	职级工资	津贴	福利津贴	职务补贴	效益津贴	住房补贴	年功工资	岗级工资	加班工资	应发其他	扣缺勤	应发合计	扣公积金	扣社保金	扣房租	应扣其他	所得额	实发数
略	622.00	267.00	280.00	357.00	272.00	889.40	468.00	2 250.00	0.00	100.00	0.00	5 505.40	1 012.00	556.70	0.00	0.00	168.67	3 768.03
略	492.00	211.00	280.00	313.00	220.00	658.60	216.00	1 200.00	0.00	100.00	0.00	3 690.60	753.00	419.60	450.00	0.00	3.40	2 064.60

第三模块　工资结构调整与工资标准测算

【本模块小结】

1. 工资测算的一般流程为：工资存量统计调查，初步确定工资改革投入的工资总量，确定工资中线（工资结构线或称工资政策线），确定工资结构，确定工资标准表，确定员工纳入工资标准的办法，检验工资标准的可行性。

2. 在工资等级结构基本形成之后，需要确定工资结构线。工资结构线可以通过数学测算方法、存量推定法或薪酬调查确定，也可以把两种或三种方法结合起来使用。

3. 使用系数法测算工资标准，一是等差系数法，二是等比递增系数法。等比递增系数法的可行性程度高。

4. 薪酬调查关注的目标，一是控制劳动力成本，二是吸纳和保留员工。薪酬调查的程序是确定调查目的，确定调查范围，选择调查方式，统计分析调查数据。

5. 在工资结构线的基础上，设计薪酬浮动幅度，以反映员工个人素质或个人绩效的不同。

6. 将薪酬结构中的几个等级重新划分为几个跨度更大的等级，称为扩展工资带（宽带）。工资带提高了职责的灵活性，有利于扁平化组织的管理。

7. 一岗多薪工资标准确定的方法有使用级差确定档差，按照工资结构线的一定比例确定档差。

8. 纳入新工资标准的办法有很多，例如，根据技术水平和技术年限纳入，根据技术水平和连续工龄纳入，根据本人资质条件与岗位要求任职条件的符合度纳入，按照绩效考核等级纳入，按照职能评价的职能等级纳入等。

9. 工资调整包括工资标准调整和工资结构调整。工资标准的调整包括个人工资等级调整、工资档次调整、整体工资标准的调整。

10. 工资清单由三部分组成，即应发工资、扣除项目、实发工资。

【讨论思考题】

1. 阐述工资标准测算的一般流程。
2. 确定岗位工资中线，有哪三种方法？
3. 确定测算工资标准中线时，为什么不能使用等差系数法？
4. 薪酬调查关注的目标是什么？
5. 为什么要设计薪酬浮动幅度？
6. 什么是扩展工资带（宽带）？
7. 确定一岗多薪工资标准有哪些方法？

8. 纳入工资标准档次有哪些方法?

9. 工资调整包括哪些实质性内容?

10. 工资清单由哪三部分组成?

范例一

××公司岗位职能等级评价办法

(2001年11月28日公司职能评价委员会通过)

第一条 个人职能评价的含义和目的

个人职能是指职工个人履行所在岗位职责的能力。个人职能评价,就是以岗位任职人员为评价对象,评价个人适应岗位职责要求的能力及表现,并确定岗位任职人员的职能等级。

个人职能评价的目的,是把个人适应岗位劳动的能力、水平及其表现作出基本评价,为人员使用、流动与晋升提供依据。为确定同类岗位内部不同任职人员的工资档次提供直接依据,以反映同类岗位内部不同人员的正常劳动差别。

第二条 个人职能评价的指标体系

(一)反映任职人员个人具备的潜在工作能力的指标。

1. 学历;

2. 工龄;

3. 专业技术资格;

4. 本岗级任职年限。

(二)反映任职人员个人具备的实际工作能力的指标,按高层管理人员、中层管理人员、执行操作层管理人员三个层次分别进行设计。

1. 高层管理人员实际工作能力指标

(1) 目标定向能力;

(2) 决策能力;

(3) 创新能力;

(4) 用人能力;

(5) 组织协调能力;

(6) 应变能力。

2. 中层管理人员实际工作能力指标

(1) 决策或辅助决策能力;

(2) 创新能力;

(3) 组织协调能力；

(4) 适应能力；

(5) 专业能力；

(6) 目标完成能力。

3. 执行操作层管理人员实际工作能力指标

(1) 专业能力；

(2) 独立工作能力；

(3) 动手操作能力；

(4) 体力和心理承受能力；

(5) 适应能力；

(6) 创新能力。

第三条　个人职能评价标准

为了客观地作出评价，就要对上述指标制定具体的评价标准，每类人员10个指标，每个指标制定了4条分级标准，每类人员40条分级标准。

（一）高层管理人员个人职能评价标准，详见附表1。

（二）中层管理人员个人职能评价标准，详见附表2。

（三）执行操作层管理人员个人职能评价标准，详见附表3。

第四条　具体评价方法

具体评价方法，采用百分制评价法。评委根据每项指标A、B、C、D四个档次的标准进行评价，其分别得分标准为10分、8分、6分、4分。每项指标得满分为10分，十项指标得满分为100分。把十项指标的实际得分相加，即为个人职能评价得分合计。把每个评委的评价分数相加除以评委人数即为个人职能得分。

第五条　个人职能等级划分

职能等级应与工资档次相适应。个人职能等级按个人职能评价得分多少确定。每一职能等级的分数幅度可以事先确定，也可在员工职能分数评出统计之后酌情确定。职能等级点数划分表见表1。

表1　　　　　　　　　　　职能等级划分表

职能等级	点数幅度	姓名

$$职能等级点数幅度 = \frac{最高等级点数 - 最低等级点数}{职能等级数 - 1}$$

第六条 个人职能评价的程序

(一) 建立个人职能评价委员会。

下设个人职能评价工作小组。个人职能评价委员会的人员组成,可在岗位评价委员会的基础上,作必要的调整,使之更具代表性、群众性和权威性。个人职能评价委员会的职能:一是审议《个人职能评价办法》;二是进行个人职能评价;三是对评价结果进行分析、平衡,减少偏差。

(二) 进行个人职能评价。

1. 制定个人职能评价表

(1) 高层管理人员个人职能评价表,详见附表4。

(2) 中层管理人员个人职能评价表,详见附表5。

(3) 执行操作层管理人员个人职能评价表,详见附表6。

2. 由评委根据评价标准进行个人职能评价。

3. 由评价工作小组对评价结果进行汇总时,计算个人职能得分采取算术平均方法。计算公式如下:

$$个人职能得分 = \frac{各评委评价分数之和}{评委人数}$$

4. 按个人职能评价得分多少,确定职能等级。

第七条 个人职能评价结果的运用和运行

(一) 根据个人职能等级的高低确定工资档次。

(二) 为人员使用、流动和晋升提供依据。

(三) 个人职能评价一般一年评价一次。

第八条 本办法的解释权属××公司。

附表1　　　　　　　　　高层管理人员个人职能评价标准

指标	分级标准	A 10分	B 6分	C 3分	D 1分
潜在工作能力	学历	硕士生以上	大学本科	大学专科	高中(中专)
	工龄	16年以上	11~15年	6~10年	5年以下
	专业技术资格水平	本专业正高级专业技术资格	本专业副高级专业技术资格	本专业中级专业技术资格	本专业初级专业技术资格
	本岗级任职年限	10年及10年以上	7~9年	4~6年	3年及3年以下

第三模块　工资结构调整与工资标准测算

续表

指标	分级标准	A 10分	B 6分	C 3分	D 1分
实际工作能力	目标定向能力	定向正确，有预见性	定向较正确，有一定预见性	定向有偏差，预见迟缓	定向有偏差，没有预见性
	决策能力	决策正确、及时、强	决策较正确，较及时，较强	决策时有失误，不够及时，一般	决策不当，造成损失，较弱
	创新能力	敢于、善于创新	尚能创新	趋向安于现状	因循守旧
	用人能力	强，知人善任	较强，用人适当	一般，时有不当	较弱，不当
	组织协调能力	强，善于发挥组织协调作用，效果显著	较强，能发挥组织协调作用，效果良好	一般，发挥组织协调作用，效果一般	较弱，效果差
	应变能力	善于审时度势，提出应变措施及时，效果显著	能根据变化的情况，提出应变措施较及时，效果良好	应变能力一般，虽能应变，但不及时，效果一般	应变能力差，以不变应万变，效果不佳

附表2　中层管理人员个人职能评价标准

指标	分级标准	A 10分	B 6分	C 3分	D 1分
潜在工作能力	学历	硕士生以上	大学本科	大学专科	高中（中专）
	工龄	16年及16年以上	11～15年	6～10年	5年及5年以下
	专业技术资格水平	本专业正高级专业技术资格	本专业副高级专业技术资格	本专业中级专业技术资格	本专业初级专业技术资格
	本岗级任职年限	10年及10年以上	7～9年	4～6年	3年及3年以下
实际工作能力	决策或辅助决策能力	决策正确，或能及时提出供领导决策的建议	决策正确，或能较及时地提出供领导决策的建议	该决策的问题，不能及时决策，不能及时提出供领导决策的建议	决策失误较多，或提供领导决策的建议不正确
	创新能力	能运用新方式方法，创造性地完成工作或解决难题	能够有效地改进工作条件，手段与程序	能够完成非程序性或非例常性工作	只能完成程序性或例常性工作任务
	组织协调能力	善于组织协调，用人之长，调动员工积极性	能有效地进行组织协调，合理安排用人	能在正常情况下进行组织协调，效果一般	组织协调能力较差，工作效果差
	适应能力	能够在多处领域或多个部门之间，完成多种任务或项目	能在一个领域、一个部门中，完成多种任务或活动	能较快地适应新任务的要求完成该任务	不能较快承担新任务

续表

指标 \ 分级标准		A 10分	B 6分	C 3分	D 1分
实际工作能力	专业能力	善于运用专业知识和经验	能运用专业知识和经验	能运用本职工作经验	专业知识和经验较少，不熟悉
	目标完成能力	能够始终如一、高质量地完成工作计划与业绩目标	在正常情况下，能较好地完成计划与业绩目标	在领导有所指导与帮助下，能较好地完成计划与业绩目标	经常需要领导的指导与帮助，才能完成计划与业绩目标

附表3　　执行操作层管理人员个人职能评价标准

指标 \ 分级标准		A 10分	B 6分	C 3分	D 1分
潜在工作能力	学历	硕士生以上	大学本科	大学专科	高中（中专）
	工龄	16年以上	11～15年	6～10年	5年以下
	专业技术资格水平	本专业正高级专业技术资格	本专业副高级专业技术资格	本专业中级专业技术资格	本专业初级专业技术资格
	本岗级任职年限	9年及9年以上	6～8年	3～5年	1～2年
实际工作能力	专业能力	具有担当本职务岗位所要求的各种能力资格，能熟练掌握、运用专业技术、技巧，工作经验丰富，能根据客观情况变化，灵活有效地处理专业技术问题	具有担当本职务岗位所要求的各种能力资格，工作经验较丰富，能运用和处理有关专业技术问题	具有担当本职务岗位所要求的相当专业水平，工作经验较少，运用和处理有关专业技术问题不熟练	无本专业的知识和经验，不会运用和处理有关专业技术问题
	独立工作能力	能独立承担和完成本职工作范围内的重要业务工作	能独立承担和完成本职工作范围内的一般业务工作	有时需要在上级指导和同事的帮助下才能完成	经常需要上级指导和同事帮助才能完成
	动手操作能力	动手能力和实际操作能力强，办事干净利索，非常优秀	有较好的动手能力和实际操作能力，办事能满足要求	有一定的动手能力和实际操作能力，办事能基本满足要求	动手能力和实际操作能力较差，办事不能满足要求
	体力和心理承受能力	身体健康，精力充沛，能出全勤，能持续紧张地工作，对工作中的压力与困难具有很强的心理承受能力	身体健康，精力较充沛，很少请病假，尚能紧张地工作，对工作中的压力与困难具有较强的心理承受能力	身体不够健康，有慢性疾病，常缺勤，不能适应紧张工作，承受工作中的压力与困难，心有余，力不足	身体有多种慢性病，不能坚持正常工作，工作中的压力与困难没有承受能力

续表

指标	分级标准	A 10分	B 6分	C 3分	D 1分
实际工作能力	适应能力	能在一个领域、一个部门中，完成多种任务或活动	能较快地适应新任务的要求，完成新任务	尚能适应新任务的要求，基本能完成新任务	不能适应新任务的要求，不能承担新任务
	创新能力	善于根据本职工作情况，提出新的工作方案，有效地改进工作，善于开发利用新方法、新手段，富有创新成果	乐于接受新的工作任务，改进工作方法和手段，效果良好	努力学习掌握新知识、新技术，不断钻研新业务，提高自身创新能力	墨守成规，不求进取

范例二

××公司工资改革前后员工工资增减对比表（摘录）

1	2	3	4	5	6	7	8	9	10	11	12	13	14	15	16	17	18	19	20	21
序号	所属部门	岗位名称	岗位编码	姓名	参加工作时间	连续工龄	学历	专业技术或技术等	取证时间	技术年限	岗位性质	全年九项工资收入	月平均工资	工资等级	套入档次	套入标准	月增加	月减少	年增加	年减少
1	管理部	人劳副部长	0303		09/15/78	25	专科	中级	12/18/92	12	管理	25 572	2 131	15	7	3 310	1 179		14 148	
2	管理部	会计	0304		08/01/92	11	专科	助理级	07/02/01	3	管理	22 104	1 842	14	5	2 900	1 058		12 696	
3	管理部	劳动统计干事	0306		08/01/95	8	本科	中级	05/01/00	4	管理	20 724	1 727	13	3	2 490	763		9 156	
4	管理部	教育干事	0307		07/01/70	23	专科	助理级	08/08/89	15	管理	21 264	1 772	13	8	2 890	1 118		13 416	
5	综合办公室	行政副主任	0403		06/13/79	24	专科	中级	09/30/99	4	管理	23 580	1 965	15	4	3 010	1 045		12 540	
6	综合办公室	档案管理员	0406		12/01/90	13	高中	中级	05/17/00	3	管理	18 984	1 582	13	3	2 490	908		10 896	
7	综合办公室	行政管理员	0408		08/01/90	13	中专	中级	09/15/01	3	管理	19 488	1 624	12	3	2 290	666		7 992	
8	综合办公室	采购炊事员	0411		09/15/78	25	高中	中级工	08/15/93	11	工人	20 976	1 748	3	5	1 190		558		6 696
9		材料库工	0418		04/01/75	28	高中	中级工	12/30/99	5	工人	28 788	2 399	2	4	1 060		1 339		16 068
10	工程队	核算员	0507		08/02/92	11	专科	助理级	11/01/99	5	管理	21 240	1 770	11	4	2 170	400		4 800	
11	工程队	机务员	0508		09/15/78	25	高中	高级工	12/29/00	4	工人	22 032	1 836	11	5	2 250	414		4 968	
12	工程队	机手	0518		07/01/76	27	高中	中级工	08/15/93	11	工人	20 976	1 748	9	3	1 960	212		2 544	
13	工程队	测工	0519		07/03/97	6	技校	初级工	08/01/97	7	工人	17 508	1 459	11	5	2 090	631		7 572	
14	工程队	安全员	0522		12/01/77	26	高中	高级工	11/15/00	4	工人	20 340	1 695	7	5	1 680		15		180
15	修理厂	厂长助理	0602		09/01/84	19	技校	中级	10/28/99	5	管理	19 008	1 584	15	4	3 010	1 426		17 112	
16	修理厂	行政管理员	0605		09/15/78	25	高中	高级	03/15/93	2	管理	21 936	1 828	10	5	2 110	282		3 384	
17	修理厂	电工	0611		07/01/92	11	技校	中级工	10/28/99	5	工人	18 984	1 582	9	4	1 910	328		3 936	
18	修理厂	压路机驾驶员	0615		09/01/84	19	技校	中级	10/28/99	5	工人	19 524	1 627	8	4	1 760	133		1 596	

范例三

××高新建材有限公司职工工资变动审批表（样表）

姓名		出生年月		性别		参加工作时间	
连续工龄		学历		学制		毕业时间	
现专业技术资格或技术等级		现专业技术资格或技术等级取得年、月		进入××建材公司时间		连续工龄	
工资变动前岗位及工资等级、工资档次情况							
岗位类别		任职岗位（职务）		岗位等级		工资档次	
工资变动后岗位及工资等级、工资档次情况							
岗位类别		现任岗位（职务）		岗位（职务）等级		工资档次	

变动工资原因：

变动前工资标准（元）(2003年12月)		变动后工资标准（元）(2004年1月)	
1. 岗位工资标准		1. 岗位工资标准	
2. 工龄工资		2. 工龄工资	
		3. 保留工资标准	
		—	
		—	
每月工资合计		每月工资合计	

保留工资标准：
1. 在原工资制度中四项工资标准之和为：　　　元。
2. 按修订工资方案应纳入岗位工资标准和工龄工资之和为：　　　元。
3. 保留工资（本人2003年12月二项工资之和—按2004年修订方案纳入的二项工资标准）为：　　　元。

呈报单位意见		审批单位意见	
新工资标准从　年　月起执行	（盖章） 　年　月　日		（盖章） 　年　月　日

范例四

某公司员工提薪规定

第一章 通 则

（目的）

第一条 提薪原则上一年一次，以 4 月 1 日作为提薪日。但是，当物价指数急剧变化，以及公司认为有特别的必要时，也可进行临时提薪。

（提薪的分类）

第二条 提薪可分为三类：按身份提薪、按技能提薪、按工龄提薪。

（提薪独立核算的丧失）

第三条 当出现下列情况之一者，丧失提薪资格：

1. 录用不满一年；

2. 因工伤之外的原因而缺勤合计数达到两个月以上；

3. 在上一年度中，停职时间达到两个月；

4. 在上一年度中，受到过处罚；

5. 正在提退职申请；

6. 年满 60 岁。

但是，关于第 2、3 点，不影响技能提薪和工龄提薪。

（提薪考查委员会的任命）

第四条 公司经理每年任命提薪考查委员会。

（提薪考查委员会应尽的义务）

第五条 考查委员会必须注意下面各点，进行公正、准确的考查核定。

1. 考查时，要撇开自身的利害得失或人情面子，公正、冷静地进行判断确认。

2. 对每个人的考查都必须实事求是。不得根据主观臆断或者轻信他人的谣言中伤做出判断。

3. 避免因个人的主观臆想和好恶而进行考查判定。

4. 考查结果对被考查对象将来的前途及当前的工作成绩和情绪都有重大影响，因此要求慎重地进行考查工作。

5. 考查结果必须严守秘密，不能随便外传。

第二章 按身份提薪

（定义）

第六条 按身份提薪，是以该人的学历、年龄、经验、工龄及过去的地位为基础，按一定的公式自动进行。

（按身份提薪计算公式）

第七条 根据上一条确定的原则，其计算公式为：学历的标准值乘以由年龄、经验、过去的地位所决定的提薪系数。学历的标准可分为大学毕业生、大专毕业生、高中毕业生、初中毕业生四个档次。如果接受过其他特别的教育，则参照上述四个档次的标准。例如，若夜大学或夜大专毕业，可分别参照大学和大专毕业生的标准值，也可比标准值的水平适当低一些。

（学历工资计算中的年龄标准）

第八条 学历工资标准的确定，须考虑其基本的毕业年龄。此基本毕业年龄为：1. 大学毕业生，满23岁；2. 大专毕业生，满21岁；3. 高中毕业生，满19岁；4. 初中毕业生，满16岁。当年达到上述年龄标准，其基数为零。超过或不到这一年龄标准的，则在学历标准值的基础上，适当考虑提薪金额的增减。

（年龄工资的支付限度）

第九条 按年龄提薪，到50岁为止。50岁以上不再往上提薪。

（关于经验的计算标准）

第十条 经验以及过去的地位在提薪系数确定时，按如下标准计算：如在本行业工作的为10分，在性质类似的行业或相关行业工作的，按3~5分计算。在其他行业工作的，不予承认。

（经验时间的提薪限度）

第十一条 按经验提薪，须考虑提薪对象从事该项工作的时间长短。但这一时间长度以30年为限，超过30年便不再往上提薪。

第三章 按技能提薪

（技能工资的决定）

第十二条 按技能提薪，依据考查标准，考查每个职员的情况，然后依特定的提薪标准金额，决定职员的技能工资。

（考查方法）

第十三条 考查采用以下办法：按照第十六条到第十八条所规定的考查标准，各考查委员会成员就以下三个项目采分，然后在负责人会议上讨论各考查委员会成员提出的采分表，最后作出决定，确定考查分数。采分的三个项目为技能以及经验、工作态度、业务成绩。

（考查分数）

第十四条 按照一般情况为 10 分、最高分为 20 分、最低分为 5 分这一采分标准和范围，给定每个人的考查分数。

（提薪标准金额的决定）

第十五条 第十二条规定的提薪标准金额，作为不同身份职员的提薪金额，每年在董事会上讨论决定。

第十六条 技能工资要按个人能力的变化作出相应的增减。

（技能及经验的考查标准）

第十七条 技能及经验的考查标准，依据以下事实而定：

1. 与业务有关的知识和经验掌握程度；
2. 对所做业务及相关业务的精通程度；
3. 进取心和改进业务工作的态度；
4. 使所做业务或工作得到发展的程度；
5. 有无能为公司作出贡献的特殊技能；
6. 是否出过事故、有过过失以及事故、过失的大小；
7. 指导和统率下级能力的大小。

（工作态度的考查标准）

第十八条 工作态度的考查标准，依据以下事实：

1. 对本职工作的责任心；
2. 遵守公司规章制度的情况；
3. 服从上级命令的情况；
4. 与同事是否协调，能否会合作共事；
5. 对材料、低值易耗品、机械设备或生产工具的使用、处理态度；
6. 出勤率的高低以及迟到早退和为私事外出等现象的发生频率；
7. 工作时的劳动态度；
8. 履行往来客商诺言的态度以及接待客户的态度；
9. 对下级的指导态度以及下级对其尊敬的程度；
10. 对公司内部秩序以及气氛带来何种影响；
11. 对工作场所的整理、整顿及管理的好坏；
12. 在公司内外，是否有抱怨、发牢骚等现象以及这种现象的出现频率；

13. 有否公物私用，或者浪费公物、擅自拿走公司物品的情况以及这种情况发生的频率。

（业务成绩的考查标准）

第十九条 业务考查的标准，依据以下事实：

1. 是否努力进行新的开拓以及是否有实际效果；

2. 有否订货单和工程收益以及这种收益的多少；

3. 开展业务时是否节约及工作效率如何；

4. 在进行记账、计算以及其他应汇报的工作时效率如何，成绩如何；

5. 在工程现场开展工作时其效率及成绩如何；

6. 能否顺利地处理日常事务问题，有否出现耽搁、延误等情况以及此类情况出现的频率；

7. 往来客户是否有批评意见或不满以及此种现象的出现频率；

8. 有无一般性的误记、误算、不当处理和工作差错以及这种情况的发生的频率；

9. 对机械设备、生产工具、备品备件的爱护程度，有否出现损坏或丢失。

（特别提薪）

第二十条 如果成绩突出，可以不依前述各条，给予特别提薪。

第四章 依工龄提薪

（工龄工资的提薪标准）

第二十一条 依据工龄提薪是对工龄在一年以上的职员进行的。

（实施时间）

第二十二条 本规定自××××年××月××日实施。

第四模块

绩效工资计发设计

薪酬设计全程指导

【核心技能】

1. 绩效工资的含义及其基本形式；
2. 绩效工资计发的基本思路；
3. 一级考核、一级分配，即部门一级绩效工资计发办法；
4. 二级考核、二级分配，即部门对所属员工绩效工资计发办法。

【重点概念】

绩效工资　绩效工资支付周期　绩效工资支付次数　绩效工资考核项目　绩效工资支付的依据指标　绩效工资支付对象　绩效工资两级考核与两级分配

第一节　绩效工资的内涵及绩效工资形式

一、绩效工资的内涵

绩效工资也称为激励工资、可变工资，是指根据员工在一定时期内的绩效评价结果而增发或计发的劳动报酬，其表现形式为个人、团队或部门的计件工资、奖金、浮动工资等。其支付往往"上不封顶、下不保底"，它是薪酬构成中具有明显激励作用的部分。

绩效工资制度的前身是计件工资，但它不是简单意义上的工资与产品数量挂钩的工资形式，而是建立在科学的工资标准和管理程序基础上的工资体系。它的基本特征是将雇员薪酬收入与公司业绩、部门业绩、个人业绩挂钩。业绩是一个综合的概念，比产品的数量和质量内涵更为宽泛，它不仅包括产品数量和质量，而且包括雇员对企业的其他贡献。根据美国1991年《财富》杂志对500家公司的排名，35%的企业实行以绩效为基础的工资制度，而在10年以前，仅有7%的企业实行这种办法。

二、绩效工资的形式

从5个不同的角度划分，绩效工资表现为不同的形式：

（一）按绩效工资支付的周期

按照绩效工资的支付周期，绩效工资可分为如下几种形式：日绩效工资、月绩效工资、季度绩效工资、半年绩效工资、年度绩效工资。

(二) 按照一年内绩效工资的发放次数多少

按照一年内同一名义绩效工资的发放次数，绩效工资可分为经常性绩效工资和一次性绩效工资。

(三) 按照绩效工资考核项目的多少

按照绩效工资考核项目的多少可分为单项绩效工资（单项奖）和综合性绩效工资（如百分计奖）。

(四) 按照绩效工资支付的依据指标

按照绩效工资支付的依据指标，可分为产量（计件工资）绩效工资、质量（优质优价、质量奖）绩效工资、销售额、推销额绩效工资、增加值绩效工资、利润绩效工资、成本（如成本降低率、成本节约额）绩效工资、复合经济指标绩效工资、复合指标（经济指标＋行为指标）绩效工资。

(五) 按照绩效工资支付的对象

按照绩效工资支付的依据指标，可分为个人绩效工资和团体绩效工资。团体绩效工资的形式一般为两级考核、两级支付。

第二节　绩效工资计发的基本思路

一、分级管理

分级管理，即两级考核、两级分配。

一级考核、一级分配，即单位对部门一级考核，一级分配，决定部门月度、年度应发绩效工资总额。

二级考核、二级分配，是部门以所属任职人员为单位进行绩效考核，根据考核结果，将部门应发绩效工资总额，在所属任职人员之间自主分配，以决定岗位任职人员月度、年度的应发绩效工资。

二、分类管理

分类管理，即对业务部门（一线部门）和职能部门（二线部门）的绩效工资采取不同的计发办法。对业务部门的绩效工资，直接以本部门绩效为依据计发，而对职能部门，往往间接根据业务部门的实际平均绩效工资和本部门的绩效考核结果两挂钩计发。

三、优先次序

在计发次序上，首先解决好计发一线部门绩效工资，然后再解决二线部门绩效工资如何随一线挂钩浮动计发。

第三节 部门绩效工资计发：一级考核、一级分配办法

按是否直接经营业务，可分为两大类部门和人员：

1. 业务部门，即直接创造价值或直接提供社会服务的业务（生产、研发）部门。
2. 不能直接创造价值或不提供社会服务的职能管理部门。

对工作性质不同的两类部门，应采取不同的绩效工资计发办法。

一、计发业务部门绩效工资

基本办法有两个：

（一）提成工资法（工资含量法）

（1）提成工资 $\% = \dfrac{\text{目标绩效工资（标准）}}{\text{目标增加值（内部利润等）}} \times 100\%$

（2）应发提成工资 = 实际增加值（内部利润等） × 提成工资 % ×（百分绩效考核得分 ÷ 100）

[例] 某设计室考核期目标绩效工资 120 万元，目标到账收入 1 200 万元，采取绩效工资提成办法。考核期末该设计室实现收入 1 500 万元。该设计室应提取的绩效工资是多少？

解：

该设计室绩效工资提取比例 = $\dfrac{120 \text{万元}}{1\,200 \text{万元}} \times 100\% = 10\%$

该设计室应发绩效工资 = 1 500 × 10% = 150（万元）

(二) 计件工资法

(1) 计件单价 = $\dfrac{\text{目标绩效工资（标准）}}{\text{目标（定额）产量/工时}}$

(2) 应发计件工资 = 计件单价 × 实际完成产量/工时 × （百分绩效考核得分÷100）

[例] 某单位生产部计件单价核定。生产部绩效工资计发的基本模式，是确定"两个基数，一个单价"，即确定目标绩效工资总额基数、目标产量基数以及绩效工资总额随目标产量挂钩浮动的计件单价，然后绩效工资总额随考核期目标产量指标的完成情况，按确定的计件单价增加或减少。

生产部的"两个基数，一个单价"，一经确定，原则上三年不变。

生产部计件单价的核定见表4—1。

表4—1　　　　　　　　　　生产部计件单价的核定

序号	产品	目标年度绩效工资基数	2008年度核定目标产量（吨）	计件单价（元/吨）
0	1	2	3	4＝2/3
1	水泥	350万元	70 000吨	50元/吨

(三) 计件工资或提成工资＋百分考核计发办法

例如：业务部门年度应发绩效工资，按照《公司业务部门绩效工资计发及利润计算办法》计算后，再增加业务部门百分绩效考核因素后确定。

业务部门应发绩效工资计算公式：

业务部门年度应发绩效工资 = 当年部门利润 × 30%

　　　　　　　　　　× （该部门年度百分绩效考核得分÷100）

二、计发职能部门绩效工资

职能部门应发绩效工资总额，可以参照下式计算：

各职能部门应发绩效工资总额 = 该部门人数 × $\dfrac{\text{该部门平均岗位工资系数}}{\text{业务部门平均岗位工资系数}}$

　　　　　　　　　× 业务部门平均绩效工资

　　　　　　　　　× 与业务部门绩效工资挂钩浮动比例

　　　　　　　　　× 该部门百分绩效考核得分÷100

式中："与业务部门绩效工资挂钩浮动比例"，在0.2~0.8的范围内确定。在与总公司年度签订的各业务部门目标利润总额内的部分,挂0.6~0.8;超出各业务部门签订的年度目标利润总额的部分,挂0.2~0.5。具体比例由单位领导办公会统筹确定。

三、计算单位领导层成员绩效工资

计算单位领导层成员绩效工资,以下两个办法可以选择其一:

(一) 在领导层成员本人事先有明确绩效工资标准情况下,按下式计算:

单位领导层成员应发岗位绩效工资＝本人年度绩效工资标准
　　　　　　　　　　　　　　×业务部门实际平均年度目标岗位绩效工资实现％
　　　　　　　　　　　　　　×与业务部门绩效工资挂钩浮动比例(1∶1)
　　　　　　　　　　　　　　×本人年度绩效考核系数(民主测评系数)

式中:

1. 业务部门实际平均年度目标岗位绩效工资实现％

$$=\frac{业务部门年度实际应发绩效工资总额}{业务部门目标年度岗位绩效工资标准总额} \times 100\%$$

2. "与业务部门绩效工资挂钩浮动比例(1∶1)"、而不是低于1∶1的根据是,单位领导层经营业绩的好坏主要体现在业务部门的业绩上,或者说,业务部门的业绩如何,直接反映了单位领导层或经营层经营业绩的好坏。

(二) 在领导层成员本人没有明确的绩效工资标准情况下,按下式计算:

单位领导层成员应发绩效工资＝业务部门平均绩效工资
　　　　　　　　　　　　　$\times \dfrac{该成员岗位工资系数}{业务部门平均岗位工资系数}$
　　　　　　　　　　　　　×与业务部门绩效工资挂钩浮动比例(1∶1)
　　　　　　　　　　　　　×该成员百分民主测评得分÷100

第四节　部门对所属人员绩效工资计发:
　　　　二级考核、二级分配办法

一、部门可以自主制定绩效工资分配办法

二级考核、二级分配,即以岗位任职人员为单位,由各部门对所属任职人员(含副职),

根据本部门实际情况制定的绩效考核办法，按月、按季或按年度进行考核，根据考核结果，自主决定岗位任职人员的应发绩效工资的形式和办法。

自主决定岗位任职人员的应发绩效工资的形式和办法，包括但不限于：

（一）自主决定绩效工资结构

各部门可以根据本部门实际情况和完成工作任务需要，自主决定绩效工资结构，各部门可以根据实际情况将部门绩效工资分解，用于以下一个部分或分解用于几个部分：

1. 基本绩效工资。即将部门应发绩效工资的一定比例，拿出来按岗位系数分配。

2. 考核绩效工资。即将部门应发绩效工资的一定比例，拿出来根据岗位系数和绩效考核系数分配。

3. 任务绩效工资。即将部门应发绩效工资一定比例，拿出来用于一定时间内临时性应急任务或重要任务的分配。

（二）自主制定补充、完善绩效考核办法

1. 各部门可以根据实际情况和完成工作任务的需要，自主完善绩效考核办法。

2. 可以直接按照公司制定的绩效考核量表，对部门所属职工进行绩效考核。

3. 可以按照根据本部门实际情况自行制定的考核量表，对部门所属职工进行绩效考核。

4. 可以按照根据本部门实际情况，自主制定其他切实有效的绩效考核内容和考核办法。

5. 可以按照根据本部门完成任务的需要，自主决定考核周期，按月考核、半年考核或按年度考核。

（三）自主制定绩效工资计发形式

1. 可以依据岗位系数、绩效考核分数两个因素分配。

2. 可以依据岗位系数、实际出勤日数（含加班）、绩效考核结果三个因素分配。

3. 可以依据实际付出的工作量分配。

4. 可以依据用其他办法衡量的劳动成果和实际贡献分配。

5. 可以在本部门应发绩效工资中提取加班工资支付加班职工。

6. 可以自定特殊贡献奖励和因本人责任造成工作、经济损失的惩罚办法。

上述分配办法中，第一种、第二种分配办法，参照本节的两个计算模板计算。

二、部门对所属人员分配绩效工资的两个模板

(一) 依据岗位系数、百分绩效考核得分两因素计算绩效工资模板

[例] 某部门有职工9人,每人岗位绩效工资系数、月度绩效考核分数(不含加班,加班工资由部门在绩效工资中另行支付)见下表。该部门月度应发绩效工资总额为13 950元。将应发绩效工资总额分配到人。

解:该部门每人应发绩效工资计算过程及结果见表4—2。

表4—2　　某部门副职及以下人员应发绩效工资计算表(模拟示例)　　单位:元/月

序号	姓名(略)	个人岗位绩效工资系数	月度考核分数	月度个人考核绩效工资系数	每一考核绩效工资系数应发绩效工资基数	每人应发绩效工资数
1	2	3	4	5=3×4	6=部门应发绩效工资总额÷5(部门月度个人考核绩效工资系数之和)[注]	7=5×6
1		2.64	80	211.20	10.89	2 300
2		2.64	85	224.40	10.89	2 444
3		1.62	90	145.80	10.89	1 588
4		1.48	100	148.00	10.89	1 612
5		1.42	100	142.00	10.89	1 546
6		1.28	80	102.40	10.89	1 115
7		1.28	90	115.20	10.89	1 255
8		1.00	102	102.00	10.89	1 111
9		1.00	90	90.00	10.89	980
合计		—	—	1 281.00	—	13 950

[注]

1. 表中第3列"个人岗位绩效工资系数"是指个人所在岗位等级第一档的系数。
2. 表中第6列:每一考核绩效工资系数应发绩效工资基数=部门应发月度绩效工资总额÷部门月度个人考核绩效工资系数之和

(二) 依据岗位系数、出勤日数、百分绩效考核得分三因素计算绩效工资模板

[例] 某部门有职工9人,每人岗位绩效工资系数、年度绩效考核分数、年度出勤日数见下表。该部门应发年终绩效工资总额为139 500元,将应发年终绩效工资总额分配到人。

解:该部门每人应发年终绩效工资计算过程及结果见表4—3。

表 4—3　　部门副职及以下人员应发绩效工资计算表（模拟示例）　　单位：元/月

序号	姓名	个人岗位绩效工资系数	年度绩效考核分数	年度出勤日数	年度个人考核年终绩效工资系数	每一考核年终绩效工资系数应发年终绩效工资数	每人应发年终绩效工资数
1	2	3	4	5	6＝3×4×5	7＝部门应发年终绩效工资总额÷6（部门年度个人考核年终绩效工资系数之和[注]）	8＝6×7
1		2.64	80	240	50 688	0.440 691	22 337.75
2		2.64	85	250	56 100	0.440 691	24 722.77
3		1.62	90	260	37 908	0.440 691	16 705.71
4		1.48	100	255	37 740	0.440 691	16 631.68
5		1.42	100	245	34 790	0.440 691	15 331.66
6		1.28	80	235	24 064	0.440 691	10 604.09
7		1.28	90	248	27 648	0.440 691	12 184.22
8		1.00	102	255	26 010	0.440 691	11 462.37
9		1.00	90	240	21 600	0.440 691	9 518.93
合计		—	—	—	316 548	—	139 500.00

[注] 表中第7列：

每一考核年终绩效工资系数应发年终绩效工资数＝部门应发年终绩效工资总额÷部门年度个人考核年终绩效工资系数之和＝139 500÷31 654.8＝0.440 691（元）

【本模块小结】

1. 绩效工资也称激励工资、可变工资，是指根据员工在一定时期内的绩效评价结果而增发或计发的劳动报酬，其表现形式为个人或团队的计件工资、奖金、浮动工资等。其支付往往"上不封顶、下不保底"，它是薪酬构成中具有明显激励作用的部分。

2. 从绩效工资支付的周期、次数、对象、考核项目和依据的不同，绩效工资表现为不同的形式。

3. 计发绩效工资的基本思路，一是分级管理，即两级考核、两级分配；二是分类管理，并按优先次序处理。首先，对业务部门（一线部门）和职能部门（二线部门）的绩效工资采取不同的计发办法；其次，对业务部门的绩效工资，直接以本部门绩效为依据计发，而对职能部门，往往间接根据业务部门的实际平均绩效工资和本部门的绩效考核结果两挂钩计发。

【讨论思考题】

1. 如何理解绩效工资？
2. 计发绩效工资的基本思路是什么？

3. 计发业务部门绩效工资的基本办法是哪两个?

4. 如何计发职能部门的绩效工资?

5. 如何计发单位经营层成员的绩效工资?

6. 部门内部如何对所属职工计发绩效工资?

【范例分析一】

某规划设计公司薪酬支付办法

《某规划设计公司薪酬方案(试行)》摘录

……

第四章 岗位基本工资及其计发

第十五条 【纳入岗位基本工资等级的办法】

所有人员按照现任岗位的所属岗位等级,直接进入与本岗位等级相对应的工资等级。

第十六条 【纳入岗位基本工资档次的办法】

所有人员按照本人的职能等级纳入工资档次。

所有人员的职能等级,按照本人的专业技术等级和专业技术年限确定。专业技术年限从取得现专业技术资格的当年起算。

《某规划设计公司岗位工资标准表》见表二。

《岗位基本工资标准档次纳入表》,见表三。

表二　　　　　某规划设计公司岗位工资标准表

岗位等级	岗位基本工资标准档次												岗位绩效工资标准
	1	2	3	4	5	6	7	8	9	10	11	12	
一	1 050	1 110	1 170	1 230	1 290	1 350	1 410	1 470	1 530	1 590	1 650	1 710	2 000
二	1 200	1 280	1 360	1 440	1 520	1 600	1 680	1 760	1 840	1 920	2 000	2 080	2 400
三	1 330	1 420	1 510	1 600	1 690	1 780	1 870	1 960	2 050	2 140	2 230	2 320	2 650
四	1 500	1 600	1 700	1 800	1 900	2 000	2 100	2 200	2 300	2 400	2 500	2 600	3 000
五	1 750	1 870	1 990	2 110	2 230	2 350	2 470	2 590	2 710	2 830	2 950	3 070	3 500
六	1 995	2 130	2 265	2 400	2 535	2 670	2 805	2 940	3 075	3 210	3 345	3 480	4 000
七	2 400	2 560	2 720	2 880	3 040	3 200	3 360	3 520	3 680	3 840	4 000	4 160	4 750
八	3 000	3 200	3 400	3 600	3 800	4 000	4 200	4 400	4 600	4 800	5 000	5 200	6 000
九	3 375	3 600	3 825	4 050	4 275	4 500	4 725	4 950	5 175	5 400	5 625	5 850	6 500

续表

岗位等级	岗位基本工资标准档次												岗位绩效工资标准
	1	2	3	4	5	6	7	8	9	10	11	12	
十	4 275	4 560	4 845	5 130	5 415	5 700	985	6 270	6 555	6 840	7 125	7 410	8 500
十一	4 500	4 800	5 100	5 400	5 700	6 000	6 300	6 600	6 900	7 200	7 500	7 800	9 000
十二	5 020	5 350	5 680	6 010	6 340	6 670	7 000	7 330	7 660	7 990	8 320	8 650	10 000
十三	6 000	6 400	6 800	7 200	7 600	8 000	8 400	8 800	9 200	9 600	10 000	10 400	12 000

表三　　　　　　　　　　　岗位基本工资标准档次纳入表

		10年以下	11~20年	21~30年	31年以上
普通管理人员	连续工龄	10年以下	11~20年	21~30年	31年以上
	工资档次	1	2	3	4
技术员级 (中级工)	专业技术年限	4年以下	5~8年	9~12年	13年以上
	工资档次	2	3	4	5
助理工程师级 (高级工)	专业技术年限	4年以下	5~8年	9~12年	13年以上
	工资档次	3	4	5	6
工程师级 (技师)	专业技术年限	4年以下	5~8年	9~12年	13年以上
	工资档次	6	7	8	9
高级工程师级 (高级技师)	专业技术年限	4年以下	5~8年	9~12年	13年以上
	工资档次	9	10	11	12

第十七条【纳入岗位基本工资档次有关问题的处理】

(一) 在纳入工资档次时,"干部身份"的专业技术年限从取得现专业技术资格的当年算起。"工人身份"的技术年限从取得现技术等级的当年算起。

(二) 在纳入工资档次时,按照连续工龄纳入工资档次的人员,其连续工龄按照国家关于连续工龄计算的规定计算。

在公司初次参加工作的人员,从工作的当月起,不满12个月的,视为1年以下的本人连续工龄;待进入本公司工作满12个月的,从第13个月起视为两年的连续工龄。从第3个年度起,按照自然年度计算连续工龄。

第十八条【岗位基本工资的计发】

所有员工,将月岗位基本工资标准折合日岗位基本工资标准,在制度工作日内,岗位基本工资根据考勤计发。因各种原因达不到当月制度工作日的,其缺勤日数,按照本方案特殊情况下工资支付的规定执行。

第五章　业务人员岗位绩效工资的计发

第十九条　【业务人员范围及其岗位绩效工资的形式】

业务人员是指参与项目实施的人员。包括业务部门的专职业务人员、由公司或部门返聘或社会招聘并在咨询部门提供劳务的业务人员。

业务人员的岗位绩效工资采取计发目标利润提成工资和超额利润提成工资的形式。

第二十条　【目标利润提成工资】

（一）目标利润的核定

目标利润，根据本方案项目成本、利润的核算口径和本人年薪等级系数，以2002—2004年平均实际实现利润为基础核定。

2006年的目标利润每人每年核定为：咨询部长，45万元；业务经理，30万元；业务员，12万元；业务办事员，10万元。

在确定部门目标利润时，回聘人员包括在内，其他劳务人员不包括在内。

（二）2006年目标利润提成工资的提取

目标利润提成工资以业务部门为单位提取，并按下式计算：

业务部门目标利润提成工资总额＝目标利润内业务部门实现项目利润×目标利润提成工资（％）

式中：

1. 目标利润内业务部门实现项目利润＝项目合同实际收入－项目成本

式中：

项目成本包括11项费用：（1）营业税；（2）代甲方支出；（3）合同收益奖；（4）基本工资；（5）单位"五险"缴费；（6）单位缴纳"住房公积金"；（7）劳务人员劳务费（8）项目费用；（9）补贴（房租补助、伙食补助、电话费、油补）；（10）物业费、水电费；（11）固定资产折旧。

2. 目标利润提成工资（％）＝ $\dfrac{咨询部门目标利润提成工资总额}{咨询部门目标利润总额} \times 100\%$

经测算，业务人员目标利润提成工资（％），核定为21.45％。

（三）目标利润提成工资的分配

目标利润提成工资提取后，由咨询部长经征求主管经理意见后，按照项目施工参与人员的贡献大小，并结合绩效考核结果自主分配。

第二十一条　【超额利润提成工资】

咨询部门年度实现利润超过目标利润的部分，为超额利润。

超额利润在 30 万元（含）以内的，提成工资的比例为 30%；超额利润在 30 万元（不含）以上，60 万元（含）以内的，提成比例为 35%；超额利润在 60 万元（不含）以上的，为 40%。

超额利润提成工资提取后，比照目标利润提成工资的分配原则分配。

对于公司下达咨询部门的项目，降低超额利润提成工资比例，具体利润提成比例由公司经理办公会最终决定。

第二十二条　【业务人员岗位绩效工资的预发】

业务人员实现目标利润内的岗位绩效工资，在本咨询部门经营收入正常的前提下，平时月度预发 30%，预留 70% 年终结算，多退少补。当季度、半年本咨询部门咨询经营收入出现异常时，降低预发比例或停止预发。

当业务部门实现利润达到目标利润时，可以适度提高目标利润岗位绩效工资月度预发比例。

第六章　经营管理人员岗位绩效工资的计发

第二十三条　【公司经理层人员岗位绩效工资的计发】

公司经理层人员，包括公司总经理、业务副总经理、总工程师。

公司经理层人员，其年度应发岗位绩效工资，按下式计算：

$$\begin{matrix}\text{公司经理层人员应发} \\ \text{岗位绩效工资}\end{matrix} = \text{本人年度绩效工资标准}$$

$$\times \text{业务人员实际平均年度目标岗位绩效工资实现}(\%)$$

$$\times \text{本人年度绩效考核系数}$$

式中：

1. 业务人员实际平均年度目标岗位绩效工资实现（%）

$$= \frac{\text{业务人员年度实际目标利润提成工资与超额利润提成工资之和}}{\text{业务人员目标年度岗位绩效工资标准总额}} \times 100\%$$

2. 本人年度绩效考核系数，是按照公司绩效考核方案进行绩效考核的结果。

公司经理层人员不参与业务咨询部门利润提成工资的分配。

第二十四条　【职能部门管理人员岗位绩效工资的计发】

职能部门管理人员，包括行政助理、计划财务部、综合办公室负责人及其他职能管理人员。

所有职能部门管理人员的岗位绩效工资，联系咨询一线业务人员岗位绩效工资的实际支付程度和本人的年度绩效考核结果计发。

职能管理人员的岗位绩效工资，按照目标利润内和目标利润外，分段计发。

职能管理人员的岗位绩效工资＝目标利润内应发岗位绩效工资

＋目标利润外应发岗位绩效工资

（一）在目标利润内，职能管理人员，其年度应发岗位绩效工资，按下式计算：

目标利润内应发岗位绩效工资＝本人年度绩效工资标准

×目标利润内业务人员实际平均年度目标利润提成工资实现率

×与业务人员目标利润提成工资挂钩系数

×本人年度绩效考核系数

式中：

1. 业务人员实际平均年度目标利润提成工资实现率

$$=\frac{目标利润内业务人员年度实际目标利润提成工资}{业务人员目标年度岗位绩效工资标准总额}\times 100\%$$

业务人员实际平均年度目标利润提成实现率最高计算到100%。

2. 与业务人员目标利润提成工资挂钩系数：综合有关因素在0.8～1.0区间由公司核定。

（二）在目标利润外，即业务人员实际提取超额利润提成工资时，职能管理人员的年度绩效工资，按下式计算：

目标利润外应发绩效工资＝本人年度绩效工资标准

×业务人员超额利润提成工资实现率

×与业务人员超额提成工资挂钩系数

×本人年度绩效考核系数

式中：

1. 业务人员实际平均年度超额利润提成工资实现率

$$=\frac{目标利润外业务人员年度实际超额利润提成工资总额}{业务人员目标年度岗位绩效工资标准总额}\times 100\%$$

2. 与业务人员超额提成工资实现率挂钩系数，综合各种因素，在0.1～0.5区间内核定。

第二十五条 【经营管理人员岗位绩效工资的预发】

经营管理人员的岗位绩效工资，在咨询经营收入正常的前提下，平时月度预发30%，预留70%，年终结算，多退少补。咨询经营收入出现异常时，降低预发比例。

当业务部门实现平均目标利润达到公司目标平均利润时，届时提高月度预发比例。可以适度提高目标利润岗位绩效工资月度预发比例。

分析：
1. 该公司是如何计发业务人员岗位绩效工资的？
2. 该公司是如何计发经营层成员岗位绩效工资的？
3. 该公司是如何计发行政助理、计财部、综合办人员岗位绩效工资的？

【范例分析二】

HJ 公司部门绩效工资计发实施细则

第一章　总则

第二章　营销部绩效工资的计发

第三章　生产部绩效工资的计发

第四章　支持保障部门绩效工资的计发

第五章　各部门内部绩效工资的计发

第六章　附则

第一章　总　　则

第一条【根据】

根据《HJ 公司岗位职能绩效薪酬制度方案（试行）》，制定本实施细则。

第二条【分级管理】

岗位绩效工资是工资构成中的全浮动部分。原则上为两级考核、两级支付。

1. 一级考核、一级支付，即以部门为考核单位，按月计算，年终结算，根据考核结果，决定各部门月度和年度的应发绩效工资总额。

2. 二级考核、二级支付，即以岗位任职人员为单位，按月计算，年终结算，由各部门对所属任职人员，根据考核结果，决定岗位任职人员月度和年度的应发绩效工资。

第三条【不同部门，不同办法】

营销、生产部门的应发绩效工资直接根据本部门绩效目标的完成情况，按月计算，年度结算；支持保障部门（包括办公室、财务部、管理部，以及绩效难以进行准确数量界定的技术服务部、技术中心、质检部）的应发绩效工资，日常按月随营销、生产部门人员的应发绩效工资挂钩浮动，年终随营销、生产部门的年度结算情况挂钩浮动，并联系本部门目标绩效的完成情况计发。

第二章 营销部绩效工资的计发

第四条【基本模式】

营销部绩效工资计发的基本模式,是确定"两个基数,一个比例",即目标绩效工资总额基数、目标绩效基数以及绩效工资总额随目标绩效挂钩浮动的提成比例,然后绩效工资总额随报告期目标绩效指标的完成情况,按确定的提成比例增加或减少。

营销部的"两个基数,一个比例",一经确定,原则上三年不变。因某种原因,需要调整"两个基数,一个比例"的,由营销部提出,办公室测算,经经理办公会同意后实施。

第五条【目标绩效工资总额基数的核定】

部门目标绩效工资总额基数,按照2007年年底在册人数和每人2008年度岗位目标绩效工资标准之和核定。营销部目标绩效工资总额基数计算核定表见表1。

表1 营销部目标绩效工资总额基数计算核定表 单位:元

人数	产品	月度绩效工资总额	月平绩效工资	年度绩效工资总额	年平绩效工资
28	全部	69 850	2 495	838 200	29 936
27	民品(含小军品)	65 250	2 416	783 000	29 000
1	大军品	4 600	4 600	55 200	55 200

表1表明:2008年度,营销部与绩效目标挂钩的绩效工资总额基数为83.82万元,其中,民品(含小军品)工资总额基数78.3万元;大军品5.52万元。

第六条【目标绩效基数的核定】

目标绩效,包括目标发货销售收入、目标回款额、目标营销利润三个指标。

目标发货销售收入、目标回款额、目标营销利润,分别根据前三年实际发生数的平均数的50%,并剔除不合理因素后核定。营销部目标绩效、与绩效工资挂钩的绩效指标基数(按年度目标50%计算)的核定,见表2。

表2 营销部目标绩效基数的核定 单位:万元/年

序号	产品性质	绩效指标	2005年完成	2006年完成	2007年完成	2005—2007年合计	2005—2007年平均	2008年度核定目标绩效	与绩效工资挂钩的绩效指标基数(按年度目标50%计算)
0	1	2	3	4	5	6=3+4+5	7=6栏/3	8	9
1	民品(含小军品)	发货销售收入	5 317	6 635	8 507	20 459	6 820	6 820	3 410
2		回款额	5 314	6 399	8 171	19 884	6 628	6 628	3 314
3		营销利润	168	284	438	891	297	368	184

续表

序号	产品性质	绩效指标	2005年完成	2006年完成	2007年完成	2005—2007年合计	2005—2007年平均	2008年度核定目标绩效	与绩效工资挂钩的绩效指标基数（按年度目标50%计算）
4	大军品	发货销售收入	4 125	2 611	3 388	10 124	3 375	3 375	1 687
5		回款额	4 925	2 884	3 929	11 738	3 912	3 912	1 956
6		营销利润	1 126	570	600	2 296	765	765	382

表2第9列说明：本列数为核定的计提绩效工资的基数。当销售收入、回款额、营销利润超过本列额度时，从超过的部分中计发提取绩效工资。

第七条 【绩效工资提成比例的核定】

绩效工资提成比例，是将营销部民品目标年度绩效工资总额78.3万元、大军品目标绩效工资总额5.52万元，分别按照3∶4∶3的比例分解后，再分别除以年度目标发货销售收入、目标回款额、目标营销利润计算核定。绩效工资提成比例如表3中的第6列数。

表3　　　　　　　　　年度目标绩效工资提成比例计算核定表　　　　　　　单位：万元

序号	产品性质	绩效工资项目	2008年度核定目标绩效	与绩效工资挂钩的目标绩效基数（按年度目标绩效50%计算）	与绩效目标挂钩的年度绩效工资总额基数	绩效指标绩效工资提成比例（%）
0	1	2	3	4＝3×50%	5	6＝5/4
1	民品（含小军品）	发货销售收入绩效工资	6 820	3 410	23.49（78.300 0×30%）	0.688 9
2		回款额绩效工资	6 628	3 314	31.32（78.3×40%）	0.945 1
3		营销利润绩效工资	368	184	23.49（78.3×30%）	12.766 3
4	大军品	发货销售收入绩效工资	3 375	1 687	1.656 0（5.52×30%）	0.098 2
5		回款额绩效工资	3 912	1 956	2.208（5.52×40%）	0.112 9
6		营销利润绩效工资	765	382	1.656（5.52×30%）	0.433 5

第八条 【应发绩效工资总额的计算】

（一）营销部应发绩效工资总额按月计算，按年结算。

（二）营销部每月应发绩效工资总额按下式计算：

营销部应发绩效工资总额＝(应发销售收入提成绩效工资
　　　　　　　　　　＋应发回款额提成绩效工资
　　　　　　　　　　＋应发营销利润提成绩效工资)
　　　　　　　　　　×营销部绩效考核系数

式中：营销部绩效考核系数＝公司对营销部的全面绩效考核得分/100

公司对营销部的全面绩效考核办法，另行制定。

（三）营销部目标绩效内，每月应提绩效工资，按表4计算。

表4　　　　　　　　　营销部月度绩效工资提取核算表

2008年　月　　　　　　　　　　　　　　　　　　　　　　单位：元

序号	产品性质	绩效工资提取项目	当月绩效实际完成数	绩效指标绩效工资提成比例（％）	应提绩效工资
0	1	2	3	4	5＝3×4
1	民品（含小军品）	发货销售收入绩效工资		0.688 9	
2		回款额绩效工资		0.945 1	
3		营销利润绩效工资		12.766 3	
4		小计	—	—	
5	大军品	发货销售收入绩效工资		0.098 2	
6		回款额绩效工资		0.112 9	
7		营销利润绩效工资		0.433 5	
8		小计	—	—	
9	全部	总计	—	—	

表4说明：表4第3列数，即上月度营销部的发货销售收入、回款额、营销利润三项指标的实际完成数，次月3日前，由财务部牵头统计，营销部核实认可后，报公司办公室核算营销部上月应提绩效工资总额。

第九条　【超目标绩效工资的计发】

全年计算，超过年度目标发货销售收入、目标回款额、目标营销利润的，超过目标部分，发货销售收入绩效工资提成（％）、回款额绩效工资提成（％）、营销利润绩效工资提成（％），分别提高50％。

第三章　生产部绩效工资的计发

第十条　【基本模式】

生产部绩效工资计发的基本模式，是确定"两个基数一个单价"，即确定目标绩效工资总额基数、目标产量绩效基数以及绩效工资总额随目标产量挂钩浮动的计件单价，然后绩效工资总额随报告期目标产量指标的完成情况，按确定的计件单价增加或减少。

生产部的"两个基数,一个单价",一经确定,原则上三年不变。因生产增加或下降等原因,需要调整"两个基数,一个单价"的,由生产部提出,办公室测算,经经理办公会同意后实施。

第十一条 【目标绩效工资总额基数的核定】

部门目标绩效工资总额基数,按照2007年年底在册人数和每人2008年度岗位目标绩效工资标准之和核定。生产部目标绩效工资总额基数计算核定表见表5。

表5　　　　　　　　　生产部目标绩效工资总额基数计算核定表　　　　　　　单位:元

人数	品种	年度绩效工资总额基数	年平绩效工资基数	月度绩效工资总额基数	月平绩效工资基数
48	油漆	633 960	13 207.5	52 830	1 100.63

第十二条 【目标产量基数的核定】

目标产量,根据2005—2007年三年实际完成数的平均数的50%,并剔除不合理因素后核定。生产部部门产量目标基数的核定,见表6。

表6　　　　　　　　　　　生产部目标产量基数的核定　　　　　　　　　　单位:吨

序号	产品性质	绩效指标	2005年完成	2006年完成	2007年完成	2005—2007年合计	2005—2007年平均	2008年度核定目标绩效	年度与绩效工资挂钩的绩效指标基数(按年度目标50%计算)	月度与绩效工资挂钩的绩效指标基数
0	1	2	3	4	5	6=3+4+5	7=6栏/3	8	9	10=9/12个月
1	油漆	产量	4 315	4 474	4 650	13 439	4 480	4 480	2 240	186

表6说明:年度目标产量基数核定为4 480吨。其中完成目标产量50%以下的,即每月产量在186吨以内的,全年产量在2 240吨以下的不计提绩效工资;完成目标产量50%以上的,即每月产量超过186吨的,全年产量超过公司保本产量2 240吨的,从中计发绩效工资。

第十三条 【目标产量内产量计件工资的核定】

生产部计件单价的核定,见表7。

表7　　　　　　　　　　　　生产部计件单价的核定

序号	产品性质	目标绩效工资基数	2008年度核定目标产量(吨)	与绩效工资挂钩的目标产量基数(吨)(按年度目标产量50%计算)	计件单价(元/吨)
0	1	2	3	4=3×50%	5=2/4
1	油漆	633 960	4 480	2 240	283.02

第十四条 【生产部目标产量内应发计件工资】

在目标产量内,每月应发绩效工资,按下式计算:

$$生产部每月应发绩效工资 = (月度实际产量 - 保本产量)$$
$$\times 计件单价(元/吨)$$
$$\times 生产部绩效考核系数$$

式中：生产部绩效考核系数＝公司对生产部的全面绩效考核得分/100

公司对生产部的全面绩效考核办法，另行制定。

生产部每月应发计件工资，即绩效工资，见表8。

表8　　　　　　　　　生产部计件单价计算核定表

序号	产品性质	当月产量实际完成数	剔出保本产量数	计发计件工资产量	计件单价（元/吨）	应提计件工资（元）
0	1	2	3	4＝2－3	5	6＝4×5
1	油漆		186		283.02	

第十五条　【超目标产量应发绩效工资】

全年计算，油漆超过目标产量4 480吨的部分，计价单价提高50％，即每吨计价单价提高到424.53元。

第四章　支持保障部门绩效工资的计发

第十六条　【支持保障部门绩效工资计发基数】

支持保障部门绩效工资计发基数，按下式分月核定：

$$岗位绩效工资基数 = (营销部平均绩效工资 \times 0.7 + 生产部平均绩效工资 \times 0.3)$$
$$\times (0.8 - 1.0)$$

式中：(0.8－1.0)为支持保障部门员工与营销、生产部门员工绩效工资挂钩系数。当营销、生产状况一般时，执行0.8的系数；营销、生产状况较好或很好时，执行0.9或1.0的系数。

第十七条　【支持保障部门绩效工资一级考核、一级计发办法】

支持保障部门绩效工资一级考核、一级计发的基本模式，如下式：

$$支持保障部门当月应发绩效工资 = 岗位绩效工资基数$$
$$\times 本部门绩效工资系数之和$$
$$\times 本部门绩效考核系数$$

式中：

1. 本部门绩效工资系数之和，是指各部门员工个人岗位绩效工资系数的加和。各部门绩效工资系数，按照2008年一季度竞聘上岗人数及本人任职的岗级绩效工资系数核定。

2. 本部门绩效考核系数＝公司对本部门的百分绩效考核得分/100。

[例] 办公室2人。其中办公室主任岗位绩效工资系数为2.85，办公室内勤岗位绩效工资系数为1.08，办公室绩效工资系数之和为3.93，某月绩效考核系数为0.96。该月公司绩效工资基数为1 550元，则：

办公室该月应发绩效工资总额＝1 550元×3.93×0.96＝5 847.84元

公司各部门应发岗位绩效工资计算办法，见表9。

表9　　　　　　　　　　公司支持保障部门应发绩效工资计算表

序号	部门	人数	部门岗位绩效工资系数之和	部门绩效考核系数	公司绩效工资基数	部门应发绩效工资数（元）
0	1	2	3	4	5	6=5×3×4
1	办公室					
2	财务部					
3	管理部					
4	技术服务部					
5	技术中心					
6	质检部					
合计	—					

说明：

1. 表中第2列人数，并不随每月实际人数变动，原则上一经核定，当年不变。
2. 表中第4列部门绩效考核系数，在没有部门绩效考核情况下，一般视为1。在建立部门绩效考核之后，每月按实际考核系数填入。
3. 表中第5列，公司绩效工资基数，为浮动数，浮动数取决于本章第一条的计算结果。

第五章　各部门内部绩效工资的计发

第十八条　【部门内部绩效工资计发原则】

在部门应发绩效工资的额度内，各部门内部员工的绩效考核制度和应发绩效工资的办法自主制定。绩效考核制度和应发绩效工资的办法经主管领导同意后，报公司办公室备案。

当营销部营销人员、生产部人员不能完成年度目标绩效的50%时，应当下浮本人岗位职能工资，但不能低于本市最低工资；当营销部营销人员、生产部人员整体不能达到年度目标绩效的50%时，支持保障部门人员的岗位职能工资应当下浮，但不低于本市最低工资。

第十九条　【部门内部员工应发绩效工资的办法】

部门内部员工应发绩效工资的办法，可参照下面示例进行绩效工资的分配。

[例] 某部门有员工8人，每人岗位绩效工资系数、每人绩效考核分数如表10中第3、

4列数,某月该部门应发绩效工资总额12 500元,将应发绩效工资总额12 500元分配到人。分配过程见表10。

表10　　　　　某部门员工个人应发绩效工资计算表(模拟示例)　　　　　单位:元/月

序号	姓名（略）	每人岗位绩效工资系数	每人绩效考核分数	个人考核绩效工资系数	每一考核绩效工资系数应发绩效工资数	每人应发绩效工资
1	2	3	4	5=3×4	6[注]	7=5×6
		1.25	80	100	10.566 4	1 056.64
		1.33	85	113	10.566 4	1 193.99
		1.62	90	146	10.566 4	1 542.69
		2.08	100	208	10.566 4	2 197.81
		2.33	100	233	10.566 4	2 461.97
		1.75	80	140	10.566 4	1 479.30
		1.00	90	90	10.566 4	950.98
		1.50	102	153	10.566 4	1 616.66
合计		12.86	—	1 183	—	

[注] 表中第6列:

每一考核绩效工资系数应发绩效工资数=部门应发月度绩效工资总额÷个人考核绩效工资系数之和=12 500÷1 183=10.566 4(元)

第二十条　【部门内部员工应发绩效工资的操作程序】

第一步,每月1—3日,各部门完成本部门人员上月的绩效考核,得出每人绩效考核分数(或明确每人奖惩数额)。

第二步,每月4日,各部门将每人上月绩效考核分数(或明确的每人奖惩数额)报办公室。

第三步,办公室计算各部门每人绩效工资,并造工资表。

第四步,办公室将工资表移交财务部,支付工资。

第六章　附　　则

第二十一条　【制定部门内部绩效工资实施细则】

营销部可以根据内部核算单位的需要,分别将产品销售收入、回款额、营销利润三个指标的两个基数、一个比例分解到人、到组,应发绩效工资直接计算到人、到组,并制定相应的考核奖惩办法，经公司经理办公会同意后实施。

生产部可以根据本部门的生产特点，自行制定内部绩效工资的计发办法，并制定相应的考核奖惩办法，经公司经理办公会同意后实施。

技术中心绩效考核和绩效工资的计发，可继续执行《HJ 公司技术中心考核办法》。

其他部门，根据公司薪酬方案和公司部门绩效工资计发实施细则，各部门根据本部门实际情况和工作特点，制定本部门绩效考核办法和绩效工资计发办法，经公司主管经理同意后实施，并报公司经理办公室备案。

第二十二条 【实施程序】

本实施细则，经经理办公会讨论通过，并经征求各部门意见后印发，并自 2008 年 1 月 1 日起实施。

分析：

1. HJ 公司确定绩效工资计发的基本思路是什么？
2. HJ 公司营销部绩效工资计发的挂钩绩效指标是哪三个？挂钩的目标绩效基数是按照什么办法核定的？绩效工资提取百分比是如何计算出来的？
3. HJ 公司生产部绩效工资的计发办法与营销部有什么不同？
4. 支持保障部门绩效工资的计发，根据是什么？有什么特点？
5. HJ 公司各部门内部绩效工资计发的原则是什么？
6. HJ 公司部门内部员工应发绩效工资的根据是什么？
7. HJ 公司的绩效工资计发实施细则，在哪些方面体现了激励机制和约束机制相结合的原则？

【范例分析三】

海尔公司日清日高管理法

在青岛海尔电冰箱股份有限公司，经过实践创新，逐步提炼，形成了一种管理体制，这就是——日清日高管理法（overall every control and clear，OEC），其含义是全方位地对每人每天所做的每件事进行控制和清理，做到"日事日毕，日清日高"。具体地讲，就是企业每天所有的事都有人管，做到控制不漏项；所有的人均有管理、控制内容，并依据工作标准对各自控制的事项，按规定的计划执行，每日把实施结果与计划指标对照达到事事控制的目的，确保事物向预定的目标发展。即总账不漏项，事事有人管，人人都管事，管事凭效果，管人凭考核。

日清日高管理法除了上述的管理指导思想即管理原则外，还可以概括为由三个基本框架组成的主要内容，即目标系统、日清控制系统和有效激励机制。

一、目标系统

目标系统，体现了企业发展的方向和要达到的目的。目标提出的高度必须根据市场竞争的需要，目标低于竞争对手就毫无意义。海尔刚开始冰箱业务时，就确立了争中国第一的目标，1988年即夺得了冰箱行业第一块金牌。以后又确定创国际名牌的目标，从出口策略上坚持先进入发达国家，再进入发展中国家，目前产品已出口三十多个国家和地区。在日清日高管理法中，目标的建立有这样几个特征：指标具体，可以度量。如在质量上海尔把156道工序的545项责任，进行价值量化汇成小册子，小到一个门把螺钉上不好应负什么责任都有明确规定。目标分解时坚持责任到人的原则。各项工作都按标准进行分解，明确规定主管人、责任者、配合者、审核者、工作程序、见证材料、各种频次，从而做到企业的每件事都有专人负责，使目标考核有据可循。我们对每一台冰箱的156道工序，从第一道工序开始即规定不准出二等品。做到管理不漏项。企业中的每件物品（大到一台设备，小到一块玻璃）都规定具体的责任人，并在每件实物旁边明显标示出来，保证物物有人管理，不但车间、办公室的玻璃，就连材料库的2 946块玻璃上也均标有责任人。

二、日清控制系统

日清控制系统是目标系统得以实现的支持系统。海尔在实践中建立起一个每人每天对自己所从事的每件事情进行清理、检查的"日日清"控制系统，它包括两个方面，一是"日事日毕"。即对当天发生的各种问题（异常现象）在当天弄清原因，分清责任，及时采取措施进行处理，防止问题积累，保证目标得以实现。二是"日清日高"，即对工作中的薄弱环节不断改善，不断提高。

日清控制在具体操作上有两种方式：一是全体职工的自我日清；二是职能管理部门（人员）按规定的管理程序，定时（或不定时）地对自己所承担的管理职能和管理对象进行现场巡回检查，也是对员工自我日清的现场复审。组织体系的"日清"控制，可以分为生产作业现场（车间）和职能管理部门的"日清"两条主线。两者结合就形成了一个纵、横交错的"日日清"控制网络体系。无论是组织日清还是个人自我日清，都必须按"日清管理程序"和"日清表"进行清理，并将清理结果每天记入日清管理台账。

"日清"体系的最关键环节是复审。没有复审，工作只布置不检查，便不可能形成循环，也不可能达到预期效果。所以，在日清中海尔重点抓管理层的一级级复审。复审中发现问题，随时纠偏，并在现场设立"日清栏"，要求管理人员每两小时巡检一次，将发现的问题及处理措施填在"日清栏"上。如果连续发现不了问题，就必须提高目标值。

三、有效激励机制

激励机制是日清控制系统正常运转的保证条件。海尔在激励政策上坚持的原则：一是公开、公平、公正。二是要有合理的计算依据。激励的目标是向自主管理迈进。海尔在企业不断强化"人人是人才"的观念，公开招聘竞争上岗，从1988年以来海尔共有450名大学生在经过实习后，通过竞争招聘上岗，有7名学生曾经落聘，从事工人岗位；有50多名工人从车间通过招聘走上领导岗位。海尔实行"三工并存、动态转换"的政策，提高了人员素质。海尔实行了班组升级制度，把职工班组分为合格班组、免检班组和自主管理班组。目前已有三个自主管理班组。另外，海尔还通过设立海尔奖、职工合理化建议奖和以职工姓名小改小革等形式，对职工进行精神激励，使每个员工都感到自身价值的存在。

海尔发展十年，是狠抓内部管理的十年。管理工作从无序到形成较科学的体系，取得了明显的成果。管理的进步，推动了经济效益的增长、企业规模的扩大和企业文化的建设，同时也造就了一支高素质的员工队伍。概括起来表现为4个飞跃：

一是经营规模的飞跃：从十年前的一种冰箱产品发展到今天拥有七个系列，上千个花色规格；从原来的单一产品生产到今天集科、工、贸、金融于一体的大型企业集团；从负债147万元到实现利税2.8亿元，十年累计创利税8亿元。

二是外向型的飞跃：从一个普通的集体小厂发展成为国家定点冰箱出口基地。目前已同世界上几十个跨国大公司和科研机构建立了合资合作关系和经常性的联系，并向美国、欧盟、中东、东南亚等三十多个国家和地区出口产品。

三是市场地位的飞跃：曾获国家颁发的第一枚冰箱金牌、首届十大驰名商标、最受消费者欢迎的电冰箱"八连冠"，并在中国市场上以比日本同类产品高出一倍的票数，在消费者"首选品牌"和"心目中的理想品牌"评比中荣获第一名，被称为中国家电第一品牌。

四是质量水平的飞跃：公司在家电行业中最早通过ISO 9001认证。1994年集团内冷柜、空调公司也获得了ISO 9001认证。产品获得美国UL、加拿大CSA、德国VDE等多国认证。实验室目前已获得了与加拿大实验室等效认可。

海尔逐步从强制性的控制管理走向制度规定下的员工自主管理，员工的素养水平与业务技能不断提高，初步达到了现代化企业制造一流产品与造就优秀员工的双重目标，实现了企业的稳定发展。

分析：

1. 日清日高管理法的具体内容是什么？
2. 日清日高管理法还可以概括为哪三个基本框架组成的主要内容？其含义是什么？

【范例分析四】

ZJK电力检修有限公司有效工时工资制度

一、有效工时工资的概念

有效工时工资是以职工在一个考核月度实际完成的工作量（该工作量是经过考核后的工作量，其体现形式是有效工时或工日）为基本依据，核发职工月度工资的一种工资分配形式，有效工时工资制度既考核工作数量，又考核工作质量，是适合电力检修公司性质、特点，可以科学、合理衡量职工劳动价值、兑现职工劳动报酬的工资制度。

二、职工个人月有效工时工资的基本计算公式

职工月有效工时工资＝月度个人有效工时（或工日，1个工日等于8个工时）
　　　　　　　　　×单位工值

三、单位工值

单位工值由检修公司根据大唐公司核定的公司1999年计划工作量工时取费标准统一测定，公司内部实行有效工时工资的单位、个人其单位工值是统一的，没有差别。

四、有效工时包括管理工时、维护工时、作业工时

1. 管理工时对应的工作量是班组的基础管理工作，即由班长组织全班职工共同完成的安全工作（安全活动），培训工作，基础管理、技术台账记录的管理、班组民主管理工作。考核前的管理工时称定额管理工时，考核后的管理工时称有效管理工时。

2. 维护工时对应的工作量是公司和ZJK发电厂签订的维护协议（合同）范围内的设备维护工作。包括定期的巡检、点检、处理缺陷、消除渗漏、定期试验、技术记录及协议规定的设备检修工作。考核前的维护工时称定额维护工时，考核后的维护工时称有效维护工时。

3. 作业工时对应的工作量是由职工个人或专业组完成的可以计算工时的大小修作业、技改工程作业、修旧利废作业或维护协议之外的维护消缺作业。考核前的作业工时称标准作业工时，考核后的作业工时称有效作业工时。主要有：

(1) 厂内（指ZJK发电厂）机组计划检修（标准项目）。

(2) 经批准的临修，抢修。

(3) 计划检修的非标准项目。

(4) 厂内的更改、技改工程。

(5) 不随主机大小修的系统设备大修、小修项目。

(6) 修旧利废工作。

(7) 由厂部统一安排的文明生产工作任务。

五、执行有效工时工资制度的原则

1. 在核定工时时，应对安全责任大小、技术复杂程度、作业条件不同等因素予以适当调整。对承担重大责任的工作负责人和一般工作人员的工时差距可拉大至 2～3 倍，但工时差距是动态的，即职工在承担某一项目的工作负责人的责任时享受工时差距，不承担责任时不享受工时差距。

2. 从上至下、逐级核定工时，即公司每月负责计核分公司的有效工时，分公司负责计核班组的有效工时，班组负责计核职工个人的有效工时。

3. 对于非因客观原因造成的各种无效重复劳动一律不予计核有效工时。

4. 公司、分公司、班组三级在安排工作时，要适当平衡，调整各单位、班组及职工个人的工作量。

六、有效工时的核定依据

1. 机组计划大、小修标准项目执行华北集团公司认定的《国产 300MW 火力发电机组检修工时定额标准》。

2. 非标项目，更改工程执行大唐公司大唐电财［1999］12 号文件的规定，即按建筑安装企业标准，实行工程概预算，并按建安工作量工资含量计提工资。

3. 维护协议范围内的维护工时执行公司工程技术处核定的定额工时。

4. 管理工时执行公司综合管理处核定的定额工时。

5. 临修、抢修的工时，由工程技术处核定，主管经理批准认定。

6. 修旧利废项目由公司修旧利废管理小组根据实际消耗人工及修后设备，备品备件的价值，核定有效工时。

七、对有效工时工资的考核

月度有效工时工资纳入月经济责任制考核范围予以考核，考核后兑现的工资为月有效工时工资。

与有效工时工资对应的考核办法有：

1. 《ZJK 电力检修有限公司检修质量管理考核办法》。
2. 《ZJK 电力检修有限公司设备缺陷管理考核办法》。
3. 《ZJK 电力检修有限公司班组基础管理考核办法》。
4. 《ZJK 电力检修有限公司安全指标管理考核办法》。
5. 《ZJK 电力检修有限公司精神文明建设月考核细则》。
6. 《ZJK 电力检修有限公司落实 ZJK 发电公司内部经济责任制的实施细则》。

八、汽机、电气、锅炉分公司月度有效工时工资计算公式及其说明

分公司月有效工时工资＝(非维护、非标项目工时×人工取费标准
　　　　　　　　　＋检修工日×单位工值
　　　　　　　　　＋维护工日×单位工值
　　　　　　　　　＋缺陷考核奖励工日×单位工值)×安全指标考核系数
　　　　　　　　　＋管理工日×基础管理考核系数＋月度奖罚

对上式的说明：

1. 非维护、非标项目，以考核月度内实际完成的有效工时为计算依据，跨月度完成的计入下一月度。

2. 人工取费标准，以公司和合同方实际结算方式、标准为依据确定。

3. 检修工日，是指分公司完成机组计划检修标准项目并经公司考核后实际挣到的有效工日。（考核月度有机组检修项目，相应核减该机组的维护项目工时）。

4. 维护工日，是以公司统一核定的定额工日为基数，经考核后分公司实际挣到的有效工日。

5. 缺陷考核奖励工日，以纳入考核的维护项目定额工时为基数，以各分公司缺陷考核三项指标完成情况为依据计核得出。

6. 单位工值，根据大唐公司核定的检修工时工资标准，由公司统一测定为每工日35元。

7. 管理工日，是公司为促进分公司管理工作在计划工时之外核给分公司的工日，其对应的考核项目是分公司、班组的基础管理工作。

8. 基础管理考核系数，根据各职能处月度考核结果计算得出，此系数可以是负数。

9. 安全指标考核系数，根据公司安全指标考核结果计算得出。

10. 月度奖罚，凡 ZJK 发电厂依据《ZJK 发电厂内部经济责任制》扣减公司工资总额的，公司一律将其作为月度奖罚落实到公司内责任单位，在此项考核过的项目，在其他项不再重复考核。

九、附则

ZJK 电力检修有限公司有效工时工资制度从 1999 年 1 月开始执行，解释权属公司综合管理处。

分析：

1. 有效工时工资制度的含义是什么？
2. 有效工时工资制度如何运作？

第五模块

薪酬方案系列文件设计

薪酬设计全程指导

【核心技能】

1. 薪酬方案设计系列文件组成（阶段性成果文件和最终成果文件，非正式文件和正式文件，说明性文件和执行性文件）
2. 《薪酬方案》内容结构
3. 《工资标准测算说明》内容结构
4. 《绩效工资实施细则》内容结构
5. 《薪酬方案制订说明》内容结构

【重点概念】

初期报告　薪酬方案　工资标准测算说明　绩效工资实施细则　薪酬方案的制订说明

第一节　薪酬方案系列文件的组成

本章是以2008年3—4月期间HYhg研究院的岗位职能绩效薪酬制度方案形成的系列文件为例，说明薪酬方案设计过程及薪酬方案系列文件的基本结构和基本内容。

设计一个单位的薪酬方案，从始至终要形成大量的文字资料。这些文字资料大致可以分为两类性质，即阶段性成果文件和最终成果文件。

阶段性成果文件和最终成果文件，按照是否作为执行的政策依据，又可以分为非正式文件和正式文件。

凡属于执行性文件，必须按照《劳动合同法》的要求，应当经职工代表大会或全体职工大会讨论，提出方案和意见，与工会或者职工代表平等协商确定。

两类性质的文件清单见表5—1：

表5—1　　　　　　　　薪酬设计系列文件一览表

序号	文件名称	文件性质
1	《薪酬项目初期报告》	非正式文件，阶段性成果
2	《三定方案》，包括： （1）公司组织机构图 （2）部门职能说明书 （3）岗位清单 （4）岗位说明书	正式文件，阶段性成果

续表

序号	文件名称	文件性质
3	《岗位评价标准体系》	正式文件，阶段性成果
4	《岗位评价会议部门及所属岗位信息交流资料》	非正式文件，阶段性成果
5	《岗位评价记录表》（岗位评价软件）	正式文件，阶段性成果
6	《岗位等级表》（包含在《薪酬方案》中）	正式文件，阶段性成果
7	薪酬方案系列文件之一：《薪酬方案（试行）》	正式文件，最终成果
8	薪酬方案系列文件之二：《关于工资标准测算的说明》，含《员工工资增减表》	正式文件，最终成果
9	薪酬方案系列文件之三：《绩效工资计发实施细则（试行）》	正式文件，最终成果
10	薪酬方案系列文件之四：《关于制定薪酬方案的说明》	非正式文件，最终成果

本章以下五节全面介绍 HYhg 研究院薪酬设计系列文件。

第二节 薪酬方案系列文件之一
——HYhg 研究院薪酬项目初期报告

说明：在前一阶段调研访谈的基础上，项目专家组整理了一个初期报告。本报告的重点是《目录》中的第五、六、七、八部分，这关系到岗位评价之后薪酬方案起草和工资测算问题。

人教处和院领导，在阅读本初期报告时，请重点对薪酬方案涉及的重大问题提出决策和指导性建议，并及时反馈。

目　录

一、项目初期调研的基本情况

二、HYhg 研究院现行的分配制度

三、HYhg 研究院 2007 年奖金的计算提取和分配

四、现行分配制度形成的分配格局

五、现行工资分配中存在的问题

六、HYhg 研究院本次薪酬改革的基本目标和主要任务

七、关于薪酬改革难点问题的估计

八、急需院领导进行决策的几个问题

九、下一阶段—岗位评价阶段的工作安排和工作重点

一、项目初期调研的基本情况

2008年2月26日,北京中创国业薪酬设计院咨询项目组正式进驻HYhg研究院,当日拜访了书记、院长和人教处负责人,院领导对薪酬改革的目标和基本要求做了交代。

3月3日,访谈了院办主任、科研处处长、财务处处长、研发中心主任、物资处处长。

3月4日上午,访谈了3个部门的主任,包括ZS基地主任、XX中心主任、ZJ中心主任。下午,召开了全院范围的《薪酬改革启动大会》。

3月5日,访谈了企管处处长、人教处处长、主管、研发中心4个专题组长、2个课题组长、2个研发人员(研究生学历)。

3月6日~3月14日,又先后重点查阅了现行分配的有关文件,调阅了工资分配数据。

通过三天的访谈以及3月6日之后的文件调查,统计调查,对以下情况有了基本了解:

(一)组织机构和人员状况

职能部室6个:院办公室(含院办、党办、质量处、保密处)、人教处、企管处、科研开发处、财务处、物资处。

业务单位4个:YF中心、ZJ中心、XX中心、ZS基地。

生产单位2个:直属企业HJ公司、股份制企业JL公司。此外,还有一个JHRL公司。

人员规模:2007年末,在册职工89人(不含直属企业HJ公司、股份制企业JL公司)。人员构成以研发、管理人员为主体。

(二)工作重点

一是科研,二是管理。科研方面主要从事防腐涂料、重防腐涂料、环保涂料、功能涂料、民用装饰涂料、胶粘剂及有关助剂的应用开发研究。

(三)分配制度

对现行的分配制度的有关文件、分配总量及大致分配格局有了初步了解,从不同层面了解HYhg研究院员工对现行工资分配制度的意见和看法,也了解了不同岗位人员对本次薪酬改革的期望和要求。

二、HYhg研究院现行的分配制度

HYhg研究院现行的分配制度主要由以下文件组成:

(一)《HYhg 研究院工资制度改革方案》

本文件自 2004 年 7 月 1 日起实施。按照本文件,工资构成包括基本工资、年功工资、岗级工资三部分。

1. 基本工资

基本工资由原事业单位职务(技术等级)工资、国家规定的津贴部分及保留国家、省、市等的津贴、补贴部分合并组成,HYhg 研究院自建津补贴进行适当调整后也归入此部分。

HYhg 研究院老职工的基本工资包括职级工资、职级津贴、职务补贴、福利津贴、效益津贴、住房补贴 6 个组成部分。

按照 2008 年 3 月的工资表,88 人月度、年度基本工资 6 项,见表 5—2。

表 5—2　　　　　　　　月度、年度基本工资 6 项明细表　　　　　　　　单位:元

序号	工资项目	月度总额	月度平均	年度总额	年度平均
1	职级工资	68 750	781.3	825 000	9 375.0
2	职级津贴	13 615	154.7	163 380	1 856.6
3	福利津贴	15 620	177.5	187 440	3 130.0
4	职务补贴	19 218	218.4	230 616	2 620.6
5	效益津贴	14 564	165.5	174 768	1 986.0
6	住房补贴	50 848	577.8	610 181	693 309
合计	—	182 615	2 075.17	2 191 385	24 902.10

新参加工作和新调入 HYhg 研究院的新职工,基本工资按表 5—3 执行。

表 5—3　　　　　　　　合同制员工工资暂行标准　　　　　　　　单位:元/月

人员类型	试用期标准	合同期执行标准
高级工程师	1 000	1 400
工程师、研究生	900	1 200
助工、本科	800	1 100
技术员、专科	700	1 000
工人、中专、技校	500	600

2. 年功工资

为保证工资的历史延续性,体现新老职工对企业积累的贡献差别,设立年功工资,以工龄、院龄分别计发。标准为工龄每满一年 6 元/月、院龄每满一年 12 元/月。每年 7 月份,按职工工龄、院龄对年功工资进行调整。

按照 2008 年 3 月工资表,HYhg 研究院月度、年度年功工资见表 5—4。

表5—4　　　　　　　　　HYhg研究院月度、年度年功工资　　　　　　　　　单位：元

序号	项目	月度总额	月平均	年度总额	年平均
1	年功工资	21 792	247.6	261 504	2 971.6

3. 岗级工资

岗级工资＝标准值×岗级系数

岗级工资的确定办法：（1）采取岗位系数法确定标准值。即每年度根据HYhg研究院的经济效益情况，确定最低档，即系数为"1"的标准值。（2）根据各职工本人岗级系数乘以标准值，确定职工本人的岗级工资。岗级系数按表5—5、表5—6执行。

表5—5　　　　　　　　　　HYhg研究院基本标准系数表

岗位	任职年限 / 系数	1～4年	4年以上	8年以上
高层管理岗位	院级正职	16	—	—
	院级副职	8.0	8.6	9.3
中层管理岗位	中层正职	6.4	6.9	7.5
	中层副职	5.1	5.5	5.9
一般管理岗位专业技术（一类）岗位	科员、办事员	2.9	3.1	3.3
	专题组长	6.0	6.5	7.0
	专业技术人员（一）	4.0	4.3	4.6
	专业技术人员（二）	3.6	3.9	4.2
	专业技术人员（三）	3.2	3.5	3.8
专业技术（二类）岗位	专业技术人员（一）	3.8	4.1	4.4
	专业技术人员（二）	3.4	3.7	4.0
	专业技术人员（三）	3.1	3.3	3.6
技术工人岗位	高级工	3.1	3.3	3.6
	中级工	2.0	2.2	2.4
	初级工	1.0	1.1	1.2

表5—6　　　　　　　　　　HYhg研究院岗位分类表

高层管理岗位	院级正职	院长、党委书记
	院级副职	副院长、党委副书记、纪委书记、总工程师、工会主席
中层管理岗位	中层正职	处长、主任、总经理、副总工程师、院长助理
	中层副职	副处长、副主任、副总经理
一般管理岗位	科员、办事员	管理及业务部门不具备专业技术职务的管理人员

续表

	专题组长	专业领域的学术带头人
专业技术（一类）岗位	专业技术人员（一）	具有副高以上专业技术职务的科研及技术开发等人员
	专业技术人员（二）	具有中级专业技术职务的科研及技术开发等人员
	专业技术人员（三）	具有初级专业技术职务的科研及技术开发等人员
专业技术（二类）岗位	专业技术人员（一）	具有副高以上专业技术职务的管理人员
	专业技术人员（二）	具有中级专业技术职务的管理人员
	专业技术人员（三）	具有初级专业技术的管理人员
技术工人岗位	操作工、化验员、材料员、机械保全工、电工、焊工、钳工、车工、司炉工、驾驶员、分析工、话务维修工、保管员、打字员、复印工	

备注：
1. 专业技术（一类岗位）包括从事课题研究人员，生产管理、技术开发、技术服务、产品营销人员。
2. 专业技术（二类岗位）是指各职能部门及事业部的管理人员。
3. 课题组长及兼职支部书记，另行制定工作津贴。
4. 当下一级岗位向上一级岗位晋档时，按"就近就高"原则执行。

按照2008年3月工资表，基本工资、年功工资、岗级工资总揽，见表5—7。

表5—7　　　　　HYhg研究院基本工资、年功工资、岗级工资总揽　　　　　单位：元

序号	工资项目	月度总额	月度平均	年度总额	年度平均
1	基本工资	182 615	2 075.17	2 191 385	24 902.10
2	年功工资	21 792	247.6	261 504	2 971.6
3	岗级工资	120 990	1 374.9	16 498.6	16 498.6
合计	—	325 397	3 697.69	3 904 764	44 372.32

补充说明：基本工资占三项工资总额的56.12%，年功工资占6.7%，岗级工资占37.18%。

（二）《HYhg研究院科研管理办法》（2007年修订）

2006年2月24日颁发。本文件根据"在5～10年内成为国内一流的涂料、功能材料、胶粘剂研究开发中心，10～20年成为世界有影响力的研发机构"的战略制定。目的是使HYhg研究院的科研工作适应日益激烈的市场竞争的要求，同时保证国家战略的需要，进一步提高研发效率，为在经济主战场提供核心竞争力，进一步提升科研人员的自豪感和成就感。

1. 本文件规定了研发人员的岗位级别和独有的岗位津贴标准，见表5—8。

表 5—8　　　　　　　　　　课题组研发人员岗位津贴标准　　　　　　　　　　单位：元

序号	岗位级别	津贴标准
1	专题组长	2 000
2	课题组长	1 000
3	研究人员 A 级（相关工作经验 10 年以上）	800
4	研究人员 B 级（相关工作经验 6～10 年）	500
5	研究人员 C 级（相关工作经验 3～5 年）	300
6	研究人员 D 级（相关工作经验 1～3 年）	100
7	试验工 A 级（相关工作经历 3 年以上）	300
8	试验工 B 级（相关工作经历 1～3 年以上）	100

备注：鼓励有能力的课题组多承担项目，多承担一个项目，津贴相应增加 30%，但承担项目最多不能超过 3 个。

科研津贴考核发放。科研经营处每季度组织有关人员对承担项目（包括国家、地方、院内项目）的课题组进行季度考核。根据当季度考核的得分，计发下季度津贴。项目评分在 90 分（含 90 分）以上的，发全额津贴；项目评分在 80～90 分（含 80 分）之间的，扣除下季度津贴的 10%；项目评分在 70～80 分（含 70 分）之间的，扣除下季度津贴的 30%；项目评分在 60～70 分（含 60 分）之间的，扣除下季度津贴的 50%；60 分以下的，扣除下季度全额津贴。全年平均评分超过 95 分（不含 95 分）的，院长给予嘉奖。

2. 本文件规定了科研成果奖励办法

（1）对于无法扩大、个性化强、同时又具有影响力和重要性的小批量产品，经院技术委员会评审，科研处、经营处同意，可保留在研发中心。每年根据销售情况，由院长给予奖励，奖励额度一般不超过销售额 6%。当年销售额超过 50 万后，应从下年起转移到生产部门生产。

（2）科研成果转移给生产部门后，课题组可连续五年从新产品的销售收入中提取成果奖励。第一年按产品毛利的 15% 提取，第二年按产品毛利的 12% 提取，第三年按产品毛利的 9% 提取，第四年按产品毛利的 6% 提取，第五年按产品毛利的 3% 提取。

3. 本文件规定了课题奖励办法

（1）对于国家项目通过管理部门验收的，给予课题组 5 000 元奖金。通过鉴定追加 3 000 元。有市场前景，技术成果转移到生产厂后给予课题组 10 000 元奖励。

（2）对于省、市项目通过管理部门验收的，给予课题组 3 000 元奖金。通过鉴定追加 2 000 元。有市场前景，技术成果转移到生产厂后给予课题组 5 000 元奖励。

（3）院内课题通过院技术委员会的评价，奖励 2 000 元。有市场前景，技术成果转移到生产厂后给予课题组 3 000 元奖励。

(三)《HYhg 研究院岗位目标管理考核办法》

本文件 2007 年 5 月 25 日由 HYhg 研究院印发。

本文件适用范围：HJ 公司、ZS 基地、YF 中心、ZJ 中心、XX 中心五个部门。

本文件的核心是规定五个部门的奖金提取办法：

1. YF 中心

（1）按照纯利润，扣除 33％所得税后的 40％提取奖金。

（2）从新产品的销售收入中提取成果奖励。第一年按产品毛利润（毛利润＝产品销售收入－原材料及包装物成本）的 15％提取，第二年按产品毛利润的 12％提取，第三年按产品毛利润的 9％提取，第四年按产品毛利润的 6％提取，第五年按产品毛利润的 3％提取。

（3）完成经济目标，享受院平均奖 100％。

2. ZJ 中心

参与课题组项目的人员，享受岗位津贴。

（1）考核标准。A. 对外测试、检验收入：60 万元；B. 总收入（科研课题收入、检测收入）减 50％总支出为实现利润，并一次作为计算提成奖的基数。纯利润大于 5 万元。

（2）奖励

①享受院平均奖金 50％。

②课题组可以连续 5 年从新产品的销售收入中提取成果奖励。第一年按产品毛利润（毛利润＝产品销售收入－原材料及包装物成本）的 15％提取，第二年按产品毛利润的 12％提取，第三年按产品毛利润的 9％提取，第四年按产品毛利润的 6％提取，第五年按产品毛利润的 3％提取。

③完成经济目标，按照实现利润扣除 33％所得税后的 40％提成。

④超额完成对外检测收入 60 万元，超额部分，提高提成比例。

⑤未完成 60 万元，按照目标实现百分比计算奖金。

3. XX 中心

（1）完成各项目标，享受院平均奖金 100％。

（2）创收，收入减支出净额的 40％奖励。

4. ZS 基地

参与课题组项目的人员，享受岗位津贴。

（1）完成经济目标（销售收入 550 万元，利润 50 万元），按照实现利润扣除 33％所得税后的 40％提成。

（2）超额完成销售收入 550 万元、利润 50 万元的，分别按照超额部分，提高提成比例。

(3) 未完成销售收入 550 万元,按照目标实现百分比计算奖金。

5. HJ 公司

(1) 完成纯利润 500 万元,扣除 24% 所得税后 40% 提成奖。另院长嘉奖。

(2) 完成目标销售收入 8 000 万元,按照超额百分比,增加税后利润提成比例。

(3) 销售收入超过 12 000 万元,完成利润指标,额外嘉奖 100 万元。

(4) 未完成销售收入 550 万元,按照目标销售收入实现百分比计算奖金。

三、HYhg 研究院 2007 年奖金的计算提取和分配

(一) 五个业务部门奖金的提取

按照《HYhg 研究院岗位目标管理考核办法》的规定,五个业务部门奖金的提取情况,见表 5—9。

表 5—9　　　　2007 年五个业务部门奖金提取计算表　　　　单位:元

序号	项目	YF 中心	HJ 公司	ZS 基地	JL	ZJ 中心	合计
1	利润	292 802	5 018 160				
2	税后净利润	196 178	3 813 801	145 252	1 043 622	247 099	5 445 954
3	利润奖金提成	78 471	1 525 520	58 100	417 449	98 839	2 178 382
4	销售超额奖	—	183 660	—	—	77 523	261 184
5	奖金合计	78 471	1 709 181	39 626	417 449	176 363	2 420 991
6	人数	41	110	6	8	9	174
7	人均奖金	1 913	15 538	6 587	52 181	19 595	13 913

说明:

1. 研发利润不包括亏损课题组。

2. YF 中心所得税率 33%;HJ 所得税率 24%。

3. 不含 YF 中心,其余 4 个部门 133 人提取奖金总额 2 420 991－78 471＝2 342 520 元;年人均 2 342 520/133＝17 613 元。

4. 4 个部门 133 人平均奖金的 80%＝17 613÷80%＝14 090 元

(二) 职能部门、YF 中心、ZJ 中心奖金总额

奖金总额＝(职能部门人数＋YF 中心人数)×14 090

＋ZJ 中心人数×(14 090×50%)

(三) 奖金总额的分配

根据每个职工的基本工资系数,将奖金总额分配到人。

四、现行分配制度形成的分配格局

（一）全部员工工资总额、平均工资及其工资奖金构成，见表5—10。

表5—10　　　　2007年的工资奖金总额及工资、奖金构成

序号	员工人数（人）	项目	总额（万元）	每人每年平均（万元）	占工资奖金总额比重（%）
1	89（含五位领导）	工资奖金总额	577.490 5	6.488 7	100%
		工资总额	400.114 7	4.495 7	69.29%
		奖金总额	177.375 8	1.993 0	44.33%
2	84（不含五位领导）	工资奖金总额	443.217 5	5.276 4	100%
		工资总额	358.317 7	4.265 7	80.84%
		奖金总额	84.899 8	1.010 7	19.16%
3	5（五位领导）	工资奖金总额	134.273 0	26.854 6	100%
		工资总额	41.797 0	8.359 4	31.13%
		奖金总额	92.476 0	18.495 2	68.87%

备注：1. 以上数据统计不含JHRL公司、HJ公司和JL公司的人员。
2. 奖金总额中含研发人员岗位津贴，不含保密津贴。

（二）不同层级人员工资总额、平均工资及其工资奖金构成

初步统计的不同层级人员工资总额、平均工资及其工资奖金构成，见表5—11。

表5—11　　　　2007年不同层级工资奖金总额及工资、奖金构成　　　　单位：元/人年

序号	岗位名称	人数	工资总额	奖金总额	工资奖金合计	平均每人每年
1	院领导层	5	417 970	924 760	1 342 730	268 546
2	部门负责人	8	449 905	98 490	548 395	68 549
3	一般管理人员	36	1 485 025	210 091	1 695 126	47 087
4	YF中心主任	1	63 178	44 173	107 351	107 351
5	YF中心副主任	1	64 212	32 166	96 378	96 378
6	专题组长	6	357 451	173 833	531 284	88 547
7	课题组长	3	148 676	75 026	223 702	74 567
8	研发人员A级	7	338 585	92 969	431 554	61 651
9	研发人员B级	7	223 081	65 648	288 729	41 247
10	研发人员C级	12	361 270	52 262	413 532	34 461
11	试验工	3	91 785	4 340	96 125	32 042
合计	—	89	1 648 237	540 417	2 188 654	54 716

表5—11补充说明：这只是一个初步统计，待岗位评价结束，新的岗位等级表形成之后，还将把人员纳入新的岗位等级进行重新统计。

五、现行工资分配中存在的问题

(一) 工资水平在低水平上徘徊

2003—2007 年人均收入与上一年的工资增长情况见表 5—12。

表 5—12　　　　　2003—2007 年人均收入与上一年的工资增长情况　　　　单位：元/人年

序号	项目	2003	2004	2005	2006	2007
1	人均收入	65 760	68 864	79 607	75 710	63 499
2	比上年增加	—	3 104	10 743	−3 897	−12 211
3	比上年增加（％）	—	4.74％	15.6％	−4.90％	−16.13％

表 5—12 补充说明：2007 年与 2003 年相比，四年间不但货币收入没有增加，反而收入减少了 2 261 元，下降了 3.43％。如果考虑物价上涨因素，则实际收入下降更多。

由于工资水平偏低，导致了很多问题，正如院长在薪酬项目启动会上所讲的那样，兄弟单位、竞争对手的挑战，已经不能保证人才的稳定，不能激发团队的进取精神，职工不能清楚地看到个人发展与事业发展的联系，院里培养的骨干流失，直接威胁到生存发展，迫于严峻的形势，需要彻底改革。

有的课题组长认为：生存是第一位的，只有生存保证了，才会很好地考虑发展问题。

(二) 工资结构中，激励性工资的比重偏低

表 5—10 中除院领导外的 84 名员工，2007 年奖金总额 84.899 8 万元，年人均 10 107 元，只占工资总额或年人均收入总额的 19.16％。相反，固定性工资收入所占比例高达 80.84％。

(三) 个别分配关系不顺

例如，科研人员的岗位津贴标准，完全按照科研年限确定，这就产生了一个问题：研究生毕业的不如早两年毕业的本科生津贴标准高。

(四) 现行科研管理体制激励性较差

《HYhg 研究院科研管理办法》，本办法尽管为研发人员特殊规定了岗位津贴工资单元，但毕竟存在收入封顶的问题。

座谈中，普遍反映，以前实行课题组科研经营承包制，直接按税后利润的 30％提取奖金，那时，科研人员主动找科研项目，搞科研的劲头很大。现在搞岗位津贴，按时上班，按时下班，主动性大不如从前。

(五) 奖金计发缺失准确的坐标

2007年职能部门（包括YF中心）人员的奖金总额，按照业务部门年平均奖金的80%确定，并按个人的基本工资系数分配到人。

存在的问题是：

1. 研发部门是创收大户，2007年研发项目收入2 700多万元。按道理说，职能部门人员的奖金应随创收的科研人员的收入浮动。但现行体制是：对研发部门的科研项目并不独立进行经济核算，研发中心的人员并不随本身的经济效益浮动，却随其他业务单位的平均奖金浮动。由此导致了两个问题：一是课题组研发人员研发项目的经济价值被模糊化了，二是职能部门人员的奖金挂钩浮动似乎缺失了准确的基准坐标。

2. 按照《岗位责任制管理办法》，5个业务单位包括HJ公司、ZS基地、YF中心、ZJ中心、XX中心。

但在2007年确定职能部门奖金基数的测算中，业务单位平均奖金的测算只有HJ、ZS基地、JL、ZJ中心。而要把创收较少的YF中心和XX中心计算在内，则将大大拉低挂钩的奖金基数。

(六) 对员工个人的考核不够到位，部门缺乏分配自主权

目前，整体上看，工资表上的工资是固定发放的。年度奖金一年计算一次，年度奖金发放的基本依据是本人的岗级基本标准系数，部门缺乏奖金分配的自主权。

六、HYhg研究院本次薪酬改革的基本目标和主要任务

初步考虑，HYhg研究院本次薪酬改革的基本目标是：按照现代企业收入分配制度的要求，根据《劳动法》《劳动合同法》的规定和HYhg研究院的实际，以"按岗位定酬、按能力定酬、按绩效付酬"为主线，参照劳动力市场价位，兼顾工资存量，理顺不同部门、不同职工之间的工资关系，初步建立起兼顾内部公平、外部公平和个人公平的，具有激励机制和约束机制的新的薪酬管理制度体系。

本次薪酬改革的主要任务，初步考虑拟锁定为以下五项：构建新的薪酬制度，初步理顺分配关系，调整薪酬结构，完善绩效工资支付办法，建立正常的工资调整机制和运行机制。

(一) 构建新的薪酬制度

这次薪酬改革，首要的任务是转换HYhg研究院员工的工资制度，将所有员工现行的工资制度转换为新的薪酬制度，并纳入新的薪酬制度的轨道。

按照建立现代企业岗位职能绩效工资制度的要求,《薪酬方案》以"按岗位定酬、按能力定酬、按绩效付酬"为主线设计;工资的确定、调整与支付,以岗位、能力和绩效为导向。

(二)合理确定新的工资水平,初步理顺工资关系

对工资存量和增量,按照内部一致性的原则,参照市场劳动力价位,以岗位评价确定的岗位相对价值和员工的岗位职能为依据,结合公司的实际,合理确定不同岗位、同等岗位不同人员之间的工资差距,初步理顺工资关系。

(三)整合调整薪酬结构

在理顺工资关系的基础上,将员工2007年的工资支付项目及其存量,以及2008年计划的工资增量,通过整合简化,形成新的工资结构:

1. 岗位职能工资。是工资构成中相对固定部分,按照一岗多薪宽带设计。岗位职能工资的来源为:现行工资组成的基本工资"6项工资"之和,岗级工资的一部分。

2. 岗位绩效工资。是工资构成中的全浮动部分,按照一岗一薪窄带设计。岗位绩效工资,主要来源于现行工资制度中的"奖金"、工资增量、岗级工资的一部分。

3. 津贴、补贴。对现行的加班加点工资、保健津贴、中班补贴、保密津贴等进行调整后保留。

4. 院长基金。这是新建立的工资单元。其来源为年度可支付的工资总额减去前三个单元实际支付总额的剩余部分,用于特殊贡献奖、工资调节金、年终奖等。

在新的工资结构中,岗位职能工资和岗位绩效工资是薪酬构成的主体。

(四)调整、完善工资支付办法,特别是绩效工资的支付办法

按照保障基本、突出效益的原则,岗位职能工资实行在正常出勤的情况下,固定发放;岗位绩效工资的支付同本人岗位的绩效程度、部门绩效和公司整体经济效益紧密联系起来。基本形成任职人员工资的保障机制、有效激励机制和约束机制。

完善绩效工资计发办法的基本思路是"两级考核、两级分配",即院考核部门,决定部门应发绩效工资总额;部门考核个人,决定个人应发绩效工资。

1. 首先是完善创利的一线部门及人员的绩效工资计发办法,这是重点。对一线部门,绩效工资的计发,采取和内部利润挂钩的办法。

其基本模式是核定"两个基数,一个比例",即业务部门目标绩效工资总额基数、目标内部利润基数以及绩效工资总额随目标内部利润挂钩浮动的提成比例(也称工资含量),然后绩效工资总额随报告期目标内部利润指标的完成情况,按确定的提成比例增加或减少。

核定"两个基数、一个比例"的前提：人教处核定部门绩效工资总量，财务部、企管部核定部门内部利润基数，再由人教处核定"一个比例"。

业务部门的"两个基数，一个比例"，一经确定，原则上三年不变。因某种原因，需要调整"两个基数、一个比例"的，由部门提出，人事部和财务部测算，经经理办公会同意后实施。

其基本公式是：

业务部门应发绩效工资总额＝百元内部利润绩效工资含量×实际完成内部利润

式中：

(1) 百元内部利润绩效工资含量，按下式计算：

$$百元内部利润绩效工资含量=\frac{本业务部门绩效工资总额}{本业务部门目标内部利润}\times 100\%$$

式中：

①本业务部门绩效工资总额——本次薪酬改革后，每个业务部门个人绩效工资标准之和

②本业务部门目标内部利润——按照本次薪酬改革确定的新的口径，核算的各部门内部利润。

部门内部利润＝部门销售收入－部门经营成本

经营成本＝岗位职能工资＋单位五险一金缴费＋劳务费＋销售成本＋科研费用
＋销售费用＋销售税金＋坏账＋财务费用

特别提示：部门内部利润包括绩效工资在内，绩效工资不列入经营成本。

部门内部利润的核定原则：一般以上年实际数为基础，剔除不合理因素后核定；也可以前三年平均数核定；还可以以院下达的指标为准。

(2) 实际完成内部利润，是指按照薪酬方案的核算口径，核算的各业务部门内部利润。

2. 完善职能部门以及工作难以财务量化部门绩效工资计发的办法

初步考虑，原则上按下式执行：

部门绩效工资＝部门绩效工资标准总额
×部门绩效考核系数
×一线部门绩效工资实现率
×与一线部门绩效工资挂钩系数

不管是业务部门，还是职能部门，与绩效实现程度挂出来的绩效工资总额，由部门自主分配。

(五) 建立正常的工资调整机制和运行机制

1. 建立个人工资调整机制和工资支付的能增能减机制

（1）根据任职人员的岗位变动，建立工资的纵向调整机制。

（2）根据任职人员的专业技术水平（或技能水平）的变动，建立工资的横向调整机制。

（3）根据专业技术年限或技术年限（经验）的增加，提高职能工资档次。

2. 建立整体工资调整机制

自本办法实施的第二个年度起，依据上年度的经营状况及当年经济收入预测水平并参照当地工资指导线的基准线，适时调整工资支付项目和工资支付标准。

七、关于薪酬改革难点问题的估计

（一）工资增量不足

本次薪酬改革，初步计划的工资增量为10%，在职工已经4年没有工资增长的情况下，以及工资水平要与下属的HJ公司、JL公司保持相对平衡的要求下，工资增量明显不足。

在增量不足的情况下，关键岗位、年轻的科研人员需要增加的工资，就缺乏来源。由于HYhg研究院为啤酒桶形的人员结构，决定了"挖低补高"极为有限。

对策是可以考虑增加改革的工资增量，吃2009年的空额，即2009年一年停止调整工资水平。

（二）工资结构难调整

在目前的工资结构中，固定支付的存量工资的比例高达80%，并且已经形成了惯性。而改革的要求应适当扩大浮动考核计发的绩效工资的比例。即使把工资增量的10%全部放进绩效工资，浮动计发的比例也只有30%。而改革的目标，按照院领导的初衷，要把浮动考核计发工资的比例调高到50%以上。

（三）以岗位的相对价值和市场供求关系测算和确定工资标准，等于"重新洗牌"，理顺工资关系难度大

如果按照"存量基本不动、增量调整、改革逐步到位"的原则，则难度不大。但问题是在工资增量不足的情况下，工资关系难理顺。

而按照"存量、增量同时调整，改革一步到位"的原则，工资关系理顺了，但会引起部分员工工资的下降，有一个惯性、经济和心理承受能力问题。

对策是，可以考虑对低等级及一般岗位的员工，在本次改革中工资水平下降的，拟给予某种程度和形式的保障。

保护的程度和形式，以下两种选择，择其一：

(1) 对 HYhg 研究院的"老人",在按照薪酬方案的规定纳入新工资标准后,根据工资表中"6 项工资之和"降低的额度,另外规定一个截至 2007 年累进封顶的年功工资,并把年功工资作为"保留工资"处理,并予以冻结。但今后对新人不再建立工龄工资。

(2) 也可以考虑将现行年功工资的存量予以冻结,作为"保留工资"处理。

为了避免有人认为薪酬改革是有针对性地降低某人工资的误解,拟在薪酬方案出台以后,对所有人员实行"竞聘上岗"。

(四) 绩效工资习惯计发做法向新的计发办法过渡难,工作量较大

在新的绩效工资计发办法中,对创利的一线业务部门将使用目标绩效工资、目标绩效(目标内部利润、目标责任)等诸多新的概念和使用新的财务核算和绩效工资计算方法。

实现这个过渡的工作重点和拟采取的策略是:

1. 确定可以量化财务指标的一线部门。

2. 按照新的口径,核定"两个基数、一个比例",即目标绩效工资、目标内部利润、内部利润绩效工资提取比例。

3. 将新的计发办法向执行部门及人员宣讲清楚,使他们认可和接受。

八、急需院领导进行决策的几个问题

(一) 现行的科研体制是否调整

对 2007 年《HYhg 研究院科研管理办法》,座谈中比较一致地认为存在两个问题:一是科研人员实行固定岗位津贴制,缺乏激励机制;二是科技成果转化提成缺乏操作性。

对第一个问题的解决,是否可以考虑取消研发人员岗位津贴单元,与职能部门人员同样建立绩效工资单元,并配套把 YF 中心作为一个独立核算的经济实体来对待,将研发人员的绩效工资总额与 YF 中心经济效益(内部利润)挂钩计发。

对第二个问题的解决,科技成果转化提成奖励的政策可以继续保留,但一是加强操作性;二是转化提成奖励不直接作为个人收入,而是列入 YF 中心或课题组的当年收入。

(二) 哪些部门可以作为创利部门,这些部门把平均绩效工资作为计发职能部门的奖金基数的依据

2007 年,职能管理人员的奖金基数 14 090 元,是根据 HJ、ZS 基地、JL、ZJ 中心四个单位的平均奖金的 80% 核算的。YF 中心、XX 中心因创利很少,没有计算在内。

2008 年,在决定职能部门随业务部门绩效工资浮动时,JL 公司是否还计算在内?YF 中心是否计算在内?XX 中心是否计算在内?

(三）初步计划的薪酬改革投入总量是否可以突破

2007年，89人工资总额存量为577.5万元。平均工资为64 887元。

2008年，薪酬改革的增量为存量的10%，为57.75万元，两者合计为635.25万元，平均为71 376元。

平均工资水平整体上不低，但有一个人员结构问题，如果把院领导不计算在内，84位中层以下员工2007年工资总额存量为443.217 5万元，人均只有52 764元。考虑10%的增量之后，改革的投入总量为443.22+43.22=486.44万元，人均也只有5.79万元。

如果考虑同等人员与HJ、JL的适当平衡，如HYhg研究院的中层与HJ公司的中层持平（2007年HYhg研究院中层为68 549元，与HJ大体持平需要每人提高3万元以上），按可比口径，工资增量的缺口至少在10%以上。

（四）初步考虑的薪酬结构，是否可以投入实际测算

初步考虑新的薪酬结构和比例见表5—13。

表5—13　　　　　　　　　　2008年拟实行的薪酬结构

工资单元	工资单元	工资来源	投入工资总量	占工资总额	备注
第一单元	岗位职能工资	1. 现行基本工资6项 2. 岗级工资的一部分	年投入230万元左右，人均2 600元左右	45%左右	一岗多薪宽带设计，作为基本工资，相对固定支付，院直接发放到人
第二单元	岗位绩效工资	1. 岗级工资的一部分 2. 全部工资增量	年投入230万左右，人均2 600元左右	45%左右	一岗一薪设计，业务部门直接和本部门内部利润挂钩，职能部门随业务部门平均奖金浮动，两级考核、两级支付
第三单元	津贴、补贴	保密费；年功工资，有毒有害津贴	年投入20万元左右，占工资总额10%左右	10%左右	按规定条件支付
第四单元	院长基金	不确定数	不确定数	不确定数	届时面议支付

九、下一阶段——岗位评价阶段的工作安排和工作重点

（一）保证在3月26日之前准备好岗位评价资料，并在3月28日印制装订完毕

1.《岗位清单》

2. 《岗位说明书》

3. 《岗位评价标准体系》

4. 《岗位评价记录表》

5. 《部门及所属岗位信息交流资料》

(二) 开好岗位评价会议，做好岗位评价

定于3月31日（周一）至4月1日（周二）召开岗位评价会议，务必开好。

会议之后，4月1日，岗位评价数据处理，形成岗位等级表，并征求各部门意见。

4月3日，请院长办公会最终讨论决定《岗位等级表》。

之后，将所有人员对号入座纳入岗位等级表。

(三) 为工资测算阶段做好基础资料准备

1. 统计汇总2007年工资数据，深入分析工资统计数据。

2. 确定可以量化财务绩效指标的一线部门。

3. 摸清两个底数：一线创利部门人员已经形成的工资水平和绩效水平。

4. 委托人教处调查填写个人岗位信息和个人资质信息表。

岗位评价之后，将即时进入工资测算和《薪酬方案》的起草和讨论修订阶段。

第三节　薪酬方案系列文件之二
——HYhg研究院岗位职能绩效薪酬制度方案（试行）

目　录

第一章　总　则

第二章　岗位职能工资

第三章　岗位绩效工资

第四章　津贴、补贴、保留工资

第五章　加班加点和特殊情况下的工资

第六章　招聘人员和新参加工作人员的工资

第七章　工资调整

第八章　社会保险、住房公积金、企业年金

第九章　年终效益奖和院长基金

第十章 附　则

第一章　总　则

第一条　【根据】

按照建立现代企业收入分配制度的要求，根据《中华人民共和国劳动法》和《中华人民共和国劳动合同法》，结合 HYhg 研究院的实际，制订本薪酬方案（以下简称薪酬方案）。

第二条　【构建新的工资制度】

按照建立现代企业岗位职能绩效工资制度的要求，新的工资制度以"按岗位定酬、按能力定酬、按绩效付酬"为主线构建；工资的确定、调整与支付，以岗位、能力和绩效为导向。

第三条　【合理确定工资水平，初步理顺工资关系】

按照内部一致性和同工同酬的原则，参照市场劳动力价位，以岗位相对价值为基础，以专业技术资格（或技术等级）和资历为依据，合理确定不同岗位、同等岗位不同人员之间的工资差距，初步理顺工资关系。

第四条　【调整工资结构】

整合简化员工的薪酬结构。员工新的薪酬结构为：一、岗位职能工资，二、岗位绩效工资，三、津贴、补贴，四、年终效益奖，五、院长基金。其中，岗位职能工资和岗位绩效工资是工资构成的主体。

调整固定工资与浮动工资的比例，适当降低固定工资的比例，相对提高浮动工资的比例。

第五条　【完善绩效工资的计发办法】

工资的计发以单位绩效、部门绩效和员工绩效为导向。根据部门职能和工作性质、任务的不同，建立两级考核、两级分配的新的绩效工资计发激励机制和约束机制。

第六条　【建立正常的工资调整机制】

根据任职人员的岗位变动，建立工资的纵向调整机制；根据任职人员的专业技术等级或技能等级，以及员工专业技术年限/技术年限/任职年限/本企业工龄的增长，建立工资的横向调整机制；根据社会经济发展，提高生活水准的要求，在经济效益提高的前提下，建立工资的整体调整机制。

第七条　【三项制度配套改革】

坚持三项制度改革配套进行，共同推进。以提高企业经济效益和劳动生产率为中心，建立起岗位靠竞争、收入靠贡献的动力机制，形成"岗位能上能下，人员能进能出，工资能增能减"的用人制度和分配制度。

妥善处理效率与公平的关系，以人为本，对由事业单位职工转为企业职工的"老人"，给予工资保障。

第八条 【实施范围】

本薪酬方案实施的岗位及人员范围：与HYhg研究院订立劳动合同建立劳动关系的员工。HYhg研究院经营层成员的薪酬制度，暂按本方案的规定执行；上级总公司另有规定的，从其规定。

第二章 岗位职能工资

第九条 【岗位职能工资等级】

岗位职能工资等级根据员工任职的岗位等级确定。

岗位职能工资等级由HYhg研究院岗位评价委员会按照《HYhg研究院岗位评价标准体系》，通过实施岗位评价评定。《HYhg研究院岗位等级序列表》见附表1。

技术岗位在《HYhg研究院岗位等级序列表》外单列，按照岗位宽带分为分析师（信息研究与开发师）和研发师（技术开发师）两个等级。

中层部门由副职主持工作的，高定一个工资等级。

第十条 【岗位职能工资标准】

岗位职能工资，是工资构成中的相对固定部分。

岗位职能工资标准，管理、生产、服务岗位实行"一岗十五薪制"；技术岗位实行"一岗十八薪制"。岗位职能工资标准，纵向以岗位等级为基础，体现岗位的价值；横向以个人岗位职能为基础，体现不同员工人力资本和年功贡献的价值。

岗位职能工资标准，见附表2—1、附表2—2。

第十一条 【纳入岗位职能工资等级的办法】

所有人员按照所任岗位评定的岗位等级，直接进入与本岗位等级相对应的工资等级。

在纳入工资等级中，"一人多职"的，按"实职"就高确定。党委副书记、纪委书记、工会主席、党办主任、组织部负责人、纪检监察室主任、综合治理办公室主任、团委书记等"兼职"变为专职以后，按专职评定岗位等级或通过院长办公会比照同类岗位确定岗位等级。

第十二条 【纳入岗位职能工资档次的办法】

岗位职能工资档次纳入表，见附表3—1、附表3—2。

纳入岗位职能工资档次有关问题的处理：

（一）中层（不含）以下"干部身份"的人员和专题组长，按专业技术年限纳入工资档次，专业技术年限从聘任现专业技术资格的当年算起；"工人身份"的技术年限从认定现技术等级的当年算起，计算到2008年。

（二）在按照现专业技术资格和专业技术年限纳入工资档次时，如出现按照高一等级专业技术资格和技术年限纳入的工资档次标准，低于按低一等级纳入的工资档次标准，新取得中级专业技术资格的，在"就高"的基础上高定一个工资档次；新取得高级专业技术资格的，在"就高"的基础上高定两个工资档次。

（三）中层副职以上管理人员，按照任职年限纳入工资档次，任职年限从担任本级职务之年，计算到2008年。

（四）纳入工资档次的本企业工龄，HYhg研究院的"老人"从进入HYhg研究院之年，HYhg研究院合同制员工自签订劳动合同的当年算起，计算到2008年。

（五）在HYhg研究院初次参加工作的人员，从工作的当月起，不满12个月的，视为1年的工作年限；工作满12个月的，从第十三个月起视为两年的工作年限。从第三个年度起，按照自然年度计算工作年限。

第十三条 【老人老办法，新人新办法】

截至本薪酬方案实施之前由事业单位职工转为企业职工的"老人"，纳入新的工资标准后，2008年每月"新三项工资"（岗位职能工资、岗位绩效工资和保留工资）之和，低于2007年本人"三项工资"（基本工资、岗位工资、年功工资）与年终本等级岗位平均奖金之和的，在不因岗位变动降低本方案岗位等级表中岗位等级的前提下，在2007年本人"三项工资"（基本工资、岗位工资、年功工资）与年终本等级岗位平均奖金之和的基础上，就近就高纳入本方案的工资等级和工资档次，之后再高纳一个工资档次。

自本方案实施之日起，进入本院工作的"新人"，则一律按照本人任职岗位和本人条件直接纳入本方案规定的工资等级和工资档次标准，其中进入一级、二级、三级、四级岗位工作的新人，执行一副、二副、三副、四副工资标准。

第十四条 【岗位职能工资的支付】

岗位职能工资为任职人员的基本工资，在员工正常出勤、提供正常劳动的情况下，每月固定支付。所有人员，因私事假，按日扣减。

公式：

月应发岗位职能工资＝本人月岗位职能工资标准－（日岗位职能工资标准×因私事假天数）

式中：

日岗位职能工资标准＝月岗位职能工资标准/21.75天

因病、婚、丧、生育等法定事假，按本方案第五章有关特殊情况下的工资支付规定处理。

第三章 岗位绩效工资

第十五条 【岗位绩效工资等级】

岗位绩效工资等级,同附表1。

第十六条 【岗位绩效工资标准】

管理、生产、服务人员的岗位绩效工资标准,实行"一岗一薪"制,即每个岗位等级只有一个工资标准;技术人员的岗位绩效工资标准,实行"一岗十八薪"制。

岗位绩效工资标准,见附表2、附表3。其中:技术岗位人员岗位职能工资和岗位绩效工资的比例为7:3;管理、生产、服务岗位各等级月岗位职能工资和岗位绩效工资各自占岗位工资的比例,见表5—14。

表5—14　　　　　　　管理、生产、服务和技术岗位工资构成比例

岗位等级	岗位职能工资占岗位工资比例(%)	岗位绩效工资占岗位工资比例(%)	岗位职能工资+岗位绩效工资(%)
中层以下(1~7级)	70	30	100
中层岗位(8~11级)	60	40	100
院级岗位(12~14级)	50	50	100

第十七条 【岗位绩效工资计发】

岗位绩效工资是工资构成中的全浮动部分。原则上为两级考核、两级支付。

(一)一级考核、一级支付,即以部门为考核单位,按年结算,根据考核结果,决定各部门年度应发绩效工资总额。

(二)二级考核、二级支付,即以岗位任职人员为单位,按月或按年结算,由各部门对所属任职人员,根据绩效考核结果,决定岗位任职人员年度应发绩效工资。具体绩效考核办法,在院统一指导下,由各部门根据实际情况自主制定。

(三)职能部门人员的绩效工资随业务部门人员绩效工资的实现程度挂钩联动支付。

《HYhg研究院岗位绩效工资实施细则》,另行制定。

第四章　津贴、补贴、保留工资

第十八条 【科研岗位津贴】

科研岗位津贴除以下一点调整外,继续按照《HYhg研究院科研管理办法》的有关规定执行:研究生毕业从事研发工作的,研究生学习期间视同研究时间。科研岗位津贴标准见表5—15。

表5—15　　　　　　　　　课题组研发人员岗位津贴标准　　　　　　　　　单位：元

序号	岗位级别	津贴标准
1	专题组长	2 000
2	课题组长	1 000
3	研究人员A级（相关工作经验10年以上）	800
4	研究人员B级（相关工作经验6~10年）	500
5	研究人员C级（相关工作经验3~5年）	300
6	研究人员D级（相关工作经验1~2年）	100
7	试验工A级（相关工作经历3年以上）	300
8	试验工B级（相关工作经历1~3年）	100

备注：鼓励有能力的课题组多承担项目，多承担一项项目，津贴相应增加30%，但承担项目最多不能超过3个。

第十九条　【其他津贴、补贴】

住房增量补贴、保密津贴、保健津贴、冬季取暖补贴、夏季防暑降温补贴、远郊津贴、司机误餐补贴、值班津贴、独生子女补贴等，继续按现行标准执行。

在物化室担任组长的，每月支付组长津贴100元。

第二十条　【保留工资】

保留工资，属于对HYhg研究院"老人"的一种特殊工资保护形式。工资保护标准为：截至2010年，工龄一年5元/月、院龄一年15元/月。自2011年起，保留工资不再随工作年限的增加而增加；自本方案执行之年起，对来HYhg研究院工作的"新人"不再建立年功工资或保留工资。

第五章　加班加点和特殊情况下的工资

第二十一条　【加班加点工资】

中层（不含）以下执行标准工作时间的管理人员、研发人员、分析人员、生产人员，在法定标准工作时间以外，需要加班加点而又不能补休的，以不低于本市小时最低工资为基数，按照150%支付加点工资；在周休日需要加班的，按照200%支付加班工资；在法定节假日需要加班的，按照300%支付加班工资。

实行不定时工作制的人员，其加班加点工资以绩效工资的形式给予补偿。

第二十二条　【病假工资或疾病救济金】

员工因病或非因工负伤需要休息治疗，在规定的医疗期内，病假期间，绩效工资不发，以本人岗位职能工资为基数，按照本企业工龄，按《一九五三年劳动保险条例实施细则》规定的比例支付：

（一）累计病休在 6 个月以内者：工龄不满 2 年者，为本人工资的 60%；已满 2 年不满 4 年者，为本人工资的 70%；已满 4 年不满 6 年者，为本人工资的 80%；已满 6 年不满 8 年者，为本人工资的 90%；已满 8 年及 8 年以上者，为本人工资的 100%。

（二）累计病休在 6 个月以上者，改发疾病救济费：工龄不满 1 年者，为本人工资的 40%；已满 1 年不满 3 年者，为本人工资的 50%；3 年及 3 年以上者，为本人工资的 60%。

（三）按照上述办法计发的病假工资或疾病救济费，扣除个人缴纳的社会保险费、住房公积金后，低于当月本市最低工资标准 80% 的，按照当月本市最低工资标准的 80% 发给。

第二十三条 【产假工资】

女员工产假（含产前检查和哺乳依法休假），在规定的产假内，由本人在社会保险经办机构领取生育津贴。产假超过国家规定的期限，按照病假待遇处理。

第二十四条 【婚假、丧假、探亲假和年休假】

员工依法享受的婚假、丧假、探亲假，绩效工资不发，岗位职能工资照发。

年休假视同出勤，不影响工资福利待遇。

第二十五条 【工伤待遇】

劳动者因工负伤，在停工留薪期内，原工资福利待遇，按照本方案规定的工资标准，由单位按月支付。停工留薪期一般不超过 12 个月。

工伤医疗期满恢复工作试用期内执行工伤津贴。试用期满上岗的，按任职岗位重新核定工资。因伤残造成本人工资等级降低两个等级以上的，在任职工资等级的基础上高定一个工资等级。

工伤医疗期满评定伤残等级后停发工伤津贴，改为享受伤残待遇，其费用由工伤保险基金列支。伤残待遇按本省企业劳动者工伤保险规定执行。

第二十六条 【停工、待岗待遇】

劳动者因企业原因停工放假期间，在一个工资支付周期之内的，岗位职能工资照发；超过工资支付周期的日数，按照本市最低工资的 70% 发给生活费。

员工因本人原因待岗的，待岗期间需要每日上班的，按照本市最低工资标准支付；不需要上班的，按照本市最低工资的 70% 发给生活费。

第二十七条 【学习期间待遇】

HYhg 研究院根据工作需要安排员工参加短期脱产培训的，岗位职能工资和岗位绩效工资照发。凡属个人要求接受学历教育并脱产学习的，按因私事假处理。

第六章 招聘人员和新参加工作人员的工资

第二十八条 【招聘人员的工资】

从市场招聘的具有一定工作经验的人员,按照《劳动合同法》的规定,根据聘用合同或劳动合同期限的长短确定试用期。试用期包括在劳动合同期限内。

试用期间,岗位绩效工资不予支付;岗位职能工资按照试用岗位和本人条件确定并全额支付。试用期满经考核合格留用的,根据确定的岗位和本人条件确定岗位职能工资标准和岗位绩效工资标准。

第二十九条 【新参加工作人员的工资】

对新参加工作人员实行试用期,试用期根据劳动合同期限的长短确定。

试用期间的工资标准,按表5—16执行;试用期间,不执行岗位绩效工资规定。试用期满留用的,按照聘任的岗位和本人条件确定岗位职能工资标准和岗位绩效工资标准。

表5—16　　　　　　　　　新参加工作人员试用期工资标准　　　　　　　　单位:元/月

学历层次	试用期工资标准
中专、技校、高中毕业生	800
大专毕业生	900
本科毕业生	1 200
硕士研究生	2 000
博士研究生	3 500

第七章 工 资 调 整

第三十条 【工资调整内容】

工资调整的内容包括个人工资调整、工资标准整体调整和工资关系调整。

第三十一条 【个人工资调整】

个人工资调整包括工资等级调整、工资档次调整:

(一)调整工资等级

调整工资等级,即纵向调整。凡岗位调整,涉及岗位等级发生变化的,按照新任岗位重新确定工资等级。工资等级调整一律从新任岗位的次月起执行。

(二)调整工资档次

1."技变薪变",即员工取得高一等级专业技术资格或技术等级证书的,从取得相应证书并聘任或认定的第二个月起调整工资档次。

2."龄变薪变",即按照本方案中的岗位职能工资档次纳入表,专业技术年限/技术年限/任职年限或本企业工龄的增长，符合提高工资档次条件的，从当年的1月1日起提高工资档次。

第三十二条 【整体工资调整】

自本方案实施的第二个年度起，依据HYhg研究院上一年度的经济效益水平、当年经济效益预测水平、同行业的工资水平、居民消费价格上涨等因素，按照"两不超过"的原则，参照本市工资增长指导线，采取普加（所有岗位等级增加一个同等的工资额）和（或）普调（所有岗位等级按照同样的一个百分比提高工资标准）的形式，适时调整岗位职能工资标准、岗位绩效工资标准。

从体现工资能增能减的激励机制和约束机制出发，整体工资的调整也可以通过绩效工资的形式实现。

第三十三条 【工资关系调整】

根据实现HYhg研究院经营目标、拓展研发项目和开发市场的需要，参照劳动力市场价位，适时调整工资关系。

第八章 社会保险、住房公积金、企业年金

第三十四条 【社会保险缴费】

在职员工全部按照本市规定参加社会保险缴费。

第三十五条 【住房公积金】

在职员工，除农村户口人员外，全部按照本市规定参加住房公积金缴存。

第三十六条 【企业年金】

HYhg研究院为员工建立企业年金。《HYhg研究院企业年金方案》另行制定。

第九章 年终效益奖和院长基金

第三十七条 【年终效益奖】

报告年度完成或超额完成经济效益指标，发放年终效益奖。发放年终效益奖的额度、发放范围和发放办法，年终根据经济效益、部门和个人绩效考核结果等综合因素确定。

第三十八条 【院长基金的来源】

院长基金的来源为：报告年度按照合理的人工费比率或劳动分配率计算的工资总额，减去一年中日常实际支付的工资总额（包括年终效益奖）的剩余部分；上一年度院长基金的结余结转到报告年度的部分。

第三十九条 【院长基金的使用】

院长基金用于：作为特殊贡献奖，奖励在市场拓展、产品研发、技术工艺和经营管理创

新、增收节支等方面作出重大贡献的部门和员工；作为嘉奖，奖励在本职工作中尽职尽责或在本职工作之外，为 HYhg 研究院作出一定贡献的员工；作为分配调节金，用于解决收入分配中的特殊问题。

特殊贡献奖的部门、人选、奖励额度，以及用于分配调节金的额度等事项，结合年终工作总结，由院长提出，经院长办公会讨论通过后实施。

第十章 附 则

第四十条 【研发人员科研成果转化奖励、课题奖励】

研发人员的科研成果转化奖励和课题奖励，继续执行《HYhg 研究院科研管理办法》中的规定。

第四十一条 【岗位复评】

适应外部市场竞争需要，因调整工作流程并相应进行组织调整、岗位设置调整的，对调整的岗位应当重新进行岗位评价。

第四十二条 【协议工资】

对适合实行协议工资制的人员，参照劳动力市场价位实行协议工资制。协议工资金额在合同中约定。协议工资金额应包括并注明社会保险缴费和住房公积金在内，社会保险缴费和住房公积金缴存由本人负责。

第四十三条 【竞聘上岗】

作为本薪酬方案的配套改革措施，在定编定员的基础上，将择机实行竞聘上岗。竞聘上岗的办法另行制定。

第四十四条 【本规定为准】

自本方案实施之日起，原有关文件中涉及工资支付的规定，与本方案以及根据本方案制订的实施细则不符的，以本方案及根据本方案制定的实施细则的规定为准。

第四十五条 【另行制定】

根据本方案的规定，部门绩效考核办法、员工绩效考核办法或指导意见等配套政策另行制定；根据需要，另行制定其他有关实施细则或有关规定。

第四十六条 【实施程序】

本方案经院长办公会审核并经职工代表大会讨论通过后颁布，自 2008 年 1 月 1 日起实施。

第四十七条 【解释】

本方案由院人教处解释。

附表1　　　　　　　　　　　　　HYgh研究院岗位等级序列表

岗位等级	院办公室	人教处	财务处	科研开发处	企业管理处	物资处	XX中心	物化室	YF中心	ZS基地
一						装卸工				初级操作工
二						仓库保管员				操作工
三	司机 文书 档案					维修工 电工 驾驶员 物资采购员 计划统计员	书刊管理 档案管理	分析工	试验员	高级操作工 综合机修工 分析检验工
四			出纳	驻京办办事员			培训及专利管理			质检员
五					安全环保管理	机电设备管理 基建维修管理				综合管理员 销售员
六		人力资源管理	会计	科研成果管理及统计、科研计划及运行管理						
七				科研项目开发						
八	副主任				副处长		副主任	副主任		副主任
九				副处长					专题组长 副主任	
十	保密办主任 认证办主任 质量处处长 院办主任	处长	处长		处长	处长	主任	主任		主任
十一	副总工程师院长助理			处长					主任	
十二	副院长 总工程师									
十三	常务副院长 党委书记									
十四	院长									

备注：本岗位等级表不含技术岗位。

附表 2

管理、生产、服务岗位工资标准表

单位：元/月

岗位等级	年薪标准	月薪标准	档差	职能工资档次标准															绩效工资标准
				1	2	3	4	5	6	7	8	9	10	11	12	13	14	15	
一副	14 400	1 200	40	600	640	680	720	760	800	840	880	920	960	1 000	1 040	1 080	1 120	1 160	360
一	32 400	2 700	95	1 320	1 415	1 510	1 605	1 700	1 795	1 890	1 985	2 080	2 175	2 270	2 365	2 460	2 555	2 650	810
二副	18 000	1 500	50	750	800	850	900	950	1 000	1 050	1 100	1 150	1 200	1 250	1 300	1 350	1 400	1 450	450
二	34 800	2 900	95	1 460	1 555	1 650	1 745	1 840	1 935	2 030	2 125	2 220	2 315	2 410	2 505	2 600	2 695	2 790	870
三副	24 000	2 000	70	980	1 050	11 220	1 190	1 260	1 330	1 400	1 470	1 540	1 610	1 680	1 750	1 820	1 890	1 960	600
三	36 000	3 000	105	1 470	1 575	1 680	1 785	1 890	1 995	2 100	2 205	2 310	2 415	2 520	2 625	2 730	2 835	2 940	900
四副	30 000	2 500	90	1 210	1 300	1 390	1 480	1 570	1 660	1 750	1 880	1 970	2 060	2 150	2 240	2 330	2 420	2 510	750
四	37 320	3 110	110	1 520	1 630	1 740	1 850	1 960	2 070	2 180	2 290	2 400	2 510	2 620	2 730	2 840	2 950	3 060	920
五	38 760	3 230	120	1 560	1 670	1 780	1 890	2 000	2 110	2 260	2 330	2 440	2 550	2 660	2 770	2 880	2 990	3 100	970
六	42 960	3 580	130	1 730	1 860	1 990	2 120	2 250	2 380	2 510	2 640	2 770	2 900	3 030	3 160	3 290	3 420	3 550	1 070
七	48 000	4 000	140	1 960	2 100	2 240	2 380	2 520	2 660	2 800	2 940	3 080	3 220	3 360	3 500	3 640	3 780	3 920	1 200
八	57 960	4 830	150	2 000	2 150	2 300	2 450	2 600	2 750	2 900	3 050	3 200	3 350	3 500	3 650	3 800	3 950	4 100	1 930
九	62 040	5 170	160	2 140	2 300	2 460	2 620	2 780	2 940	3 100	3 260	3 420	3 580	3 740	3 900	4 060	4 220	4 380	2 070
十	72 000	6 000	180	2 520	2 700	2 880	3 060	3 240	3 420	3 600	3 780	3 960	4 140	4 320	4 500	4 680	4 860	5 040	2 400
十一	78 000	6 500	200	2 700	2 900	3 100	3 300	3 500	3 700	3 900	4 100	4 300	4 500	4 700	4 900	5 100	5 300	5 500	2 600
十二	97 500	8 130	240	2 715	2 955	3 195	3 435	3 675	3 915	4 155	4 395	4 635	4 875	5 115	5 355	5 595	5 835	6 075	4 155
十三	142 500	11 870	280	4 255	4 535	4 815	5 095	5 375	5 655	5 935	6 215	6 495	6 775	7 055	7 335	7 615	7 895	8 175	5 935
十四	150 000	12 500	310	5 220	5 600	5 980	6 360	6 740	7 120	6 250	7 880	8 260	8 640	9 020	9 400	9 780	10 160	10 540	6 250

备注：本岗位工资标准表中的一、二、三、四级工资标准，一副、二副、三副、四副其使用范围为直接与HYhg研究院订立劳动合同的"新人"，不包括由事业单位职工转为企业职工的"老人"。

其使用范围的人员范围为由事业单位职工转为企业职工的"老人"。

附表3　　　　　　　　　　技术岗位工资标准表　　　　　　　　　　单位：元/月

技术岗位	工资结构	岗位工资档次标准																	
		1	2	3	4	5	6	7	8	9	10	11	12	13	14	15	16	17	18
分析师信息研究与开发师	岗位工资	2 920	3 030	3 140	3 250	3 360	3 470	**3 580**	3 690	3 830	3 970	4 110	4 250	4 430	4 610	4 790	4 970	5 150	5 330
	职能工资	2 040	2 120	2 200	2 280	2 350	2 430	**2 510**	2 580	2 680	2 780	2 880	2 980	3 100	3 230	3 350	3 480	3 610	3 730
	绩效工资	880	910	940	970	1 010	1 040	**1 070**	1 110	1 150	1 190	1 230	1 270	1 330	1 380	1 440	1 490	1 540	1 600
研发师技术开发师	岗位工资	3 290	3 400	3 520	3 640	3 760	3 880	**4 000**	4 120	4 280	4 440	4 600	4 760	4 960	5 160	5 360	5 560	5 760	5 960
	职能工资	2 300	2 380	2 460	2 550	2 630	2 720	**2 800**	2 880	3 000	3 110	3 220	3 340	3 470	3 610	3 750	3 890	4 030	4 170
	绩效工资	990	1 020	1 060	1 090	1 130	1 160	**1 200**	1 240	1 280	1 330	1 380	1 430	1 490	1 550	1 610	1 670	1 730	1 790

备注：
(1) YF中心研发师，不含YF中心主任、副主任、专题组长、试验工；
(2) 物化室分析人员，不含物化室主任、副主任、分析工；
(3) ZS基地技术开发师，不含ZS基地主任、副主任、质检员、营销员、综合管理员、分析检验工和操作工、机修工；
(4) XX中心信息研究与开发师，不含XX中心主任、副主任、培训及专利管理、档案管理、书刊管理。

附表4　　　　　　管理、生产、服务岗位职能工资档次纳入表

岗位等级	专业技术等级/技能等级要求	任职人员专业技术等级/技能等级	专业技术年限/技术年限/任职年限/本企业工作年限			
			4年以下/5年以下	5～8年/6～10年	9～12年/11～15年	13年以上/16年以上
一级	初级工	无等级	4	5	6	7
		初级工	6	7	8	9
		中级工	8	9	10	11
		高级工	10	11	12	13
二级	员级、中级工	无等级	2	3	4	5
		初级工	4	5	6	7
		员级、中级工	6	7	8	9
		助理级、高级工	8	9	10	11
		中级、技师以上	10	11	12	13
三级四级	助理级、高级工	初级工及以下	2	3	4	5
		员级、中级工	4	5	6	7
		助理级、高级工	6	7	8	9
		中级、技师	8	9	10	11
		副高级、高级技师	11	12	13	14

续表

岗位等级	专业技术等级/技能等级要求	任职人员专业技术等级/技能等级	专业技术年限/技术年限/任职年限/本企业工作年限			
			4年以下/5年以下	5~8年/6~10年	9~12年/11~15年	13年以上/16年以上
五级 六级 七级 八级 九级 十级	中级师、技师	员级、中级工	2	3	4	5
		助理级、高级工	4	5	6	7
		中级、技师	6	7	8	9
		副高级、高级技师	9	10	11	12
		正高级	12	13	14	15
十一级 十二级 十三级 十四级	高级师,高级技师	助理级及以下	2	3	4	5
		中级、技师	4	5	6	7
		副高级、高级技师	6	7	8	10
		正高级	8	9	10	11

附表5　　　　　　　　　技术岗位职能工资档次纳入表

员级	专业技术年限	4年以下	5~8年	9~12年	13年以上
	工资档次	1	2	3	4
助理级	专业技术年限	4年以下	5~8年	9~12年	13年以上
	工资档次	4	5	6	7
中级	专业技术年限	4年以下	5~8年	9~12年	13年以上
	工资档次	7	8	9	10
高级	专业技术年限	4年以下	5~8年	9~12年	13年以上
	工资档次	11	12	13	14
正高级	专业技术年限	4年以下	5~8年	9~12年	13年以上
	工资档次	15	16	17	18

第四节　薪酬方案系列文件之三
——HYhg研究院工资标准测算的说明

目　录

一、2007年工资总额构成及其存量
二、2008年工资改革投入总量
三、2008年工资构成安排

四、拟定2008年岗位目标年薪

五、2008年岗位工资构成、工资标准、工资档次纳入表

六、各岗位等级员工纳入工资档次情况统计

七、纳入新工资标准后与改革前对比、增减情况

八、按岗位分类新工资与旧工资对比增减情况

九、各部门岗位工资总额及工资总额结构

十、薪酬改革后月、年度工资总额及平均工资构成情况

一、2007年工资总额构成及其存量

(一) 88人 (不含JHRL 13人) 三项工资总额存量, 见表5—17。

表5—17　　HYhg研究院88人基本工资、年功工资和岗级工资三项工资总额存量　　单位: 元

序号	工资项目	月度总额	月度平均	年度总额	年度平均	每项工资占三项工资（%）
1	基本工资	131 771	1 497	1 581 249	17 969	47.88
2	年功工资	22 172	252	266 058	3 023	8.06
3	岗级工资	121 283	1 378	1 455 400	16 539	44.07
合计	—	275 226	3 128	3 302 707	37 531	100

(二) 科研岗位津贴存量

2007年科研岗位津贴存量为43.23万元,实际享受了津贴的人数为51人,年人均为8 476元。

(三) 奖金总额存量

按照每人2008年应发2007年奖金统计,不含JHRL公司13人,2007年全院共计111.816 4万元,年人均为12 706元。。

(四) 2007年工资总额存量

2007年三项工资+科研岗位津贴+奖金,共计为485.317 1万元,年人均为55 150元。2007年三项工资+奖金,共计为442.087 1万元,年人均为50 237元。

二、2008 年工资改革投入总量

2007 年工资总额存量不含科研岗位津贴共计 442.087 1 万元。

2008 年工资改革初步计划工资增量为存量的 15% 左右,即工资总额增量为 66.313 1 万元。

2008 年工资总额投入量＝2007 年工资总额存量＋2008 年工资总额增量
　　　　　　　　　　＝442.087 1＋66.313 1
　　　　　　　　　　＝508.400 2 万元

三、2008 年工资构成安排

2008 年工资构成安排:

年功工资变更为保留工资,按照新核算口径计算到 2008 年,由 26.605 8 万元,增加到 33.516 0 万元,年净增加 6.910 2 万元。

2008 年预安排的工资构成,见表 5—18。

表 5—18　　　　　　　　2008 年工资构成安排　　　　　　　单位:元

构成	工资项目	人数	年度总额	年人均	月人均	比例
一	工资总额	88	5 084 002	57 773	4 814	100.00%
第一单元	保留工资	88	335 160	3 809	317	6.59%
第二单元	岗位工资	88	4 748 842	53 964	4 497	93.41%

四、拟定 2008 年岗位目标年薪

拟定岗位目标年薪,见表 5—19 中第 6 列数。

表 5—19　　　　　　　　各岗级调查目标年薪统计表　　　　　　　单位:元

岗位等级	代表性岗位	岗级人数	统计年薪	统计年薪总额	拟定目标年薪	拟定年薪总额	拟定年薪系数
1	2	3	4	5	6	7	8
一副	装卸工	0	0	0	14 400	0	1.00
一		0	0	0	32 400	0	2.25
二副	办公室内勤、	0	0	0	18 000	0	1.25
二	仓库报关员、操作工	3	44 868	134 604	34 800	104 400	2.42
三副	高级操作工、	0	0	0	24 000	0	1.67
三	司机、文书档案	11	39 995	439 948	36 000	396 000	2.50

续表

岗位等级	代表性岗位	岗级人数	统计年薪	统计年薪总额	拟定目标年薪	拟定年薪总额	拟定年薪系数
四副	培训及专利、	0	0	0	30 000	0	2.08
四	质检员、出纳	4	35 195	140 778	37 320	149 280	2.59
五	基建维修管理	4	34 153	136 613	38 760	155 040	2.69
六	人力资源管理、会计	11	44 552	490 072	42 960	472 560	2.98
七	科研项目开发	33	41 749	1 377 718	48 000	1 584 000	3.33
八	企管处副处长、办公室副主任	3	56 180	168 540	57 960	173 880	4.03
九	YF中心副处长、专题组长	7	60 511	423 576	62 040	434 280	4.31
十	人教处处长、财务处处长	4	74 925	299 698	72 000	288 000	5.00
十一	院长助理、副总工	3	72 875	218 625	78 000	234 000	5.42
十二	副院长、总工程师	2	86 055	172 109	97 500	195 000	6.77
十三	党委书记、常务副院长	2	140 210	280 420	142 500	285 000	9.90
十四	院长	1	138 170	138 170	150 000	150 000	10.42
合计	—	88	50 237	4 420 871	—	4 621 440	—

说明：第4列为统计年薪，是2007年各等级人员的基本工资、年功工资、岗级工资、奖金四项之和的平均水平，不含科研岗位津贴。

第6列拟定目标年薪，是指综合各种因素，拟在2008年执行的目标年薪。

五、2008年岗位工资构成、工资标准、工资档次纳入表

技术岗位人员岗位职能工资和岗位绩效工资的比例为7:3；管理、生产、服务岗位各等级月岗位职能工资和岗位绩效工资各自占岗位工资的比例，见表5—20。

表5—20　　　　　　管理、生产、服务和技术岗位工资构成比例

岗位等级	岗位职能工资占岗位工资比例（%）	岗位绩效工资占岗位工资比例（%）	岗位职能工资+岗位绩效工资（%）
中层以下（1~7级）	70	30	100
中层岗位（8~11级）	60	40	100
院级岗位（12~14级）	50	50	100

工资标准表、岗位职能工资档次纳入表，见《HYhg研究院岗位职能绩效薪酬制度方案（试行）》。

六、各岗位等级员工纳入工资档次情况统计

管理、生产、服务各岗位员工纳入工资档次情况统计，见表5—21；技术岗位员工纳入工资档次情况统计，见表5—22。

表 5—21　　　　管理、生产、服务各岗位等级员工纳入工资档次情况统计表

岗位等级	人数	纳入最高档次	纳入最低档次	平均纳入档次
一	0	0	0	0
二	3	13	9	11.0
三	11	12	2	8.5
四	4	9	5	7.0
五	4	13	5	7.3
六	2	9	7	8.0
七	1	5	5	5.0
八	3	9	5	6.7
九	7	12	6	9.9
十	4	12	8	9.8
十一	3	9	5	6.7
十二	2	9	7	8.0
十三	2	9	8	8.5
十四	1	7	7	7.0
合计	47	13	2	8.0

表 5—22　　　　技术岗位各岗位等级员工纳入工资档次情况统计表

岗位等级	人数	纳入最高档次	纳入最低档次	平均纳入档次
分析师/信息开发与研究师	9	13	4	9.6
研发师/技术开发师	32	13	4	7.2
合计	41	13	4	7.7

七、纳入新工资标准后与改革前对比、增减情况

各等级员工新工资与旧工资对比增减情况，见表 5—23；管理、生产、服务岗位人员新工资与旧工资对比增减情况，见表 5—24；技术人员新工资与旧工资对比增减情况，见表5—25、表 5—26。

表 5—23　　　　各等级员工新三项与老四项工资增减对比表　　　　单位：元/月

岗位等级	岗位人数	老四项工资			新三项工资			年平均增资	增资（％）
		平均月薪	平均年薪	工资系数	平均月薪	平均年薪	工资系数		
二	3	3 739	44 868	1.00	3 822	45 860	1.00	992	2.21
三	11	3 333	39 996	0.89	3 615	43 385	0.95	3 390	8.48
四	4	2 933	35 195	0.78	3 319	39 825	0.87	4 631	13.16

续表

岗位等级	岗位人数	老四项工资			新三项工资			年平均增资	增资(%)
		平均月薪	平均年薪	工资系数	平均月薪	平均年薪	工资系数		
五	4	2 846	34 153	0.76	3 418	41 010	0.89	6 857	20.08
六	11	3 713	44 552	0.99	4 236	50 836	1.11	6 284	14.11
七	33	3 479	41 749	0.93	4 261	51 131	1.11	9 382	22.47
八	3	4 682	56 180	1.25	5 283	63 400	1.38	7 220	12.85
九	7	5 043	60 511	1.35	6 014	72 171	1.57	11 661	19.27
十	4	6 244	74 925	1.67	6 931	83 175	1.81	8 251	11.01
十一	3	6 073	72 875	1.62	6 840	82 080	1.79	9 205	12.63
十二	2	7 171	86 055	1.92	8 910	106 920	2.33	20 866	24.25
十三	2	11 684	140 210	3.12	12 865	154 380	3.37	14 170	10.11
十四	1	11 514	138 170	3.08	12 980	155 760	3.40	17 590	12.73
合计	88	4 186	50 237	1.12	4 865	58 379	1.27	8 142	16.21

表 5—24　管理、生产、服务岗位员工新三项与老四项工资增减对比表　　单位：元/月

岗位等级	岗位人数	老四项工资			新三项工资			年平均增资	增资(%)
		平均月薪	平均年薪	工资系数	平均月薪	平均年薪	工资系数		
二	3	3 739	44 868	1.00	3 822	45 860	1.00	992	2.21
三	11	3 333	39 995	0.89	3 615	43 385	0.95	3 390	8.48
四	4	2 933	35 195	0.78	3 319	39 825	0.87	4 631	13.16
五	4	2 846	34 153	0.76	3 418	41 010	0.89	6 857	20.08
六	2	3 768	45 210	1.01	3 985	47 820	1.04	2 610	5.77
七	1	2 904	34 846	0.78	3 840	46 080	1.00	11 234	32.24
八	3	4 682	56 180	1.25	5 283	63 400	1.38	7 220	12.85
九	7	5 043	60 511	1.35	6 014	72 171	1.57	11 661	19.27
十	4	6 244	74 925	1.67	6 931	83 175	1.81	8 251	11.01
十一	3	6 073	72 875	1.62	6 840	82 080	1.79	9 205	12.63
十二	2	7 171	86 055	1.92	8 910	106 920	2.33	20 866	24.25
十三	2	11 684	140 210	3.12	12 865	154 380	3.37	14 170	10.11
十四	1	11 514	138 170	3.08	12 980	155 760	3.40	17 590	12.73
合计	47	4 749	56 986	1.27	5 377	64 523	1.41	7 537	13.23

表 5—25　　　　　技术岗位人员按岗位等级新旧工资增减对比　　　　　单位：元/月

岗位等级	岗位人数	老四项工资			新三项工资			年平均增资	增资(%)
		平均月薪	平均年薪	工资系数	平均月薪	平均年薪	工资系数		
分析师/信息开发与研究师	9	3 700	44 406	1.00	4 292	51 507	1.000	7 101	15.99
研发师/技术开发师	32	3 497	41 965	0.95	4 274	51 289	0.996	9 324	22.22
合计	41	3 542	42 501	0.96	4 278	51 337	0.997	8 836	20.79

表 5—26　　　　　技术岗位人员按不同专业技术等级新旧工资增减对比　　　　　单位：元/月

岗位	助理工程师					工程师					高级工程师				
	人数	原平均	新平均	平均增资	增资(%)	人数	原平均	新平均	平均增资	增资(%)	人数	原平均	新平均	平均增资	增资(%)
分析师/信息开发与研究师	2	33 250	39 720	6 470	19.46	3	42 904	51 480	8 576	19.99	4	51 110	57 420	6 310	12.35
研发师/技术开发师	18	35 912	45 220	9 308	25.92	6	45 505	53 410	7 905	17.37	8	52 927	63 353	10 426	19.70
合计	20	35 646	44 670	9 024	25.32	9	44 638	52 767	8 129	18.21	12	52 321	61 375	9 054	17.30

八、按岗位分类新工资与旧工资对比增减情况

按岗位分类新工资与老四项工资对比增减情况，见表 5—27。

表 5—27　　　　　不同类岗位人员新工资与老四项工资增减对比　　　　　单位：元/月

岗位等级	岗位人数	老四项工资			新三项工资			年平均增资	增资(%)
		平均月薪	平均年薪	工资系数	平均月薪	平均年薪	工资系数		
管理人员	37	5 134	61 607	1.00	5 844	70 127	1.00	8 520	13.83
生产人员	10	3 324	39 889	0.65	3 649	43 788	0.62	3 899	9.77
技术人员	41	3 542	42 501	0.69	4 278	51 337	0.73	8 836	20.79
合计	88	4 186	50 237	—	4 865	58 379	—	8 142	16.21

九、各部门岗位工资总额及工资总额结构

各部门岗位工资总额及工资总额构成，见表 5—28。

表 5—28　　　各部门岗位工资总额及工资总额构成　　　单位：元

序号	部门名称	人数	工资总额（元）	职能工资总额	占工资总额（%）	绩效工资总额	占工资总额（%）
1	领导班子	5	645 840	330 840	51.23	315 000	48.77
2	院办公室	5	243 300	159 300	65.47	84 000	34.53
3	人教处	2	128 880	87 240	67.69	41 640	32.31
4	财务处	3	157 080	104 280	66.39	52 800	33.61
5	科研处	4	191 160	122 760	64.22	68 400	35.78
6	企管处	2	132 480	80 520	60.78	51 960	39.22
7	物资处	6	244 560	179 640	73.45	64 920	26.55
8	XX 中心	7	321 300	220 860	68.74	100 440	31.26
9	YF 中心	39	2 002 860	1 371 660	68.49	631 200	31.51
10	物化室	9	448 080	304 560	67.97	143 520	32.03
11	ZS 基地	6	286 680	194 280	67.77	92 400	32.23
合计	—	88	4 802 220	3 155 940	65.72	1 646 280	34.28

备注：以上数据统计包括岗位职能工资和岗位绩效工资，不包括保留工资。

十、薪酬改革后月、年度工资总额及平均工资构成情况

薪酬改革后，月、年度工资总额及平均工资构成情况，见表5—29、表5—30。

表 5—29　　　薪酬改革前后月、年度工资总额、员工平均工资情况　　　单位：元

项目	人数	月工资总额	月平均工资	年工资总额	年平均工资
改革前	88	368 406	4 186	4 420 871	50 237
改革后	88	428 115	4 865	5 137 380	58 379
增加	—	59 709	679	716 509	8 142
增长%	—	16.21	16.21	16.21	16.21

表 5—30　　　薪酬改革前后工资、奖金构成对比表　　　单位：元

项目	人数	工资、奖金总额	基本工资总额	工资总额占工资奖金总额（%）	奖金总额	奖金总额占工资奖金总额（%）
改革前	88	4 420 871	3 302 707	74.71	1 118 164	25.29
改革后	88	5 137 380	3 491 100	67.95	1 646 280	32.05

第五节 薪酬方案系列文件之四
——HYhg研究院绩效工资计发实施细则（试行）

第一章　总则
第二章　部门目标绩效工资总额基数与部门关键绩效指标基数的核定
第三章　职能管理部门绩效工资的计发
第四章　YF中心绩效工资的计发
第五章　ZJ中心绩效工资的计发
第六章　ZS基地绩效工资的计发
第七章　各部门内部绩效工资的计发
第八章　经营层成员绩效工资的计发
第九章　绩效考核责任部门与绩效工资计发的组织实施
第十章　附则

第一章　总　　则

第一条　【根据】

根据《HYhg研究院岗位职能绩效薪酬制度方案（试行）》，制定本实施细则。

第二条　【部门分类管理】

根据HYhg研究院各部门的职能特点和工作任务的不同，对部门分类，以分别确定不同的关键绩效指标，并根据关键绩效指标的完成情况，实行不同的绩效工资计发办法。

第一类，业务部门，包括ZS基地、ZJ中心。对业务部门，同时考核经济指标和对内任务指标。两部门其绩效工资的50％与其经济指标考核结果挂钩浮动；另50％与对内任务指标考核结果和HYhg研究院年度绩效目标实现系数双挂钩浮动。

HJ公司的绩效工资计发另有规定，从其规定。任职JHRL公司的员工，其工资支付由JHRL公司自行决定。

第二类，研发部门，主要考核科研成果指标。其绩效工资与其自身的科研成果指标的考核结果挂钩浮动。

第三类，职能管理部门，包括所有除第一类、第二类部门以外的所有部门。对职能管理部门，主要考核其部门职能目标的完成情况。其绩效工资与其职能考核的结果和HYhg研究院年度绩效目标实现系数挂钩浮动。

第三条 【部门关键绩效指标和通用绩效考核指标、否决指标】

(一) 各部门的关键绩效指标

各部门的关键绩效指标,以当年院长与部门签订的《部门年度目标管理责任书》中下达的当年目标绩效指标为准。

(二) 通用考核指标

通用考核指标,由《基础管理考核标准》规定的质量管理、保密、环境卫生、设备、安全五项指标组成。

基础管理考核系数按下式计算:

基础管理考核系数＝五项基础管理考核平均得分×1.052 632

式中:1.052 632＝100÷95(95分视为考核合格)

(三) 否决指标

否决指标,由综合治理、计划生育、劳动纪律、精神文明、满意度等指标组成。

第四条 【分级管理:两级考核,两级分配】

(一) 一级考核、一级分配

一级考核、一级分配,即HYhg研究院对部门一级考核,对部门一级分配。

其基本模式是核定"两个基数,一个比例",即部门年度绩效工资总额基数和部门年度关键绩效指标基数,以及绩效工资总额随目标绩效考核浮动的比例。然后绩效工资总额随报告期关键绩效指标的完成情况,按确定的比例增加或减少,上不封顶,下不保底。

其基本公式是:

1. 部门年度应发绩效工资总额＝目标年度绩效工资总额基数

　　　　　　　　　　　×部门年度关键绩效指标考核系数

　　　　　　　　　　　×绩效工资挂钩浮动比例

　　　　　　　　　　　－部门否决指标考核罚金

2. 部门年度应发绩效工资总额＝目标年度绩效工资总额基数

　　　　　　　　　　　×HYhg研究院年度绩效目标实现系数

　　　　　　　　　　　×部门年度关键绩效指标考核系数

　　　　　　　　　　　×绩效工资挂钩浮动比例

　　　　　　　　　　　－部门否决指标考核罚金

式中:

(1) 目标年度绩效工资总额基数:为各部门员工个人的年度绩效工资标准之和。

(2) 部门年度关键绩效指标考核系数,按下式计算:

部门年度关键绩效指标考核系数＝部门关键绩效指标考核得分÷100×基础管理考核系数

(3) 部门否决指标考核罚金：是指因某部门出现否决指标考核事项，按照有关规定该部门应承担的罚金。

(4) HYhg 研究院年度绩效目标实现系数，为本文件第三章表5—34的考核计算结果。

(5) 绩效工资挂钩浮动比例，为1∶1，即关键绩效指标每增长1%，挂钩的绩效工资总额增长1%。在实际计算公式中，此系数可忽略不写。

以上两个公式，第一个公式强调部门绩效工资要和部门自身关键绩效指标的完成情况挂钩浮动，如 YF 中心；第二个公式强调部门绩效工资要和部门自身关键绩效指标的完成情况和 HYhg 研究院年度绩效目标的实现程度双挂钩浮动，适用于职能部门；而 ZJ 中心和 ZS 基地两个业务部门，则要同时使用两个公式计算其应发绩效工资。

（二）二级考核、二级分配

二级考核、二级分配，是部门以所属任职人员为单位进行绩效考核，根据考核结果，将部门应发绩效工资总额，在所属任职人员之间自主分配，以决定岗位任职人员月度、季度或年度的应发绩效工资。

第二章　部门目标绩效工资总额基数与部门关键绩效指标基数的核定

第一条　【部门目标年度绩效工资总额基数的核定】

各部门目标绩效工资总额基数，由人教处按照2008年3月在册人数和每人2008年度岗位目标绩效工资标准之和核定，填入表5—31。

表5—31　　　　部门目标年度绩效工资总额基数核定表　　　　单位：元

序号	部门	人数	年度绩效工资总额基数	年平均绩效工资基数	月度绩效工资总额基数	月平均绩效工资基数
1	院办公室					
2	人教处					
3	财务处					
4	科研处					
5	企业管理处					
6	物资处					
7	XX 中心					
8	ZJ 中心					
9	ZS 基地					
合计	—					

各部门绩效工资总额基数核定以后,一般不做调整。由于部门因工作任务增减而调整人员数量及人员结构的,由人教处直接调整部门绩效工资总额基数。

第二条 【部门年度关键绩效指标基数】

部门年度关键绩效指标基数,即各部门的关键绩效指标和绩效标准,由企管处牵头,年初根据院年度关键绩效指标,分解确定的各部门关键绩效指标和绩效标准,同时提出考核计分办法等,填写《部门年度关键绩效指标考核表》前6列,经院长办公会讨论通过,并最终通过签订部门年度目标管理责任书确认。

部门年度关键绩效指标考核表见表5—32。

表5—32   部门年度关键绩效指标考核表

部门: 年度:

1	2	3	4	5	6	7	8=7÷5	9=4×8
一级绩效指标	权重	二级绩效指标	配分	绩效标准	计分尺度	实际完成	实际完成程度	考核计分
合计	100%	—	100	—	—	—	—	—

第三章 职能管理部门绩效工资的计发

第一条 【职能部门年度应发绩效工资总额的计算】

各职能部门应发绩效工资总额,与HYhg研究院年度绩效目标实现系数、各职能部门年度目标绩效考核系数和各职能部门否决指标考核罚金等因素挂钩浮动。

职能部门年度应发绩效工资总额,按下式计算:

职能部门年度应发绩效工资总额=部门目标年度绩效工资总额基数
   ×HYhg研究院年度绩效目标实现系数
   ×职能部门年度关键绩效指标考核系数
   −职能部门否决指标考核罚金

职能部门年度应发绩效工资总额计算表见表5—33。

表 5—33　　　　　　　　职能部门年度应发绩效工资计算表

序号	部门	人数	部门目标岗位绩效工资总额基数	HYhg研究院年度绩效目标实现系数	职能部门年度关键绩效指标考核系数	否决指标考核罚金	部门应发绩效工资总额
0	1	2	3	4	5	6	7＝3×4×5－6
1	院办公室						
2	人教处						
3	财务处						
4	科研处						
5	企业管理处						
6	物资处						
7	XX中心						
合计	—						

第二条　【HYhg研究院年度绩效目标实现系数的计算】

HYhg研究院年度绩效目标实现系数，按下式计算：

HYhg研究院年度绩效目标实现系数＝HYhg研究院年度关键绩效目标考核得分÷100

HYhg研究院年度关键绩效指标考核表，见表5—34。表5—34中1～6列数由企管处提出，经院长办公会审核后填入。

表 5—34　　　　　　　　HYhg研究院年度关键绩效指标考核表

1	2	3	4	5	6	7	8＝7÷5	9＝4×8
一级绩效指标	权重	二级绩效指标	配分	绩效标准	计分尺度	实际完成	实际完成程度	考核计分
经济指标								
研发指标								
合计	100%	—	100					

备注：1. 经济指标标准来源：《总公司2008年度经营责任书》。
　　　2. 研发指标来源：《YF中心业绩考核任务表》。其中，25篇论文，包括ZJ中心5篇。
　　　3. 项目到位经费，按照一般情况确定。

第三条 【职能部门年度关键绩效指标考核系数计算】

职能部门年度关键绩效指标考核系数,按下式计算:

职能部门年度关键绩效指标考核系数＝部门年度关键绩效指标考核得分÷100
$$\times 基础管理考核系数$$

部门年度关键绩效指标考核表,见表5—35。表5—35中1～6列数由企管处提出,经院长办公会审核后填入。

表5—35　　　　　　　　职能部门年度关键绩效指标考核表

部门:　　　　　　　　　　　　　　　　　　　　　　　　　　　　年度:2008

1	2	3	4	5	6	7	8=7÷5	9=4×8
一级绩效指标	权重	二级绩效指标	配分	绩效标准	计分尺度	实际完成	实际完成程度	考核计分
合计	100%	—	100	—				

第四章　YF中心绩效工资的计发

第一条 【YF中心年度应发绩效工资总额的计算】

YF中心年度应发绩效工资总额,按下式计算:

YF中心年度应发绩效工资总额＝目标年度绩效工资总额基数
$$\times 部门年度关键绩效指标考核系数$$
$$-部门否决指标考核罚金$$

第二条 【关键绩效指标、标准及绩效考核】

(一)关键绩效指标

YF中心年度研发类关键绩效指标,在其部门年度目标管理责任书中明确。

(二)YF中心年度关键绩效指标考核系数的计算

YF中心年度关键绩效指标考核系数＝关键绩效指标考核得分÷100
$$\times 基础管理考核系数$$

第五章　ZJ中心绩效工资的计发

第一条 【ZJ中心年度应发绩效工资总额的计算】

在计算ZJ中心应发绩效工资时,其绩效工资总额基数的50%,与其对外检测收入指标的考核结果挂钩浮动；另50％与对内任务和科技论文指标考核结果和HYhg研究院年度绩效目标实现系数挂钩浮动。ZJ中心应发绩效工资总额公式：

ZJ中心年度应发绩效工资总额＝对外检测收入考核应发绩效工资
　　　　　　　　　　　　　＋对内任务和科技论文考核应发绩效工资
　　　　　　　　　　　　　－部门否决指标考核罚金

式中：

1. 对外检测收入考核应发绩效工资＝部门年度绩效工资标准总额基数×50％
　　　　　　　　　　　　　　　　×对外检测收入考核系数

2. 对内任务和科技论文考核应发绩效工资＝部门年度绩效工资标准总额基数×50％
　　　　　　　　　　　　　　　　　　×对内任务和科技论文考核系数
　　　　　　　　　　　　　　　　　　×HYhg研究院年度绩效目标实现系数

式中：HYhg研究院年度绩效目标实现系数，为本文件第三章表5—33的考核计算结果。

ZJ中心年度应发绩效工资总额的计算表，见表5—36。

表5—36　　　　　　ZJ中心年度应发绩效工资总额的计算表

序号	考核项目	人数	部门岗位绩效工资总额基数	部门年度关键绩效指标考核系数	HYhg研究院年度绩效目标实现系数	否定指标考核罚金	部门应发绩效工资数（元）
0	1	2	3	4	5	6	7
1	对外检测收入		绩效工资总额基数×50％		—		7＝3×4－6
2	对内任务和论文考核系数		绩效工资总额基数×50％				7＝3×4×5－6
合计	—		—	—	—		

第二条　【关键绩效指标、标准及绩效考核】

（一）关键绩效指标

1. 经济指标：对外测试收入，实现利润。

2. 科研课题指标：发表与检测相关的科技论文。

3. 对内科研、中试和生产用原料及产品的分析检测。

（二）ZJ中心年度关键绩效指标考核表

ZJ中心年度关键绩效指标考核表，见表5—37、表5—38。表5—37、表5—38中1～6列数由企管处提出，经院长办公会审核后填入。

表 5—37　　　　　ZJ 中心年度关键绩效指标－对外检测收入考核表

1	2	3	4	5	6	7	8=7÷5	9=4×8
一级绩效指标	权重	二级绩效指标	配分	绩效标准	计分尺度	实际完成	实际完成程度	考核计分
经济指标	100%	1. 对外检测收入						
		2. 实现利润						
合计	100%	—	100					

表 5—38　　　ZJ 中心年度关键绩效指标－对内任务及科技论文考核表

1	2	3	4	5	6	7	8=7÷5	9=4×8
一级绩效指标	权重	二级绩效指标	配分	绩效标准	计分尺度	实际完成	实际完成程度	考核计分
对内任务								
发表科技论文								
合计	100%	—	100	—				

（三）ZJ 中心年度关键绩效指标考核系数的计算

由于 ZJ 中心的绩效工资，50%来自对外检测收入，50%来自院内，因此，ZJ 中心年度关键绩效指标考核系数由以下两个组成，并分别按表 5—37、表 5—38 计算：

1. ZJ 中心年度对外检测收入考核系数＝对外检测收入指标考核得分÷100
   ×基础管理考核系数
2. ZJ 中心年度对内任务和科技论文考核系数＝对内任务和科技论文指标考核得分
   ÷100×基础管理考核系数

第六章　ZS 基地绩效工资的计发

第一条　【ZS 基地年度应发绩效工资总额的计算】

在计算 ZS 基地应发绩效工资时，其绩效工资总额基数的一定比例，与其经济指标的考核结果挂钩浮动；绩效工资总额基数的一定比例，与科研中试指标考核结果和 HYhg 研究院年度绩效目标实现系数挂钩浮动。ZS 基地应发绩效工资总额公式：

ZS 基地年度应发绩效工资总额＝经济指标考核应发绩效工资
　　　　　　　　　　　　　　＋科研中试考核应发绩效工资
　　　　　　　　　　　　　　－部门否决指标考核罚金

式中：

1. 经济指标考核应发绩效工资＝部门年度绩效工资标准总额基数
　　　　　　　　　　　　　　×与经济指标挂钩的部门绩效工资基数（％）
　　　　　　　　　　　　　　×经济指标考核系数

2. 科研中试考核应发绩效工资＝部门年度绩效工资标准总额基数
　　　　　　　　　　　　　　×与科研中试指标挂钩的部门绩效工资基数（％）
　　　　　　　　　　　　　　×科研中试指标考核系数
　　　　　　　　　　　　　　×HYhg 研究院年度绩效目标实现系数

式中：HYhg 研究院年度绩效目标实现系数，为本文件第三章表 5—34 的考核计算结果。

ZS 基地年度应发绩效工资总额的计算表见表 5—39。

表 5—39　　　　　ZS 基地年度应发绩效工资总额的计算表

序号	考核项目	人数	部门岗位绩效工资总额基数	部门年度关键绩效指标考核系数	HYhg 研究院年度绩效目标实现系数	否定指标考核罚金	部门应发绩效工资数（元）
0	1	2	3	4	5	6	7
1	经济指标				—		7＝3×4－6
2	科研中试						7＝3×4×5－6
合计		—	—	—	—		

第二条　【关键绩效指标、标准及绩效考核】

（一）关键绩效指标

1. 经济指标。

2. 科研中试。

（二）ZS 基地年度关键绩效指标考核表

ZS 基地年度关键绩效指标考核表见表 5—40、表 5—41。表 5—40、表 5—41 中 1～6 列数由企管处提出，经院长办公会审核后填入。

表 5—40　　　　　ZS 基地年度关键绩效指标－经济指标考核表

1	2	3	4	5	6	7	8＝7÷5	9＝4×8
一级绩效指标	权重	二级绩效指标	配分	绩效标准	计分尺度	实际完成	实际完成程度	考核计分
经济指标	100%							
合计	100%	—	100					

表 5—41　　　　　ZS 基地年度关键绩效指标－科研中试考核表

1	2	3	4	5	6	7	8＝7÷5	9＝4×8
一级绩效指标	权重	二级绩效指标	配分	绩效标准	计分尺度	实际完成	实际完成程度	考核计分
科研中试	100%							
合计	100%	—	100					

（三）ZS 基地年度关键绩效指标考核系数的计算

由于 ZS 基地的一定比例的绩效工资来自院内，另一定比例的绩效工资来自销售收入，因此，ZS 基地的年度关键绩效指标考核系数分为两个组成部分，并分别按表 5—40、表 5—41 计算：

1. ZS 基地年度经济指标考核系数＝经济指标考核得分÷100×基础管理考核系数
2. ZS 基地年度科研中试考核系数＝科研中试考核得分÷100×基础管理考核系数

第七章　各部门内部绩效工资的计发

第一条　【部门内部绩效工资计发原则】

在部门应发绩效工资的额度内，各部门对所属员工的绩效考核办法和应发绩效工资的办法自主制定，并经主管领导同意后，报人教处备案。

第二条　【部门绩效工资在部门内部员工之间的分配】

部门内部员工应发绩效工资的分配，可参照下面示例进行个人应发绩效工资计算：

基本信息：某部门有员工 8 人，每人月岗位绩效工资标准、每人月绩效考核分数见表 5—42 中第 3、5 列数，某月该部门应发绩效工资总额 13 905 元，将应发绩效工资总额 13 905 元分配到人。分配过程见表 5—42。

表 5—42　某部门人员应发绩效工资计算表（模拟示例）　　　单位：元/月

序号	姓名	月岗位绩效工资标准	每人绩效工资系数	月度考核分数	月度个人考核绩效工资系数	每一考核绩效工资系数应发绩效工资数	每人应发绩效工资数
1	2	3	4＝本人绩效工资标准÷本部门内最低绩效工资标准	5	6＝4×5	7＝部门应发绩效工资总额÷6（部门个人月度个人考核绩效工资系数[注]）	8＝6×7
1		1 500	1.25	80	100.00	11.76	1 176.00
2		1 600	1.33	85	113.05	11.76	1 329.47
3		1 950	1.62	90	145.80	11.76	1 714.61
4		2 500	2.08	100	208.00	11.76	2 446.08
5		2 800	2.33	100	233.00	11.76	2 740.08
6		2 100	1.75	80	140.00	11.76	1 646.40
7		1 200	1.00	90	90.00	11.76	1 058.40
8		1 800	1.50	102	153.00	11.76	1 799.28
合计		—	—	—	1 182.85	—	13 910.32

［注］每一绩效工资分配系数应发绩效工资数＝部门应发月度绩效工资总额÷部门个人月度绩效工资分配系数之和＝13 905÷1 182.85＝11.76（元）

第八章　经营层成员绩效工资的计发

第一条　【经营层成员的范围】

经营层成员包括院长、党委书记、常务副院长、副院长。总工程师列入经营层对待。

第二条　【经营层成员年度应发绩效工资的计算】

经营层成员年度应发绩效工资总额，与 HYhg 研究院年度绩效目标实现系数、主管职能部门平均年度目标绩效考核系数和各职能部门否决指标考核罚金等因素挂钩浮动。

经营层成员年度应发绩效工资总额＝经营层目标年度绩效工资总额基数

×HYhg 研究院年度绩效目标实现系数

×主管职能部门平均年度目标绩效考核系数

－各职能部门否决指标考核罚金及部门否决

指标连带责任罚金

第三条　【经营层应发绩效工资总额在经营层成员之间的分配】

经营层应发绩效工资总额确定之后，由院长商党委书记，参照部门内部绩效工资分配的办法分配。

第九章 绩效考核责任部门与绩效工资计发的组织实施

第一条 【绩效考核委员会】

建立 HYhg 研究院绩效考核委员会,统一筹划并安排部门绩效考核和员工绩效考核以及部门绩效工资计发和员工绩效工资计发事宜。

绩效考核委员会下设部门绩效考核办公室和员工考核办公室,并分别由企管处和人教处承担相应职能。

第二条 【考核责任归口部门】

考核责任归口部门及其职责划分见表5—43。

表5—43   考核责任归口部门及其职责划分

部门	考核责任	主要职责划分	备注
企管处	部门考核责任归口部门,负责制定和实施《HYhg研究院部门绩效考核方案》	1. 年初根据总公司下达的HYhg研究院年度经营目标、HYhg研究院上年度经营和科研实际数,当年发展和战略需要,提出院年度目标绩效 2. 年初根据院年度关键绩效目标,分解提出各部门年度目标绩效,包括考核指标、绩效标准,同时提出考核主体和考核计分办法等,并经院长办公会讨论确认 3. 商院长与部门负责人签订《部门年度目标绩效考核责任书》 4. 年终组织完成对各部门的绩效考核;并将绩效考核结果告知人教处,由人教处清算各部门应发绩效工资	自2008年起,院长与部门签订的《部门年度目标绩效考核责任书》中,不再规定部门和个人的经济奖惩办法。根据部门年度目标的完成情况,其应发绩效工资由人教处根据本文件的规定进行清算
人教处	员工考核责任归口部门,负责制定和组织实施《HYhg研究院员工绩效考核指导意见》	1. 指导、督促各部门根据《HYhg研究院员工绩效考核指导意见》制定本部门员工绩效考核办法 2. 组织各部门实施本部门员工考核 3. 收集部门和员工考核结果,并分别计算部门应发绩效工资总额、员工个人应发绩效工资 4. 计划安排绩效工资的支付	自2008年起,财务部按照同口径负责核算经济指标,并将经济指标核算数据告之人教处。但不再计算部门应发绩效工资
其他职能部门	按其职能分工,对有关部门实施考核	1. 按其职能管理分工,担任考核者,制定或参与制定考核指标、考核标准 2. 采集、收集、记录本部门主管职能内容考核信息,实施考核 3. 将考核结果告知考核责任部门	应承担的部门考核内容由企管处确定

部门	考核责任	主要职责划分	备注
所有部门	对本部门员工实施考核	1. 制定本部门员工绩效考核办法 2. 对本部门员工实施考核 3. 将考核分数报人教处	各部门只负责将员工考核分数报给人教处，各部门不直接向员工分配绩效工资

第三条 【员工绩效工资预发】

由于对部门及员工考核滞后及按年结算、下年支付、工资构成调整等原因，自本方案实施之月起，工资固定支付的比例将从每月的80%左右下降到40%～60%，因此，按照可比口径，2008年启动之年可按照绩效工资标准40%～50%的比例按月预发，年终根据考核结果进行清算。清算剩余的部分，转入下年支付。

具体操作办法，由人教处负责制定和实施。

第十章 附 则

第一条 【研发人员考核】

对研发人员科研成果转化和课题的考核奖励，除岗位绩效工资执行本文件规定外，继续执行《科研管理办法》中的相关规定。

第二条 【制定部门关键绩效指标考核表】

根据《HYhg研究院岗位职能绩效薪酬制度方案（试行）》和本文件的精神，由企管处商有关方面，制定HYhg研究院各部门年度关键绩效指标考核表，并通过签订部门目标责任书加以确认。

本文件中列举的业务、研发部门年度关键绩效指标考核表，最终以企管处细化制定并经过院长办公会讨论通过的为准。

第三条 【制定员工绩效考核指导意见和本部门员工绩效考核办法】

根据《HYhg研究院岗位职能绩效薪酬制度方案（试行）》和本文件的精神，由人教处制定《HYhg研究院员工绩效指标考核指导意见》。

各部门根据《HYhg研究院员工绩效指标考核指导意见》，制定《本部门员工绩效考核办法》，经院主管领导同意后实施，并报人教处备案。

第四条 【未尽事宜】

对本实施细则的未尽事宜，以及实施中出现的问题，属于部门考核的问题，由企管处商有关部门提出解决办法，报院长办公会讨论通过后实行；属于绩效工资计发和员工考核的问题，由人教处商有关部门提出解决办法，报院长办公会讨论通过后实行。

第五条 【实施程序】

本实施细则，经征求各部门意见，报院长办公会讨论通过后印发，于 2008 年 1 月 1 日起实施。

第六节　薪酬方案系列文件之五
——关于制定 HYhg 研究院薪酬方案的说明（项目总结）

目　　录

一、关于制定薪酬方案项目工作的简要回顾
二、关于 HYhg 研究院本次薪酬改革基本目标和主要任务的考虑
三、关于本次改革形成的薪酬方案的特点
四、关于实施本薪酬方案若干问题的建议

一、关于制定薪酬方案项目工作的简要回顾

2008 年 2 月 26 日，北京中创国业薪酬设计院咨询项目组进驻 HYhg 研究院，当日拜访了书记、院长和人教处负责人，院领导对薪酬改革的目标和基本要求做了原则性指示。

从 3 月 3 日到 4 月 8 日，制定薪酬方案的过程大致经历了以下几个阶段：

（一）项目初期调研阶段

3 月 3 日，当日访谈了院办主任、科研处处长、财务处处长、研发中心主任、物资处处长。

3 月 4 日上午，访谈了 3 个部门的主任，包括 ZS 基地主任、XX 中心主任、ZJ 中心主任。下午，召开了全院范围的《薪酬改革启动大会》。

3 月 5 日，访谈了企管处处长、人教处处长、主管、研发中心 4 个专题组长、2 个课题组长、2 个研发人员（研究生学历）。

3 月 6 日—3 月 14 日，又先后重点查阅了现行分配的主要文件：

1.《HYhg 研究院工资制度改革方案》
2.《HYhg 研究院科研管理办法》
3.《HYhg 研究院岗位目标管理考核办法》

调阅了 2007 年每人工资总额和 2008 年 3 月工资表。

通过项目初期的访谈、座谈及3月6日之后的文件调查，统计调查，对以下情况有基本的了解：

1. 组织机构和人员状况

职能部室6个：院办公室（含院办、党办、质量处、保密处）、人教处、企管处、科研开发处、财务处、物资处。

业务单位4个：YF中心、ZJ中心、XX中心、ZS基地。

生产单位2个：直属企业HJ公司、股份制企业JL公司。此外，还有一个JHRL公司。

人员规模：2007年末，在册职工101人，其中有JHRL公司13人。人员构成以研发、管理人员为主体。

2. 工作重点

一是科研，二是管理。科研主要从事防腐涂料、重防腐涂料、环保涂料、功能涂料、民用装饰涂料、胶粘剂及有关助剂的应用开发研究。

3. 分配制度

对现行的分配制度的有关文件、分配总量及大致分配格局有了初步了解，从不同层面了解HYhg研究院员工对现行工资分配制度的意见和看法，也了解了不同岗位人员对本次薪酬改革的期望和要求。

（二）岗位评价资料的准备阶段

在3月4日的薪酬改革启动大会上，就部署了《部门职能说明书》和《岗位说明书》的编写工作。

3月19日印发了《关于征求〈HYhg研究院岗位评价标准体系〉意见的通知》、《关于召开HYhg研究院岗位评价会议通知》。

3月24日印发了《关于编写岗位评价会议部门及所属岗位信息交流资料的通知》。

截至3月29日，形成的主要工作成果有：

1.《岗位清单》；

2.《部门职能、岗位说明书》；

3.《岗位评价标准体系》；

4.《部门、岗位信息交流资料》；

5.《岗位评价记录表》；

6.《HYhg研究院薪酬项目初期报告》。

在此期间，还成立了HYhg研究院岗位评价委员会。岗位评价委员共27人，包括经营层5人、部门负责人11人、员工代表11人。

(三) 岗位评价阶段

3月31日—4月1日，召开了HYhg研究院岗位评价工作会议。

4月2日，对岗位评价数据进行了处理，初步划分并形成了岗位等级表。将初步划分的岗位等级表提交院领导讨论。

(四) 薪酬方案的审核修订阶段

4月6日，将形成的薪酬方案的三个系列文件提交院长办公会讨论：

1. HYhg研究院薪酬改革系列文件之一：《HYhg研究院岗位职能绩效薪酬制度方案（试行）》

2. HYhg研究院薪酬改革系列文件之二：《HYhg研究院工资标准测算的说明》

3. HYhg研究院薪酬改革系列文件之三：《HYhg研究院绩效工资计发实施细则（试行）》

4月7日，根据院长办公会对三个薪酬文件的讨论意见，进行了修订。

4月8日，将修订的薪酬方案三个系列文件再次提交院长办公会讨论，获得通过。

二、关于HYhg研究院本次薪酬改革基本目标和主要任务的考虑

在初步调研的基础上，确定HYhg研究院本次薪酬改革的基本目标是：按照现代企业收入分配制度的要求，根据《劳动法》和《劳动合同法》，结合HYhg研究院的实际，以"按岗位定酬、按能力定酬、按绩效付酬"为主线，构建新的薪酬制度；参照劳动力市场价位，兼顾工资存量，理顺不同部门、不同职工之间的工资关系，整合调整薪酬结构，改革、调整绩效工资的计发办法，建立正常的工资调整机制和增长机制，初步建立起兼顾内部公平、外部公平和个人公平的，具有激励机制和约束机制的新的薪酬管理制度体系。

具体本次薪酬改革的主要任务，确定为以下五项：构建新的薪酬制度，初步理顺分配关系，调整薪酬结构，完善绩效工资支付办法，建立正常的工资调整机制和运行机制。

(一) 构建新的薪酬制度

这次薪酬改革的首要任务是转换HYhg研究院员工的工资制度，将所有员工现行的工资制度转换为适应企业体制需要的新的薪酬制度，并纳入新的薪酬制度的轨道。

按照建立现代企业岗位职能绩效工资制度的要求，《薪酬方案》以"按岗位定酬、按能力定酬、按绩效付酬"为主线设计；工资的确定、调整与支付，以岗位、能力和绩效为导向。

(二)合理确定新的工资水平,初步理顺工资关系

对工资存量和增量,按照内部一致性的原则,参照市场劳动力价位,以岗位评价确定的岗位相对价值和员工的岗位职能为依据,结合 HYhg 研究院的实际,合理确定不同岗位、同等岗位不同人员之间的工资差距,初步理顺工资关系。

(三)整合调整薪酬结构

整合调整薪酬结构有两个方面的任务:

第一,在理顺工资关系的基础上,将员工2007年的工资支付项目及其存量,以及2008年计划的10%工资增量,通过整合简化,形成新的工资结构。

1. 岗位职能工资是工资构成中的相对固定部分,按照一岗15薪宽带设计。技术人员按照一岗18薪设计。

岗位职能工资的来源为:现行工资组成的基本工资"6项工资"之和,岗级工资的一部分。

2. 岗位绩效工资是工资构成中的全浮动部分,管理、生产、服务岗位按照一岗一薪窄带设计。其中技术人员的岗位绩效工资仍按一岗18薪宽带设计。

岗位绩效工资,主要来源于现行工资制度中的"奖金"、工资增量、岗级工资的一部分。

3. 津贴、补贴、保留工资。

科研岗位津贴,除以下两点调整外,继续执行《HYhg 研究院科研管理办法》中的有关规定:研究生毕业从事研发工作的,研究生学习期间视同研究时间;专题组长,鉴于在岗位工资中已经体现,专题组长的科研岗位津贴不再保留。

保密津贴、保健津贴、冬季取暖补贴、夏季防暑降温补贴、远郊津贴、司机误餐补贴、值班津贴、独生子女补贴等,继续按现行标准执行。

保留工资,属于对 HYhg 研究院"老人"的一种特殊工资保护形式。工资保护标准为:截至2007年,工龄每年5元/月、院龄每年15元/月。自2008年起,保留工资不再随工作年限的增加而增加;自2008年1月1日起,对来 HYhg 研究院工作的"新人"不再建立年功工资或保留工资。

4. 年终效益奖和院长基金。这是新建立的工资单元。

年终效益奖:报告年度完成或超额完成经济效益指标,发放年终效益奖。发放年终效益奖的额度、发放范围和发放办法,年终根据经济效益、部门和个人绩效考核结果等综合因素确定。

院长基金的来源:报告年度按照合理的人工费比率或劳动分配率计算的工资总额,减去

一年中日常实际支付的工资总额的剩余部分；上一年度院长基金的结余结转到报告年度的部分。

院长基金：作为特殊贡献奖，奖励在市场拓展、产品研发、技术工艺和经营管理创新、增收节支等方面作出重大贡献的部门和员工；作为嘉奖，奖励在本职工作中尽职尽责或在本职工作之外，为HYhg研究院作出一定贡献的员工；作为分配调节金，用于解决收入分配中的特殊问题。

特殊贡献奖的部门、人选、奖励额度，以及用于分配调节金的额度等事项，结合年终工作总结，由院长提出，经院长办公会讨论通过后实施。

在新的工资结构中，岗位职能工资和岗位绩效工资是薪酬构成的主体。

第二，调整岗位职能工资和岗位绩效工资各自所占的比例。

管理、生产服务岗位各等级月岗位职能工资和岗位绩效工资各自占岗位工资的比例，见表5—44。技术岗位人员的岗位职能工资和岗位绩效工资的比例按7：3安排。

表5—45　　　　　　　　管理、生产服务岗位工资构成比例

岗位等级	岗位职能工资占岗位工资比例（％）	岗位绩效工资占岗位工资比例（％）	岗位职能工资＋岗位绩效工资（％）
中层以下（1～7）	70	30	100
中层岗位（8～11）	60	40	100
院级岗位（12～14）	50	50	100

（四）改革、调整绩效工资的计发办法

为此，专门制定了《HYhg研究院绩效工资计发实施细则（试行）》。在《实施细则》中，对绩效工资的计发办法做了五点改革：

1. 对部门区别分类，分别引入并确定与绩效工资挂钩的关键绩效指标

根据HYhg研究院各部门的职能特点和工作任务的不同，对部门分类，以分别确定不同的关键绩效指标，并根据关键绩效指标的完成情况，实行不同的绩效工资计发办法。

第一类，业务部门，包括ZS基地、ZJ中心。对业务部门，同时考核经济指标和对内任务指标。两部门其绩效工资的50％与其经济指标考核结果挂钩浮动；另50％与对内任务指标考核结果和HYhg研究院年度绩效目标实现系数双挂钩浮动。

HJ公司的绩效工资计发另有规定，从其规定。任职JHRL公司的员工，其工资支付由JHRL公司自行决定。

第二类：研发部门，主要考核科研成果指标。其绩效工资与其自身的科研成果指标的考核结果挂钩浮动。

第三类，职能管理部门，包括所有除第一类、第二类部门以外的所有部门。对职能管理部门，主要考核其部门职能目标的完成情况。其绩效工资与其职能考核的结果和HYhg研究院年度绩效目标实现系数挂钩浮动。

2. 分级管理：两级考核，两级分配

一级考核、一级分配，即HYhg研究院对部门一级考核，对部门一级分配。其基本模式是核定"两个基数，一个比例"，即部门年度绩效工资总额基数和部门年度关键绩效指标基数，以及绩效工资总额随目标绩效考核浮动的比例。然后绩效工资总额随报告期关键绩效指标的完成情况，按确定的比例增加或减少，上不封顶，下不保底。

二级考核、二级分配，是部门以所属任职人员为单位进行绩效考核，根据考核结果，将部门应发绩效工资总额，在所属任职人员之间自主分配，以决定岗位任职人员月度、季度或年度的应发绩效工资。

3. 对部门考核指标细分为三类

第一类，关键绩效指标。各部门的关键绩效指标以当年院长与部门签订的《部门年度目标管理责任书》中下达的当年目标绩效指标为准。

第二类，通用考核指标。通用考核指标由《基础管理考核标准》规定的质量管理、保密、环境卫生、设备、安全五项指标组成。

第三类，否决指标。否决指标由综合治理、计划生育、劳动纪律、精神文明、满意度等指标组成。

在三类指标考核中，必须在年初通过签订《部门年度目标管理责任书》，确定部门年度关键绩效指标和绩效标准，突出绩效工资的计发与关键绩效指标的考核结果挂钩浮动。

4. 重新划分了绩效考核责任部门

规定企管处为部门考核责任部门，人教处为员工绩效考核和应发绩效工资责任部门。规定财务处不再直接计算部门应发绩效工资。

5. 改变了绩效工资计发的依据和办法

改革之前，业务部门主要从扣除所得税后的利润中提取奖金，以及从超额销售中提取奖金；职能部门按照业务部门平均奖金的80％确定应发奖金。

改革之后改为，业务部门的应发奖金，根据经济指标和对内服务指标的考核结果挂钩浮动；职能部门与业务部门的奖金脱钩，与全院年度目标的完成情况和部门本身的绩效考核结果挂钩；研发部门的应发奖金取决于自身科研成果指标的完成情况。

（五）建立正常的工资调整机制和运行机制

工资调整机制和调整机制包括个人工资调整、整体工资调整和工资关系调整三种形式。其中，横向调整，包括：

"技变薪变"即员工取得高一等级专业技术资格或技术等级证书的，从取得相应证书并聘任或认定的第二个月起调整工资档次。

"龄变薪变"，即按照本方案中的岗位职能工资档次纳入表，专业技术年限/技术年限/任职年限或本企业工龄的增长，符合提高工资档次条件的，从当年的1月1日起提高工资档次。

三、关于本次改革形成的薪酬方案的特点

在《HYhg研究院岗位职能绩效薪酬制度方案（试行）》中，体现了以下几个特点：

（一）立足于岗位工资制设计

在岗位评价的基础上，形成了新的《岗位等级表》，并按照确定的岗位等级，分别确定不同岗位等级的目标年薪价位，体现了按岗位定酬的原则。

（二）实行了一岗多薪的宽带岗位职能工资标准

在体现岗位差别的基础上，主要以同等级中个人的专业技术等级或技能等级为依据，兼顾个人的专业技术年限或工作年限，体现了按能力付酬、按人力资本付酬、按知识技术付酬的原则。

（三）保障基本，突出岗位、效益和绩效

按照岗位职责和市场价位，按照合理拉开工资差距的要求，确定岗位工资标准。其中，岗位基本工资在正常出勤下，固定发放；岗位绩效工资分别根据单位的经济效益、部门绩效和本人的绩效程度发放，突出岗位、效益和绩效。

（四）较好地处理了"老人"和"新人"的工资关系，保护了"老人"

强调"妥善处理效率与公平的关系，以人为本，对本次薪酬改革之前所有的'老人'，给予一定的工资保护，并使他们的工资标准，在2007年'三项工资'（基本工资、岗级工资、年功工资）与年终本等级岗位平均奖金之和的基础上都有一定幅度的增长"。

为此，在1~4级设置双重工资标准，即在1~4级增加"副级"工资标准，以用于"新

人"，1~4级正级为"老人"保护工资标准。这样处理，一方面保护了"老人"，使他们能够共享单位和社会发展成果；另一方面避免了"新人"向"老人"工资看齐，造成超出市场工资的人工成本的加大。

（五）理顺了部门之间、员工之间的绩效工资计发关系

业务部门员工的绩效工资直接与本部门的经济效益和工作成果相联系。职能部门员工的绩效工资，在本部门绩效考核的基础上，随HYhg研究院年度目标的实现程度挂钩浮动。

按照新的绩效工资计发办法，部门不再吃院里的大锅饭，员工不再吃部门和院里的大锅饭。

（六）建立了正常的工资运行机制和调整机制

工资运行机制和调整机制包括岗变薪变、技变（技术提高）薪变、考核晋档、整体调整工资标准、工资关系调整。

四、关于实施本薪酬方案若干问题的建议

（一）突出宣传《薪酬方案》的三条主线和三个核心导向

《薪酬方案》以"按岗位定酬、按技术（能力）定酬、按绩效付酬"为主线设计，工资的确定、调整与支付，以岗位、技术（能力）和绩效为导向。

《薪酬方案》特别设计了岗位职能工资单元，把"按岗位定酬、按技术（能力）定酬"的原则落到了实处，配套制定了《绩效工资计发实施细则》，把"按绩效付酬"落到了实处。

（二）建立绩效考核领导机构，明确考核责任部门，建立三级绩效考核体系

建立HYhg研究院绩效考核委员会，统一筹划并安排部门绩效考核和员工绩效考核以及部门绩效工资计发和员工绩效工资计发事宜。

绩效考核委员会，下设部门绩效考核办公室和员工考核办公室，并分别由企管处和人教处承担相应职能。

明确企管处为部门考核责任归口部门。其职责是：

1. 负责制定和实施《HYhg研究院部门绩效考核方案》。
2. 年初根据总公司下达的HYhg研究院年度经营目标、HYhg研究院上年度经营和科研实际数，当年发展和战略需要，提出院年度目标绩效。
3. 年初根据院年度关键绩效目标，分解提出各部门年度目标绩效，包括考核指标、绩

效标准，同时提出考核主体和考核计分办法等，并经院长办公会讨论确认。

4. 商院长与部门负责人签订《部门年度目标绩效考核责任书》。

5. 年终组织完成对各部门的绩效考核，并将绩效考核结果告知人教处，由人教处清算各部门应发绩效工资。

明确人教处为员工考核责任归口部门。其职责是：

1. 负责制定和组织实施《HYhg研究院员工绩效考核指导意见》。

2. 指导、督促各部门根据《HYhg研究院员工绩效考核指导意见》制定本部门员工绩效考核办法。

3. 组织各部门实施本部门员工考核。

4. 收集部门和员工考核结果，并分别计算部门应发绩效工资总额、员工个人应发绩效工资。

5. 计划安排绩效工资的支付。

(三) 对中层干部进行绩效管理培训

绩效管理是提升企业素质和企业竞争力的重中之重。以绩效管理为龙头，可以很好地把所有资源和潜力挖掘出来。但从目前来看，科学化、规范化的绩效管理体系还没有完全建立起来，这跟绩效管理方面培训的欠缺有关，因此，有必要把绩效管理培训列入议事日程。

(四) 加强对技术人员能力考核，按能力确定岗位等级

本次薪酬改革中，对技术人员的工资进行了宽带设计，一岗18薪，在此基础上，依据专业技术资格等级和任职年限纳入工资档次，并在单独设计的技术人员工资档次纳入表中，适当拉开了不同水平、不同资历技术人员的差距。这是在不能分清技术人员能力的情况下，以及把职种当作岗位的背景下，所采取的不得已的办法。所以这样做，是基于这样的认识：职称高的，研发水平不一定高；职称低的，研发水平不一定低。这种认识有待商榷。

这次了解到的HYhg研究院对技术人员以档次代替级别的做法，在咨询实践中，还是第一次。

其他科研单位的做法是：通过聘任制，起码也要把研发人员分成初、中、高三层。

我们认为，HYhg研究院应加强对这个问题的研究，过好研发人员能力考核关，初、中、高专业技术职务聘任关，进一步明确专题组长之下研发人员的纵向通道。

(五) 进一步做好其他有关的善后工作

1. 定岗定员。对因人设岗的岗位进行梳理。根据工作流程，适当合并或拆分岗位。

2. 重新按照新的岗位设置，编制岗位说明书，对部门编制的岗位说明书，由人教处牵头审核平衡，主管院领导把关，最终形成规范的岗位说明书。

3. 根据薪酬方案实施中出现的问题，以及适应情况不断变化的需要，在保证薪酬框架基本稳定的前提下，对薪酬方案的某些方面进行局部调整。

4. 中等偏下管理岗位增资过少，在具备财力时，应予以特殊考虑。

【本模块小结】

1. 设计一个单位的薪酬方案，从始至终，要形成大量的文字资料。这些文字资料大致可以分为两类性质：阶段性成果文件和最终成果文件。阶段性成果文件和最终成果文件，按照是否作为执行的政策依据，又可以分为非正式文件和正式文件。

凡属于执行性文件，必须按照《劳动合同法》的要求，应当经职工代表大会或全体职工大会讨论，提出方案和意见，与工会或者职工代表平等协商确定。

2. 属于过程性、阶段性的非正式文件资料大致有《薪酬项目初期报告》、《岗位评价会议部门及所属岗位信息交流资料》、《关于工资标准测算的说明》、《员工工资增减表》、《关于制定薪酬方案的说明》等。

3. 属于执行性的正式文件大致有《公司组织机构图》、《部门职能说明书》、《岗位说明书》、《岗位评价标准体系》、《薪酬方案（试行）》、《绩效工资实施细则（试行）》等。

【讨论思考题】

1. HYhg 研究院薪酬项目初期报告阐述了哪些内容？
2. HYhg 研究院薪酬项目系列文件由哪些文件组成？各文件的主要内容分别是什么？
3. 在 HYhg 研究院薪酬方案中，为什么设计了两张工资标准表、两张工资档次纳入表？
4. 在第一章工资标准表中，1~4 级的工资标准为什么按正副级设计？目的是什么？

第六模块

典型薪酬方案范例精读与分析

薪酬设计全程指导

BFHQ公司工资分配方案（试行）
——BFHQ公司工资改革文件之一

目　录

第一章　总则

第二章　工资等级、工资标准和工资调整

第三章　纳入岗位工资标准的办法

第四章　岗位工资结构和岗位工资的计发

第五章　津贴、补贴

第六章　加班加点工资和特殊情况下的工资支付

第七章　调入人员和新参加工作人员的工资确定

第八章　年终奖、优秀员工奖和特殊贡献奖

第九章　附则

第一章　总　则

第一条　【根据】

按照建立现代企业收入分配制度的要求，根据BFHQ公司改制的要求和发展战略的实际，依照《中华人民共和国劳动法》、国家有关分配的政策法规，制定本工资分配方案（以下简称"工资方案"）。

第二条　【资本与劳动分配关系】

正确处理资本要素和劳动要素的利益分配关系，既要保证员工具有一定市场竞争力的工资收入水平，又要把人工成本控制在合理的范围之内，做到工资不能侵蚀利润，利润不能侵蚀工资。

第三条　【工资水平】

公司员工的工资水平，综合下列因素决定：不同任职岗位要求的技术含量、承担的责任、劳动负荷和劳动条件；在岗人员的实际专业技术水平；同类劳动力的市场供求关系及其市场价位；关键岗位、重要岗位人员的工资具有市场竞争力；有利于吸引、保留和激励优秀员工，增强企业凝聚力和市场竞争力。

第四条 【工资导向】

公司的工资制度以"按岗位定酬、按技术定酬、按绩效付酬"为主线设计，工资的确定、调整与支付，以岗位、技术和绩效为导向。

第五条 【工资结构】

员工的工资构成为：一、岗位基本工资；二、岗位绩效工资；三、津贴、补贴；四、奖金，包括年终奖；优秀员工奖和特殊贡献奖。

第六条 【配套改革】

坚持三项制度改革配套进行，共同推进。以提高企业经济效益和劳动生产率为中心，建立起岗位靠竞争、收入靠贡献的动力机制，形成"岗位能上能下，人员能进能出，工资能增能减"的用人制度和分配制度。

第七条 【实施范围】

本方案实施的岗位及人员范围为：与BFHQ公司订立劳动合同、建立劳动关系的员工。

第二章 工资等级、工资标准和工资调整

第八条 【工资等级】

员工的工资等级按照任职人员的岗位等级确定。

岗位等级通过岗位评价的办法，并结合劳动力市场价位确定。

《BFHQ公司岗位等级序列表》见附表一。

第九条 【工资标准】

岗位工资标准为一岗多薪标准，即在每个岗位等级内设置15个工资档次。

岗位起点工资标准，即每个工资等级的一档工资标准，是员工在任职岗位工作转正定级后的最低工资标准。

每个岗位等级二档以上的工资标准，用于连续工龄增加或（和）专业技术等级或技术等级提高，使得同一岗位等级内职能等级提高的员工。

员工的职能等级，专业技术人员主要根据专业技术水平和专业技术年限确定；技术工人根据本人实际评定的专业技术等级确定；无专业技术资格和技术等级的人员根据连续工龄的长短确定。

《BFHQ公司岗位工资标准表》见附表二。

第十条 【工资调整】

在下列情况下或通过以下形式，对员工工资予以调整：

（一）晋升工资等级

管理人员提升职务等级，工人到高于现任等级的岗位上工作，按照新的岗位（职务）等

级确定相应的工资等级。

当员工需要调整到比现任岗位等级较低等级的岗位时,也按低调后的岗位等级确定相应的工资等级。

由于岗位调整,晋升工资等级或下调工资等级,一律从新任岗位(职务)的次月起执行。

(二)晋升工资档次

员工在以下两种情况下晋升工资档次:

1. 员工取得比现有等级高一等级的专业技术资格证书或技术等级证书的。
2. 员工专业技术年限、技术年限增长或连续工龄增长,符合晋升工资档次条件的。

由于专业技术年限或连续工龄增长、需要调整工资档次的,一律从应调整年度的1月1日起调整。

由于专业技术等级或技术等级提高,上半年取得相应等级的,从7月1日起调整;下半年取得相应等级的,从次年的1月1日起调整。

(三)定期调整工资标准

考虑同类人员的工资水平和劳动力市场价位的变动,在企业增加值劳动生产率提高的前提下,自本方案实施年度起,参照北京市工资指导线的基准线,每年或每两年调整一次工资标准。

第三章 纳入岗位工资标准的办法

第十一条 【纳入工资等级的办法】

所有人员首先按照现任岗位(职务)的所属岗位(职务)等级,直接进入与本岗位(职务)等级相对应的工资等级。

第十二条 【管理人员纳入工资档次的办法】

管理人员按照岗位等级进入相应的工资等级以后,按照以下两个步骤纳入工资档次:

(一)按照本人的专业技术等级确定纳入工资档次的范围。

(二)在本人按照专业技术等级应纳入的工资档次范围内,按照本人的专业技术年限确定具体的工资档次。

没有取得专业技术资格的普通工作人员,按照本人的连续工龄纳入工资档次。

管理人员工资档次纳入表,见附表三。

第十三条 【工人纳入工资档次的办法】

工人按照岗位等级进入相应的工资等级以后,按照以下两个步骤纳入工资档次:

(一)按照本人的技术等级确定纳入工资档次的范围。

（二）在本人按照技术等级应纳入的工资档次范围内，按照本人的连续工龄确定具体的工资档次。

普通工人，按照本人的连续工龄纳入工资档次。

工人工资档次纳入表，见附表四。

第十四条 【技术等级评定】

对于在技术工种（岗位）工作，暂不具备技术等级证书的技术工人，在本次工资改革中需要评定技术等级。工人技术等级评定办法另行制定。

第十五条 【纳入工资档次有关问题的处理】

（一）在纳入工资档次时，管理岗位、专业技术岗位人员的专业技术年限从取得现专业技术资格的当年算起。工人的技术年限从工人取得现技术等级的当年算起。

（二）在纳入工资档次时，按照连续工龄纳入工资档次的人员，其连续工龄按照国家关于连续工龄计算的规定计算。

在 BFHQ 公司初次参加工作的人员，从工作的当月起，不满 12 个月的，视为 1 年以下的本人连续工龄；待进入本公司工作满 12 个月的，从第十三个月起视为两年的连续工龄。从第三个年度起，按照自然年度计算连续工龄。

（三）在按照上述办法纳入工资档次时，如果出现按高一等级的专业技术资格（或高一等级的技术等级）纳入的工资档次，低于按原专业技术等级（或原技术等级）纳入的工资档次时，则仍按较低一级的专业技术等级（或技术等级）纳入工资档次。

（四）本次工资改革纳入新的工资标准所依据的专业技术资格等级或技术等级，是指在实际工作中表现出来的专业技术水平或技术水平确定，并以实际聘任的专业技术职务或技术等级认定。

对于本次工资改革之前认定的专业技术资格或技术资格与实际水平不符的，可以采取"高职低认"的办法。原专业技术资格或技术资格作为"档案资格"予以保存。

对于在 BFHQ 公司工作一年以上，实践证明，具有公认的较强的工作能力和较高的专业技术水平，工作业绩突出的人员，在按照上述规定纳入工资档次后，经本人申请、部门推荐、人力资源部审核，总经理办公会批准，可以"低职高认"，即在按照规定条件纳入工资档次的基础上破格高定 1～3 工资档次。

对于承担岗位具体工作并同时担任本工种班组长的人员，经部门提出，人力资源部审核，总经理办公会批准，可以高定一个工资等级或 1～3 工资档次。

（五）在纳入工资档次中，实行"新人新办法、老人老办法"。

"新人"是指本方案实施以后从社会通过招工招聘进入本公司工作的人员，新人直接按照本方案的规定，在本人岗位所属的工资等级内，按照本人专业技术等级和技术年限（工作年限）条件纳入工资档次。

"老人"是指在本方案实施之前即在 BFHQ 公司工作的人员。"老人"在按照本方案的规定纳入工资档次后，如纳入的新工资标准低于按照原分配办法规定的每月工资标准的，在原工资标准的基础上，就近就高纳入本岗位等级中的工资档次。

就近就高纳入的工资标准高于按照任职岗位等级和应纳入工资标准的部分，作为保留工资处理。

第四章 岗位工资结构和岗位工资的计发

第十六条 【岗位工资结构】

岗位工资标准划分为岗位基本工资标准和岗位绩效工资标准：岗位基本工资标准占岗位工资标准的 60%；岗位绩效工资标准占岗位工资标准的 40%。

第十七条 【岗位基本工资的计发】

所有员工的岗位基本工资，将月工资折合为日基本工资标准或小时基本工资标准，在制度工作日内，每月按照实际出勤日数或出勤时数计发。

第十八条 【公司管理人员、专业技术人员的岗位绩效工资】

公司管理人员、专业技术人员的岗位绩效工资根据 BFHQ 公司利润指标计划完成程度、部门绩效程度和个人绩效程度计发。

具体办法见附件一。

管理人员与工人一起实行集体计件工资或集体承包计件办法的，执行集体计件单位内部分配办法。

第十九条 【工人岗位绩效工资】

工人岗位绩效工资，实行计时工资制的工人，根据本人的实际出勤日数和本人绩效程度计发；实行计件工资制的工人，按照实际完成的合格产品数量或有效工时，计发计件工资。

具体办法见附件二。

第五章 津贴、补贴

第二十条 【津贴】

对于技术高超、市场紧缺的高级专业技术人员或高级技术工人，在纳入本方案规定的工资标准以后，明显低于市场价位的，在执行本方案工资标准的基础上，建立技术津贴。技术津贴标准，在市场调查的基础上，结合本人技术情况，由用人部门和人力资源部提出，报总经理办公会批准。

对工作场所有污染的工种实行保健津贴，其中，电焊工、磨工、司机岗位每月15元；油工工种每月25元。

第二十一条 【补贴】

独生子女补贴、幼儿托补，按照北京市现行规定的标准支付，即独生子女补贴5元/月，幼儿托补40元/月。

第六章 加班加点工资和特殊情况下的工资支付

第二十二条 【加班加点工资】

执行标准工作时间的岗位任职人员，遇有工作日、周休日或法定节假日必须加班加点而又不能补休的，以本人岗位基本工资为基数，按照下列规定计发加班加点工资。

1. 在8小时以外延长工作时间的，按照150%计发加点工资。
2. 休息日安排劳动者工作又不能安排补休的，按照200%计发加班工资。
3. 法定节假日安排劳动者工作又不能安排补休的，按照300%计发加班工资。

第二十三条 【事假工资】

国家规定范围内的事假（婚假、丧假）以及年休假照发岗位基本工资，其他因私事假不发工资。

员工的各种事假，须本人提出申请，领导批准。

第二十四条 【病假工资或疾病救济费】

在规定的医疗期内，病假工资或疾病救济费以本人的岗位基本工资为基数，按《一九五三年劳动保险条例实施细则修正草案》规定的比例支付：

（一）累计病休在6个月以内者：工龄不满2年者，为本人工资的60%；已满2年不满4年者，为本人工资70%；已满4年不满6年者，为本人工资80%；已满6年不满8年者，为本人工资90%；已满8年及8年以上者，为本人工资100%。

（二）累计病休在6个月以上者，改发疾病救济费：工龄不满1年者，为本人工资40%；已满1年不满3年者，为本人工资50%；3年及3年以上者，为本人工资60%。

（三）按照上述办法计发的病假工资或疾病救济费，扣除个人社会保险缴费、住房公积金后，低于当月本市最低工资标准80%的，按照当月本市最低工资标准的80%发给。

第二十五条 【生育津贴】

女员工，符合计划生育规定的，在生育假期期间停发工资，改发生育津贴，生育津贴，按照上年度员工的月平均岗位工资（含岗位绩效工资）计发。

第二十六条 【发生本人责任给公司造成经济损失的处理】

发生本人责任给企业造成经济损失的，应由本人负赔偿责任。每月的赔偿额可从本人每月的工资中扣除，但每月扣除后的剩余工资部分不低于最低工资标准。

第二十七条 【工伤停工留薪期间的工资支付】

员工因工负伤，在停工留薪期间，岗位基本工资标准全额发给。

第二十八条 【最低工资保障】

在员工正常出勤并提供正常劳动的情况下，计发的本人基本工资与绩效工资之和，扣除各种缴费后，实发工资低于本市当月或当日最低工资标准的，按照最低工资标准支付。

第二十九条 【停工期间工资】

非因劳动者本人原因造成用人单位停工，并且不需要正常上班的，在一个工资支付周期内的，按照提供正常劳动支付其岗位基本工资。超过一个工资支付周期的，按照不低于本市最低工资标准的70%支付劳动者基本生活费。国家及本市另有规定的从其规定。

第七章 调入人员和新参加工作人员的工资确定

第三十条 【调入人员和招聘人员的工资】

从市场聘用或其他单位招聘的具有一定工作经验的人员，根据合同期限的长短确定试用期。试用期间的工资标准，按照聘用岗位等级低一等级的工资标准确定。试用期满经考核合格留用的，按照聘用的岗位等级确定工资标准。

以完成特定任务为聘用期限的特殊人员，或者非技术岗位聘用的人员，一般协商确定工资标准。

第三十一条 【新参加工作人员工资】

新参加工作的各类城镇和农村毕业生，实行一年的见习期。见习期间，中专（技校、职高）毕业生执行600元见习工资标准；大专毕业生执行900元见习工资标准；本科毕业生执行1 200元见习工资标准。见习期满转正以后，按照聘任的岗位职务，按照本方案的规定纳入工资等级和工资档次。

见习人员的奖金由人力资源部统一考核决定。

见习期间，表现突出者可提前转正定级，表现不合格者可延长见习期。

第三十二条 【各类在校实习生的待遇】

各类在校实习生，实习期间，按月发给实习补助，不支付保险福利待遇。实习期满，订立劳动合同的，可相应减少试用期或见习期。

第八章 年终奖、优秀员工奖和特殊贡献奖

第三十三条 【年终奖金】

在超额完成全年生产计划和利润计划的前提下，计提年终奖。年度奖金的发放对象是完

成岗位职责、经考核合格的人员。

年终奖金的提取和分配办法见附件三。

第三十四条　【优秀员工奖】

优秀员工，以突出绩效为基础，经民主评议和民主选举产生。优秀员工个人奖励额度由总经理办公会决定。

第三十五条　【特殊贡献奖】

对在本职工作中在生产、经营管理、开拓市场、技术保障和技术创新等方面作出突出贡献的员工，给予特殊贡献奖。

特殊贡献奖的人员及奖金数额，结合年终工作总结，根据实际情况，一年一议。

第九章　附　　则

第三十六条　【工资变动记录】

按照本方案确定的岗位工资标准，由人力资源部填写《公司员工工资变动表》（见附表五），并存入个人档案。

今后，由于变动工作岗位、调整工资等级或工资档次需要调整工资标准时，由人力资源部填写《公司员工工资变动表》，并存入个人档案。

第三十七条　【规定调整】

本方案的规定，今后遇有政府新颁布的政策法规以及和上级有关规定不一致的，从其新的规定。

第三十八条　【程序】

本方案经总经理办公会讨论后，报董事会批准后实施。

第三十九条　【解释】

本方案的规定和未尽事宜由人力资源部解释，并可根据需要，制定补充规定或实施细则，经总经理办公会批准后施行。

附表一　BFHQ精密机械制造有限公司岗位等级序列表

附表二　BFHQ精密机械制造有限公司岗位工资标准表

附表三　BFHQ精密机械制造有限公司管理人员工资档次纳入表

附表四　BFHQ精密机械制造有限公司工人工资档次纳入表

附表五　BFHQ精密机械制造有限公司员工工资变动表

附件一　管理人员、专业技术人员绩效工资计发办法

附件二　工人工资绩效工资计发办法

附件三　年终奖提取和计发办法

附表一　BFHQ公司岗位等级序列表

岗位等级	工资幅度	领导层	技术部	开发部	财务部	人力资源部	行政部	营销部	物资部	品管部	生产管理中心	机加部	装配部	CNC部	钣金厂	分公司
一	675-1305						保洁员									
二	750-1450		出图、晒图员									天车工、转运工				
三	850-1690						办事员司机						油工、装配钳工	天车及物料管理员、装配钳工	下料工	
四	1075-2125		技术档案管理员		出纳				库管员	检验员		刨插工、线切割操作工、制件钳工、车工、铣工、齿工、磨工、划线钳工				
五	1150-2270				记账会计		行政干事	宣传策划员	零星采购员、热处理协作员	仪器检测员		镗工、机修工	装配电工		外协采购员	
六	1350-2610		电气助理设计师、机械助理设计师		核算、税务会计				锻件采购员、零件外协员			设备管理员	主装钳工、油工主管	主装钳工	钣金钳工	

第六模块 典型薪酬方案范例精读与分析

续表

岗位等级	工资幅度	领导层	技术部	开发部	财务部	人力资源部	行政部	营销部	物资部	品管部	生产管理中心	机加部	装配部	CNC部	钣金厂	分公司
七	1500-2900					人事干事		售后服务员		现场品质管理员（机加、外协）	现场计划员、成本估算员、工艺员	加工中心操作工		产品质量管理员		
八	1725-3335		电气设计师、机械设计师		成本会计		网络管理员					现场技术工程师	钳工装配主管	机械设计师、电气工程师	钣金调度、钣金设计师	
九	1875-3625			新品开发工程师				销售员			综合计划员			生产现场主管		
十	2325-4495		电气主任设计师、机械主任设计师		财务部部长	人力资源部部长			物资部部长							
十一	2550-4930			新品开发主任工程师						品管部部长						
十二	2850-5510		技术部部长	开发部部长				营销部部长				机加部部长	装配部部长	CNC部部长		
十三	3150-6090										生管中心主任				钣金厂长	

续表

岗位等级	工资幅度	领导层	技术部	开发部	财务部	人力资源部	行政部	营销部	物资部	品管部	生产管理中心	机加部	装配部	CNC部	钣金厂	分公司
十四	3600-6960	总工程师														
十五	4200-8120	生产副总 技术副总														
十六	6000-11600	总经理														分公司经理

附表二 BFHQ公司岗位工资标准表

岗位等级	级差	档差	工资档次														
			1	2	3	4	5	6	7	8	9	10	11	12	13	14	15
一	—	45	675	720	765	810	855	900	945	990	1 035	1 080	1 125	1 170	1 215	1 260	1 305
二	100	50	750	800	850	900	950	1 000	1 050	1 100	1 150	1 200	1 250	1 300	1 350	1 400	1 450
三	150	60	850	910	970	1 030	1 090	1 150	1 210	1 270	1 330	1 390	1 450	1 510	1 570	1 630	1 690
四	300	75	1 075	1 150	1 225	1 300	1 375	1 450	1 525	1 600	1 675	1 750	1 825	1 900	1 975	2 050	2 125
五	100	80	1 150	1 230	1 310	1 390	1 470	1 550	1 630	1 710	1 790	1 870	1 950	2 030	2 110	2 190	2 270
六	250	90	1 350	1 440	1 530	1 620	1 710	1 800	1 890	1 980	2 070	2 160	2 250	2 340	2 430	2 520	2 610
七	200	100	1 500	1 600	1 700	1 800	1 900	2 000	2 100	2 200	2 300	2 400	2 500	2 600	2 700	2 800	2 900
八	300	115	1 725	1 840	1 955	2 070	2 185	2 300	2 415	2 530	2 645	2 760	2 875	2 990	3 105	3 220	3 335
九	200	125	1 875	2 000	2 125	2 250	2 375	2 500	2 625	2 750	2 875	3 000	3 125	3 250	3 375	3 500	3 625
十	600	155	2 325	2 480	2 635	2 790	2 945	3 100	3 255	3 410	3 565	3 720	3 875	4 030	4 185	4 340	4 495
十一	300	170	2 550	2 720	2 890	3 060	3 230	3 400	3 570	3 740	3 910	4 080	4 250	4 420	4 590	4 760	4 930
十二	400	190	2 850	3 040	3 230	3 420	3 610	3 800	3 990	4 180	4 370	4 560	4 750	4 940	5 130	5 320	5 510
十三	400	210	3 150	3 360	3 570	3 780	3 990	4 200	4 410	4 620	4 830	5 040	5 250	5 460	5 670	5 880	6 090
十四	400	240	3 600	3 840	4 080	4 320	4 560	4 800	5 040	5 280	5 520	5 760	6 000	6 240	6 480	6 720	6 960
十五	400	280	4 200	4 480	4 760	5 040	5 320	5 600	5 880	6 160	6 440	6 720	7 000	7 280	7 560	7 840	8 120
十五	1 200	400	6 000	6 400	6 800	7 200	7 600	8 000	8 400	8 800	9 200	9 600	10 000	10 400	10 800	11 200	11 600
十六	3 000																

附表三　　　　　　　　　　　管理人员工资档次纳入表

普通工作人员	连续工龄	4年以下	5~8年	9年以上		
	工资档次	1	2	3		
员级	专业技术年限	3年以下	4~6年	7~9年	10~12年	13年以上
	工资档次	2	3	4	5	6
助理级	专业技术年限	3年以下	4~6年	7~9年	10~12年	13年以上
	工资档次	3	4	5	6	7
中级	专业技术年限	3年以下	4~6年	7~9年	10~12年	13年以上
	工资档次	6	7	8	9	10
高级	专业技术年限	3年以下	4~6年	7~9年	10~12年	13年以上
	工资档次	7	8	9	10	11
正高级	专业技术年限	3年以下	4~6年	7~9年	10~12年	13年以上
	工资档次	8	9	10	11	12

说明：专业技术系列包括：经济系列、工程技系系列、政工系列及其他系列。

附表四　　　　　　　　　　　工人工资档次纳入表

普通工作人员	连续工龄	4年以下	5~8年	9年以上		
	工资档次	1	2	3		
初级工	技术年限	3年以下	4~6年	7年以上		
	工资档次	2	3	4		
中级工	技术年限	3年以下	4~6年	7~9年	10~12年	13年以上
	工资档次	5	6	7	8	9
高级工	技术年限	3年以下	4~6年	7~9年	10~12年	13年以上
	工资档次	6	7	8	9	10
技师	技术年限	3年以下	4~6年	7~9年	10~12年	13年以上
	工资档次	7	8	9	10	11
高级技师	技术年限	3年以下	4~6年	7~9年	10~12年	13年以上
	工资档次	8	9	10	11	12

附表五　　　　　　　　　BFHQ公司员工工资变动表

姓名		出生年月		性别		参加工作时间	
连续工龄		最高学历		学制		毕业时间	
现专业技术资格或技术等级		现专业技术资格或技术等级取得年、月		技术年限		进入BFHQ时间：___年___月	本企业工作年限：____年

工资变动前岗位及工资级别情况

岗位类别		任职岗位（职务）		岗位等级		工资档次	

工资变动后岗位及工资等级、工资档次情况

岗位类别		现任岗位（职务）		岗位（职务）等级		工资档次	

变动前工资标准（元）		变动后工资标准（元）	
1. 基础工资		1. 岗位工资标准	
2. 补贴		2. 保留工资标准	
3. 奖金			
		—	
每月工资合计		每月工资合计	

保留工资标准（限于"老人"）：
1. 在原工资制度中"三项工资"（基础工资、补贴、奖金）之和：　　　元。
2. 按本人专业技术等级（技术等级）和技术年限（红旗年限）应纳入的新岗位工资标准：　　　元。
3. 保留工资（本人按"原三项工资"之和－按本人条件纳入的新岗位工资标准）为　　　元。

呈报单位意见		审批单位意见	
新工资标准从　年　月起执行	（盖章）　年　月　日		（盖章）　年　月　日

附件一

管理人员、专业技术人员岗位绩效工资计发办法

第一条 管理人员、专业技术人员,在当月制度工作日内,月度绩效工资按下式计发:

当月本人应发岗位绩效工资＝本人日绩效工资标准
×当月制度内出勤日数
×公司实现利润指标计划完成％
×[部门绩效程度(％)×0.5
＋个人绩效程度(％)×0.5]

式中:

1. 个人绩效程度:是指根据岗位职责和相应的工作要求(数量、质量),对岗位任职人员的考核结果,考核结果以百分比表示(或以考核系数表示)。

个人绩效考核办法,分别由部门提出,经人力资源部审核,报总经理办公会批准后实行。

2. 公司实现利润指标计划完成(％)＝报告年度公司实现利润指标/报告年度公司计划实现利润指标×100％

注:(1) 公司实现利润指标,低于100％时,按照实际完成的百分比计算;高于100％时,按照100％计算。

(2) 实现利润不能考核的月份,"公司实现利润指标计划完成",按100％计算。

第二条 管理人员与工人一起实行集体计件工资或集体承包计件办法的,执行集体计件单位内部分配办法。

附件二

工人岗位绩效工资的计发

第一条 计时工人的岗位绩效工资,在当月制度工作日内,根据本人的实际出勤日数和本人绩效程度计发。

公式:

$$当月本人应发岗位绩效工资 = 本人日（小时）绩效工资标准$$
$$\times 当月制度内出勤日（小时）数$$
$$\times 个人绩效程度（\%）$$

式中：

1. 个人绩效程度：是指根据岗位职责和相应的工作要求（数量、质量），对岗位任职人员的考核结果，考核结果以百分比表示。

个人绩效考核办法，由工人所属部门制订并实施考核。具体考核办法分别由各部门提出，经人力资源部审核，报总经理办公会批准后实行。

第二条 计件工人的岗位绩效工资，按照实际完成的合格产品数量或有效工时，计发计件工资。由于人为原因产生的废品不计算产量或有效工时。

第三条 ［个人产量计件］实行个人产量计件的工人，按照实际完成的合格产品数量和计件单价，并考虑工艺难易程度计发计件工资。

公式：

$$当月应发计件工资 = 当月完成的合格产品数量 \times 计件单价$$

式中：

$$计件单价 = \frac{本人月岗位绩效工资标准}{本人月产量定额} \times 工艺系数$$

式中：

工人月产量定额的确定，有两个办法：一是根据上一年度制度工时内本工种达到的平均产量核定；二是根据报告年度下达的个人计划产量核定。

第四条 ［个人工时计件］实行个人工时计件的工人，按照个人实际完成的有效工时，并考虑工艺难易程度计发计件工资。

公式：

$$当月应发计件工资 = 当月完成的有效工时 \times 工时单价$$

式中：

$$工时单价 = \frac{本人月岗位绩效工资标准}{本人月定额工时} \times 工艺系数$$

式中：

本人月定额工时的确定，有两个办法：一是根据上一年度制度工作日内本工种、岗位工人实际达到的平均工时确定；二是根据报告年度生产任务决定的任务工时确定。

第五条 ［集体产量计件］实行集体产量计件的工人，按照实际完成的合格产品数量和计件单价，并考虑工艺难易程度计发计件工资。

公式：

$$当月应发集体计件工资 = 当月集体完成的合格产品数量 \times 计件单价$$

式中：

$$计件单价 = \frac{集体计件单位人员月岗位绩效工资标准之和}{集体月产量定额} \times 工艺系数$$

式中：

集体月产量定额的确定，有两个办法：一是根据上一年度制度工时内达到的产量核定，二是根据报告年度的计划产量核定。

第六条 ［装配车间集体承包计件］集体承包计件制单位，目前只限于装配车间。

装配车间继续执行现行的集体承包计件办法。

装配车间人员全年的集体承包计件总额，按下式计算：

$$装配车间集体承包计件工资总额 = 全年装配机床数量 \times 每台单价$$

式中：

每台计件单价，按照以下办法核定：

1. 以 2003 年计件单价为基础，考虑有关因素后调整确定。

2. 根据全年的集体承包计件单位人员的全年岗位工资总额和全年产品数量任务确定。

公式：

$$每台计件单价 = \frac{装配车间定员内人员 2004 全年岗位工资标准总额}{装配车间 2004 年全年任务产量}$$

第七条 ［集体计件和集体承包计件单位内部人员工资计发］集体计件和集体承包计件单位内部人员工资的计发，原则上由集体计件单位或集体承包计件单位，根据个人贡献，以每人的工资标准和实际工作日数（小时）为基础，综合有关因素，参照下列公式自主分配。

公式：

1. 个人拟发月绩效标准工资 = 个人日绩效工资标准 × 个人本月实际工作日数

2. 每元拟发绩效标准工资分配率 = $\dfrac{集体计件单位当月提取计件工资总额}{集体人员当月拟发月绩效标准工资之和}$

3. 个人当月应发绩效工资 = 个人应发月绩效标准工资 × 每元绩效标准工资分配率

附件三

年终奖提取和计发办法

第一条 在超额完成全年生产计划和利润计划的前提下，计提年终奖。

年度奖金总额为：当年按照计划的人工费率计提的工资总额，减去日常实际支付的工资总额后，再扣除优秀员工奖、特殊贡献奖和工资储备金后的余额。

公式：

年终奖总额＝（报告年度销售额－报告年度计划销售额）×计划人工费用比率

　　　　　－优秀员工奖

　　　　　－特殊贡献奖

　　　　　－工资储备金

式中：

$$计划人工费用比率＝\frac{报告年度员工岗位工资标准总额}{报告年度计划销售额}×100\%$$

第二条 年度奖金的发放对象是完成岗位职责，经考核合格以上的员工。

年度奖金原则上参照下式计发：

年终个人应发奖金＝个人日常应发岗位绩效工资

　　　　　　　　×日常每元岗位绩效工资奖金含量

　　　　　　　　×调节系数

式中：

1. $$日常每元岗位绩效工资奖金含量＝\frac{报告年度年终奖金总额（元）}{报告年度在岗人员日常实发岗位绩效工资总额（元）}$$

2. 调节系数根据职工本人岗位的年度综合考核情况，剔除不合理因素后确定。

关于BFHQ工资标准测算的简要说明
——BFHQ公司工资改革文件之二

一、2003年在岗员工实际发放工资总额

2003年在岗员工146人，实际支付工资总额为314.75万元，平均每人每年2.160 7万元，平均每人每月1 800元。

工资总额构成如下：

1. 基础工资163.33万元，平均每人每年1.118 7万元。

2. 部长补贴33.42万元，部长平均每年2.387万元。

3. 设计补贴8.97万元，设计人员每人每年0.69万元。

4. 大学生补贴 1.86 万元,大学生每人每年 0.206 7 万元。

5. 奖金 75.37 万元,平均每人每年 0.516 2 万元。

6. 加班费 17.14 万元,平均每人每年 0.117 4 万元。

7. 加班补贴 1.84 万元,平均每人每年 126 元。

8. 周六加班费 11 万元,平均每人每年 753 元。

9. 大长江定位板承包 1.82 万元。

上述工资总额中:基础工资、部长补贴、设计补贴、大学生补贴、奖金五项工资共计 282.95 万元。

二、2003 年员工工资分布状况

(一)每一个岗位等级全部员工的平均工资、最高工资和最低工资,按照新的岗位等级,目前在岗人员对号进入。执行原工资标准,在扣除加班费、津贴、周六加班费后作为 2003 年每人月平均工资,按照新的岗位等级统计的每个岗位等级的月平均工资和每一岗位等级内的最高工资和最低工资,见表 1。

表 1　　　　　按岗位等级 2003 年员工工资情况统计表　　　　　单位:元/月

岗级	岗级人数	岗级平均工资	最高工资	最低工资
一级	—	—	—	—
二级	3	695	838	500
三级	16	1 009	1 652	857
四级	44	1 228	1 851	594
五级	26	1 296	2 016	780
六级	15	1 707	2 155	1 338
七级	8	1 798	2 785	1 160
八级	16	2 052	2 553	1 363
九级	2	1 877	2 217	1 536
十级	5	2 650	3 080	2 330
十一级	2	2 700	3 000	2 401
十二级	3	3 566	3 997	3 333
十三级	2	3 267	3 499	3 035
十四级	—	—	—	—
十五级	2	4 303	4 614	3 992
十六级	1	5 679	—	—

(二)每一岗位等级内不同技术工人的平均工资、最低工资和最高工资,按照各岗位等

级工人技术等级统计的 2003 年工资支付情况,见表 2。

表 2　　　　　　　　　　2003 年各等级工人工资统计表　　　　　　单位:元/月

岗位等级	工资区别	普工	初级工	中级工	高级工	技师	高级技师	基本幅度
一	平均工资	—	—	—	—	—	—	—
	最低-最高	—	—	—	—	—	—	—
二	平均工资	695						
	最低-最高	500~748						500~748
三	平均工资	865	1 231	976	1 358			
	最低-最高	600~1 060	1 041~1 407		1 196~1 652	1 341		600~1 652
四	平均工资	790	1 241	1 379	1 289			
	最低-最高	594~943	1 407~1 941	896~1 623	971~1 547	1 418	1 851	594~1 851
五	平均工资	892	857	1628	1 420	—		
	最低-最高	850~964	780~931	1 269~1 988	971~1 820			960~1 988
六	平均工资	—	1 484	1 486	1 947	1 851		
	最低-最高		1 338~1 562	1 346~1 612	1 708~2 155	1 851		1 340~2 155
七	平均工资	1 160	—		1 665	2 067		
	最低-最高	1160			1665	1 397~2 785		1 160~2 785
八	平均工资	—				2 033		
	最低-最高	—			1 720~2 048	—	1 835~2 320	1 720~2 320

备注:工作 3 年以上的工人视同初级工。
工作 10 年以上的工人视同中级工。
高级工:工作 15 年以上的工人视同高级工。
技师、高级技师是持有证书的工人。

三、关于 2003 年工时定额的完成情况

2003 年实行工时定额人员为 52 人,共完成工时 181 414.14,支付工时费 35.4 万元。平均每人每月完成工时为 450.47,平均每人每月加班(包括周六)63.95 小时。

$$\text{正常工作 1 小时完成定额工时} = \frac{\text{平均每人每月完成工时数}}{\text{月制度工作小时数} + \text{平均每人每月加班小时数}}$$

$$= \frac{450.47}{20.92 \times 8 + 63.95} = 1.95 \text{ 工时}$$

平均每人每月制度工作时间应完成工时数 = 正常工作 1 小时完成工时 × 20.92 × 8

$$= 1.95 \times 20.92 \times 8$$

$$= 326.35 \text{ 工时}$$

四、投入2004年工资标准测算的工资总额

根据BFHQ的2004年经营计划，2004年的工资总额在2003年的基础上增长20%，投入本次工资改革测算的工资总额为282.95+56.59=339.54万元。

五、岗位工资标准的测算

按照新的16个岗位等级，目前在岗人员对号入座共计145人。在实际测算中除去经营层及分公司经理3个岗位等级共3人外，纳入数字工资标准测算的包括中层管理岗位在内的13个岗位等级，共142人，利用等比递法进行工资标准测算，测算中按照4.5倍开12次方得等比系数1.133 5，形成初步工资标准。参照2003年发布的北京市机械制造业各工种市场价位和红旗已形成的工资水平以及摸底的各岗位等级工资等多因素综合调整，确定了新的工资标准。

工资标准的实际结果为，一级工资基准确定为900元，最高工资基准确定为8 000元。中层管理人员的最高工资基准为一级工资基准的4.6倍，经营层最高工资基准为一级工资基准的8.9倍。原则上按照工资基准的5%，确定了一岗十五薪的工资标准。

六、员工按照个人条件纳入新工资标准工资情况统计

按照新的工资标准，每个岗位等级员工的月平均工资、净增工资额、平均每人增资额、保留工资数额及新工资标准月平均工资比2003年的增长比例，见表3。

表3　　　　　全部员工纳入新工资标准工资情况　　　　　单位：元/月

岗级	岗级平均工资	最高工资	最低工资	净增工资	平均每人增资	保留工资	比2003年平均工资增长比例（%）
一级	—	—	—	—	—	—	—
二级	792	850	675	289	96	0	13.96
三级	1 068	1 690	910	939	59	1 740	5.85
四级	1 377	1 900	1 150	6 543	149	3 675	12.13
五级	1 468	2 030	1 150	4 469	172	2 820	13.27
六级	1 818	2 160	1 530	1 667	111	450	6.50
七级	2 050	2 800	1 500	2 016	252	2 325	14.02
八级	2 338	2 645	1 725	4 289	286	1 035	13.94
九级	2 500	2 625	2 375	1 247	624	0	33.19

续表

岗级	岗级平均工资	最高工资	最低工资	净增工资	平均每人增资	保留工资	比2003年平均工资增长比例（%）
十级	3 286	3 410	3 100	3 178	636	155	24.00
十一级	3 570	4 080	3 060	1 739	870	0	32.22
十二级	4 243	4 370	4 180	2 032	677	760	18.98
十三级	4 095	4 620	3 570	1 656	828	0	25.34
十四级	—	—	—	—	—	—	—
十五级	6 300	6 400	6 160	3 994	1 997	0	46.41
十六级	9 200	—	—	3 521	3 521	0	62.00
合计	—	—	—	37 579	—	12 960	—

（二）员工按照个人条件纳入新工资标准月工资总额为25.77万元，保留工资为1.30万元，实际标准月工资总额为27.07万。

七、工资改革前后工资对比和工资增减情况

（一）工资改革前后工资总额及平均工资对比，见表4。

表4　　　　　　　　工资改革前后工资总额及平均工资对比表

项目 类别	月工资总额（万元）	年工资总额（万元）	月平均工资（元）	年平均工资（元）
执行老标准	23.23	278.75	1602	19224
执行新标准	27.07	324.87	1867	22405
增加	3.85	32.49	265	3181
增长（%）	16.55	16.55	16.55	16.55

关于制定《BFHQ公司工资分配方案（试行）》的说明
——BFHQ公司工资改革文件之三

一、基本情况

从2004年1月26日开始启动制定BFHQ公司工资分配方案的工作，到3月10日，基本形成了以下工作成果：

1. 《BFHQ 公司岗位清单》。
2. 《BFHQ 公司岗位说明书》。
3. 《BFHQ 公司岗位评价体系》。
4. 《BFHQ 公司岗位等级序列表》(包含在《工资方案》中)。
5. 《BFHQ 公司工资分配方案(试行)》(建议书)。

二、本《工资方案》的特点

本方案的主要任务是结合设计新的工资制度,把原来差距过小,工资不能充分体现岗位差别、技术差别,高岗低酬、低岗高酬、同工不同酬,以及长期以来工资制度局部调整缺乏整体设计,工资背离市场并缺乏激励性的工资制度,改变为基本反映岗位劳动差别、技术差别,并与劳动力市场价位基本接轨的新的工资制度。

具体特点有:

1. 立足于岗位工资制设计,岗位等级表的确定引入岗位评价的方法。即在岗位评价的基础上,结合使用经验整体评价手段,经过反复平衡确定了岗位等级。并按照确定的岗位等级,综合大多数员工实际达到的工资水平,分别确定了不同岗位等级的工资基准。体现了按岗位付酬的原则。

2. 实行一岗多薪的工资标准。在体现岗位差别的基础上,主要以同等级中个人的专业技术资格等级或技术等级为依据,兼顾个人的专业技术年限或连续工龄,划分了十多个工资档次,体现了按技术付酬的原则。

3. 将岗位工资标准按照 6:4 开,划分为岗位基本工资和岗位绩效工资。管理人员、专业技术人员的岗位绩效工资联系 BFHQ 当年的实现利润计划指标完成情况、本部门的绩效程度和本人岗位的绩效程度计发;工人,结合岗位的工作性质,或者实行计时工资制加岗位考核的办法,或者以个人或集体为计件单位,按照合格产品数量计发计件工资的办法,体现了业绩付酬的原则。

4. 岗位工资标准,按月规定,但按日支付。以出勤日为准,鼓励在有生产工作任务时,激励多出勤。这样处理,更好地体现了多劳多得原则。

5. 整合简化了工资结构。考虑既要尊重 BFHQ 公司几年来工资分配的惯性,又要改革创新,吸引借鉴实践证明普遍运用的成功做法,对工资结构进行了适当调整,调整后的工资结构以岗位工资为主体,保留了必须的津贴、补贴项目,增加了年终奖和特殊贡献奖项目。

6. 建立了正常的工资运行和调整机制。具体方式包括:岗变薪变;技变(技术提高)薪变,龄变(技术年限或连续工龄增长)薪变,整体调整工资标准,年终奖、优秀员工奖、特殊贡献奖等。

7. 立足于员工的工资都有增加。考虑企业改制后需要稳定为主、激励为主，所以设计《工资方案》时，立足于员工的工资都有增加，并设置了保留工资。

增加工资较少的员工，是因为现行工资较高，但岗位等级偏低、技术等级偏低。

为了使这部分员工较好地纳入新工资标准，本方案专门设计了"新人新办法，老人老办法"，"老人"在原工资标准的基础上，就近就高纳入本岗位等级中的工资档次，使其不降低工资。

三、对实施本《工资方案》的建议

1. 建立工人技术等级评定小组，评定工人技术等级。根据《北京 BFHQ 公司工人技术等级评定办法》，采取技术考核和经验判定相结合的办法，评定工人的技术等级。

2. 建立与本方案配套的培训考核制度。将管理人员、专业技术人员报考相应的国家专业技术资格考试或专业技术资格评审纳入培训工作计划；对工人建立职业技能培训和职业技能鉴定制度，鼓励工人取得相应的技术等级证书或职业资格证书，并坚持与工资待遇挂钩。

3. 建立各部门的绩效考核制度和绩效工资的计发办法。各部门的所属岗位，由负责人牵头，在本工资方案的框架下，自行制订符合实际情况的绩效工资支付办法，并报人力资源部综合平衡和总经理办公会批准后实行。

4. 对岗位评价定期维护。当新的岗位产生或者岗位内容发生变化时，对岗位应当进行复评，即岗位评价的成果不是一劳永逸的，需要动态地维护。因此岗位评价委员会是常设的。

5. 根据需要建立若干实施细则或补充规定。初步建立的《工资方案》不可能包括所有的细节问题，人力资源部可根据需要制定若干问题的实施细则或补充规定，经总经理办公会讨论通过后印发执行。

ZGSH 有限公司薪酬方案（试行）

目　录

第一章　总则
第二章　第二章　业务总监制和总监薪酬
第三章　第三章　总监聘用人员及聘用人员薪酬

第四章　人事行政总监、综合管理人员及薪酬

第五章　董事长、总经理及董事长、总经理薪酬

第六章　特殊情况下的工资支付

第七章　若干问题的处理

第一章　总　则

第一条　根据《中华人民共和国公司法》《中华人民共和国劳动法》及建立与ZGSH有限公司相适应的薪酬制度的要求，制定本方案。

第二条　建立以业务总监制为中心环节的新的经营组织形式，以总监为首组成的业务单位为相对独立的准经营单位。总监拥有相对独立的经营自主权。

第三条　以搞活分配为突破口，比照同行业市场工资的中上薪资水平，确定业务人员的基本年薪，并将基本年薪中的大部分作为效益年薪，与实现净利润挂钩浮动，以激励员工发挥潜能，实现公司与员工的双赢发展。

第二章　业务总监制和总监薪酬

第四条　在公司总经理领导下，实行业务总监制。

业务总监的职位称为招标业务总监（1）、招标业务总监（2）、工程业务总监（1）、工程业务总监（2）、成套设备业务总监、外贷业务总监、贸易业务总监等。

第五条　总监（或以总监为首组成的业务单位）为相对独立的准经营单位，总监具有七个方面的相对经营自主权，包括：经营项目选择权；经营方式决定权；用人自主权；用人薪酬决定权；业务费用自主权；公司资质、无形资产等资源共享权；公司一定数量的资金运营权。

1. 经营项目自主权：是指经营方向、经营项目自主决定，可以根据专长，一业为主，多业经营；也可以多业并举。

2. 经营方式决定权：可以自找项目，自行运作项目；可以转让项目，收取转让费、信息费；可以承接其他经济组织或他人转让的项目。

3. 用人自主权：是指聘用的职位等级和职位数量不限，在聘用有本单位人员的基础上，聘用其他人员的身份不限。

4. 用人薪酬自主权：是指总监聘用的人员，在公司薪酬政策指导下，其工资、奖金、绩效考核方式等，由总监根据工作需要决定。

5. 业务费用自主权：是指在项目中需要发生的业务费用，特别是变动费用发生的频率、数额，在不超过前三年平均变动费用率的前提下，由总监自主决定。

6. 公司资质、无形资产等资源共享权：是指公司的法人名称、各种业务经营资质及相关的无形资产、公司领导的影响力等，总监可以充分使用。

7. 公司一定数量的资金运营权：是指总监在业务开展中需要运用资金的项目，在公司具备资金能力的前提下，总监有权提出公司给予必要的资金支持，资金费用列入成本。

第六条 总监在行使上述赋予的权利时，应分别编制财务预算、用人方案、聘用人员的薪酬支付方案，并报总经理备案。对总监提出的财务预算、用人方案、薪酬方案，总经理有责任提出建设性意见；当总经理认为有可能对公司的经营产生潜在的重大损失或已经发生重大损失时，总经理有权否决或暂停总监行使上述赋予的权利。

为防范较大的财务风险，在以公司名义签订项目合同时，总监应事先征求总经理意见，总经理对项目合同具有最终签字权。

第七条 业务总监的核心任务是开拓市场，最大限度地增加盈利。在公司中，业务总监的数量不限。

总监实行竞聘上岗制。竞聘上岗的条件是：剔除全部经营成本后，净上缴公司利润50万元。净利润是指扣除包括总监基本年薪及总监聘用人员的基础工资、绩效工资、公司承担的社会保险缴费、住房公积金、房租补助等基本福利支出在内的管理费用和经营费用之后，上缴给公司的税前利润。上缴净利润一般以年度为周期计算。

对竞聘上岗的总监人员，由总经理颁发聘任书。

第八条 总监实行年薪制。

公式一：

$$总监年薪 = 基本年薪 + 超额效益奖金$$

式中：基本年薪 = 基础年薪 + 效益年薪

总监的基本年薪为12万元。

其中：税前年基础工资为年薪的20%，即2.4万元，平均税前月基础工资2 000元；税前年效益年薪为年薪的80%，即9.6万元，平均税前月效益工资8 000元。

第九条 总监的基本年薪在上缴公司净利润之前的成本费用中列支。

第十条 税前基础工资按月固定发放。

税前效益年薪按照净上缴利润指标完成百分比计发，上封顶，下不保底。

税前效益年薪的计算，如公式二：

$$总监效益年薪 = 效益年薪标准 \times 净上缴利润指标完成（\%）$$

式中：

$$总监净上缴利润指标完成（\%） = \frac{总监实际净上缴公司利润}{总监上缴公司净利润指标} \times 100\%$$

式中：上缴公司净利润指标，一般为竞聘上岗条件中的50万元。

例如：某一总监2002年上缴利润指标为50万元，实际完成40万元，则效益年薪应发：

$$某一总监效益年薪 = 9.6万元 \times \frac{40万元}{50万元} \times 100\% = 7.68万元；$$

又如：另一总监2002年度上缴利润指标为50万元，实际完成200万元，超过上缴利润指标300%，但上缴利润指标完成（%）最高计算到100%，则效益年薪封顶为9.6万元。

第十一条 超额效益奖金从超过上缴利润指标的超额利润中提取，并在超额利润中列支。超额效益奖金分档计提，见表1。

表1　　　　　　　　　　　　超额效益奖金分档计提表

分档	超额上缴利润	超额奖金计提比例（%）
1	超过50万元（不含），到75万元的部分	20
2	超过75万元（不含），到100万元的部分	25
3	超过100万元（不含），到125万元的部分	30
4	超过125万元（不含），到150万元的部分	35
5	超过150万元（不含），到175万元的部分	40
6	超过175万元（不含）的部分	45

对经营难度大、风险程度高的特殊项目，在上述计提比例的基础上，经董事会批准，适当提高超额效益奖金提取比例。

超额效益奖金的分配，由总监提出方案，在征求公司总经理意见后执行。

第十二条 公司对总监下达变动费用率指标。变动费用率指标，对继续经营的业务，根据前三年的平均变动费用率核定；对新发生的业务，按照财务预算核定。

实际发生的变动费用额，比根据变动费用率计算的变动费用额减少的部分，在完成净上缴利润指标任务的前提下，按照减少部分的50%计发节支奖；对超过的部分，应当作出合理的解释，并按照超过部分的100%减少超额效益奖金；未能提取超额效益奖金的，同等数额减少总监的效益年薪和总监聘用人员的绩效工资。

第十三条 独立项目经理。对于不具备竞聘总监条件，但又能够独立开展业务、并在一个经营年度内创造利润在25万元以上的人员，经个人申请，总经理批准，可以聘任为独立项目经理。独立项目经理的基本年薪为8万元，并按照2∶8的比例划分为基础年薪和效益年薪两个部分。年上缴利润超过25万元，提取超额效益奖。超额效益奖的提取比例，同口径比较，按照适当低于业务总监的超额效益奖金提取比例，由薪酬委员会综合各种因素后决定。

独立项目经理的成本、利润、工资、奖金核算的口径与业务总监相同。

第三章 总监聘用人员及聘用人员薪酬

第十四条 总监以下职位，由总监和聘用人员相互选择产生。

总监以下职位，由总监根据工作需要和被聘人员情况，在以下职位层次中，聘用的职位层次和职位的数目不限：

1. 高级业务经理：具有公认的、高水平的业务能力，能够独立开拓、承接和主持重大项目，产生显著的经济效益。

2. 业务经理：具有中等水平的业务能力，能够基本独立开拓、承接和主持一般项目，产生一般的经济效益。

3. 业务助理：协助项目经理处理技术性问题，不独立承担经济效益指标。

4. 业务秘书：承担一般性事务性工作、后勤性工作，不承担经济效益指标。

第十五条 总监聘用人员，应由总监与聘用人员签订聘用协议书。

聘用协议书应包括以下主要内容：

1. 聘用职位及工作任务；

2. 聘用期限；

3. 聘用待遇。

根据协商约定，聘用协议书可增加其他内容。

第十六条 总监聘用的职位及相应人员的薪酬支付方案，根据国家有关法律法规和政策规定，参照公司的指导性意见，与被聘用人员协商确定。

公司对总监聘用人员的薪酬支付提出以下指导性意见：

薪酬结构，如公式三：

$$聘用人员薪酬＝基础工资＋绩效工资＋超额效益奖金$$

1. 总监以下职位的薪酬组成及相应标准，见表2。

表2 　　　　　　　　　　总监以下职位参考薪酬标准表　　　　　　　　　　单位：万元

职位	年基础工资与绩效工资合计	基础工资		绩效工资		超额效益奖金
		年	月	年	月	
高级业务经理	6~8	按照年基础工资与绩效工资之和的20%计算	按年基础工资除以12个月计算	按年基础工资与绩效工资之和的80%计算	按年绩效工资除以12个月计算	在实际上缴利润超过上缴利润指标的前提下计发
业务经理	4~6					
业务助理	2~4					
业务秘书	2	0.6	0.050 0	1.4	0.116 7	

2. 薪酬的各个组成部分按以下原则支付：

（1）基础工资，按月固定发放。

(2) 绩效工资，采取以下办法之一计发：

1) 根据本人实际贡献程度和职位直接总监上缴公司净利润完成‰计发。如公式四：

个人绩效工资＝个人绩效工资标准×个人贡献程度×直接总监上缴公司利润指标完成（％）

式中：个人贡献程度由总监考核确定。个人贡献程度可以采取百分制，小于100％，等于100％，或大于100％。

2) 把个人绩效工资标准量化为工作量工资标准，之后，按照实际完成的工作量计发实得绩效工资。

3) 总监认为其他更为合适的办法。

(3) 超额效益奖，在总监完成上缴净利润指标的前提下，从超额利润中提取。个人超额效益奖金数额，由总监根据超额效益奖金提取总额和个人的绩效程度，并综合考虑相关因素决定。

3. 对于从市场聘用的人员，可以按照市场价位，实行固定工资制，或基本工资加绩效工资制。

第十七条 总监的基本年薪、总监聘用人员的基础工资、绩效工资及其他所有人工费用，全部在上缴公司利润前列支总监成本费用；超额效益奖金列入公司成本费用。

第十八条 总监对聘用人员，可以根据业务经营需要，实行不定时工作制、综合计算工时制。在保障职工身体健康并听取聘用人员意见的基础上，根据项目操作需要，采用集中工作、集中休息、轮休调休、弹性工作时间等适当方式。

第四章 人事行政总监、综合管理人员及薪酬

第十九条 人事行政总监通过竞聘产生。

第二十条 人事行政总监的薪酬水平按照业务总监基本年薪的90％的比例，即10.8万元确定。

第二十一条 人事行政总监的薪酬结构按照业务总监的薪酬结构支付：

1. 基础年薪，按照基本年薪的20％，即2.16万元确定，平均每月基础工资1 800元。基础工资按月固定支付。

2. 效益年薪，按照基本年薪的80％，即8.64万元确定，平均每月7 200元。其支付按照全部业务总监实际上缴利润占上缴利润指标的百分比和个人绩效水平确定，上封顶，下不保底。效益年薪按照公式五计算：

公式五：

$$人事行政总监效益年薪 = 8.64 万元 \times \frac{业务总监平均上缴公司利润}{业务总监平均利润指标}$$

×人事行政总监绩效水平

式中：

（1）业务总监平均利润指标为50万元。

（2）业务总监平均上缴公司利润＝业务总监上缴公司利润之和/总监人数

（3）人事行政总监绩效水平，实行百分制，由总经理和其他被服务人员考核确定。

公式六：

人事行政总监绩效水平＝总经理考核分数×60％＋被服务人员评价分数×40％

总经理对人事行政总监的考核分数、被服务人员对人事行政总监的评价分数均按照满意程度分别实行百分制整体评价法。

例如，2003年人事行政总监效益年薪标准为8.64万元，业务总监平均上缴净上缴利润完成150％（在计算效益年薪时，此项指标低于100％时，按实际完成百分比使用；高于100％时，最高按100％使用，即上封顶），人事行政总监绩效水平得分为98分，则：

2003年人事行政总监效益年薪＝8.64×100％×0.98＝8.4672万元

3. 人事行政总监的超额效益奖金，由薪酬委员会综合各方面情况提出意见，报总经理办公会决定。

第二十二条 综合管理人员，包括财务会计、行政事务人员等，由人事行政总监商总经理聘用。

第二十三条 综合管理人员的薪酬结构，与业务人员相同。

1. 基础年薪，由薪酬委员会根据本人的专业技术水平，参照市场工资水平，比照同等条件业务人员基本年薪90％的比例确定。其中基础年薪占20％，平均到每月固定发放。

2. 绩效年薪根据公司实现利润占利润指标的百分比和个人的绩效水平计发。计发办法，同人事行政总监一样，上封顶，下不保底。如公式七。

综合管理人员绩效工资＝个人绩效工资标准×个人绩效程度×总监上缴利润平均完成（％）

3. 综合管理人员的超额效益奖金，由薪酬委员会综合各方面情况提出意见，报总经理办公会决定。

第五章 董事长、总经理及董事长、总经理薪酬

第二十四条 董事长、总经理按照《公司法》规定的程序产生。

第二十五条 董事长、总经理按照《公司法》规定的各自职责范围行使职权。

第二十六条 总经理的基本年薪水平原则上按照高于业务总监基本年薪水平的125％，即15万元上下。具体数额由股东会或董事会根据总经理的业绩决定。

第二十七条 总经理薪酬结构按照业务总监的薪酬结构支付。

1. 基础年薪，按照基本年薪的 20％，即 3 万元确定，平均每月基础工资 2500 元。基础工资按月固定支付。

2. 效益年薪，按照基本年薪的 80％，即 12 万元确定，平均每月 1 万元。其支付按照全部业务总监实际上缴利润占上缴利润指标的百分比和个人绩效程度确定，上封顶，下不保底。

效益年薪的计发，如公式八：

总经理效益年薪＝总经理效益年薪标准×业务总监上缴利润指标完成（％）

式中：业务总监上缴利润指标完成（％），低于 100％的，按照实际完成（％）计算；高于 100％的，最高为 100％。

3. 超额效益奖金，全年结算，按照业务总监平均超额效益奖金的 125％计发。

第二十八条 董事长的薪酬结构与业务总监相同。基本年薪按照业务总监的 135％确定；在保证公司按照股东利益回报 10％和公司资产保值增值的前提下，超额效益奖金按照业务总监平均超额效益奖金的 135％确定。董事长薪酬的计发办法与总经理相同。

第六章 特殊情况下的工资支付

第二十九条 关于加班工资。实行新的薪酬制度以后，凡是实行效益工资与利润浮动挂钩的人员，如董事长、总经理、总监、项目经理等职位，不再实行加班工资；凡是实行基本固定工资制，即工资不与利润挂钩浮动的人员，请事假一般不发工资，需要加班加点的一般发给加班加点工资。加班加点工资由总监与聘用人员协商确定。

第三十条 员工因病或非因工负伤需要休息治疗，执行医疗期的规定。在医疗期内，基础工资照发，效益工资停发。对于在项目中作出实际贡献的，应根据本人的贡献情况支付薪酬。

第三十一条 员工因工负伤，按照国家关于工伤待遇的规定支付。

第三十二条 女工产假期间，按照公司平均月基础工资计发生育津贴。

第三十三条 员工医疗期内的基础工资、因工负伤待遇、女工生育津贴在公司管理费中列支。

第七章 若干问题的处理

第三十四条 对于不能竞聘上岗的人员（限于 2002 年 6 月的公司在册职工），由原公司作为待岗人员对待，待岗期间，由原公司按照北京市下岗人员生活费标准的两倍，发给生活费。

第三十五条 社会保险缴费、住房公积金仍继续执行北京市的现行规定。个人缴纳的社会保险费、住房公积金从个人基础工资中,由公司财务按月代扣代缴。

第三十六条 罚则。对于不能完成公司下达的利润指标任务的总监,第一年提出黄牌警告;第二年原则上予以解聘。

对于经营亏损,又不能作出合理解释的总监,个人应承担一定的经济责任。具体数额由薪酬委员会提出意见,报总经理办公会决定。

对于玩忽职守,由于个人责任给公司造成重大经济损失的,应由个人进行经济赔偿,每月赔偿的金额按照应发工资奖金的20%计算;情节严重的,个人应承担民事责任。

第三十七条 鼓励所有人员积极开拓市场、寻找项目。对于寻找到手或为寻找项目提供有效信息、但不能自行完成项目的人员,可以转让他人或经济组织并收取转让费用,转让费用由供求双方协商确定,转让费用列入经营费用;转让收入列为营业收入。

第三十八条 在公司总经理领导下,由人事行政总监牵头,组建薪酬委员会。

薪酬委员会的职责是:

1. 就公司董事长、总经理(不含)以下职位的薪酬决定提出分配方案。
2. 按本方案的规定考核计发总监的薪酬;决定人事行政总监和综合管理服务人员的薪酬。
3. 对于实际分配中本方案的未尽事宜,由薪酬委员会提出意见,报总经理、或董事会批准后执行。
4. 董事会、总经理委托处理的其他分配事宜。

第三十九条 实行效益年薪的人员,根据预计的年上缴净利润数估算的效益年薪,可以平均到每月预发,上半年按照平均数的50%预发;下半年在上半年任务过半的前提下,可以按照平均数的80%~90%预发,年终结算,多退少补。如果上半年利润不能按照计划实现,以致出现亏损,效益年薪停发,上半年预发的效益年薪应酌情在下半年应发的基础工资中扣回。

第四十条 所有人员的基本年薪和超额效益奖金超过免税金额的部分,按照规定缴纳个人所得税,个人所得税由个人承担,由公司财务代扣代缴。

第四十一条 下达业务总监经济责任书

业务总监经济责任书,格式见附录一。

第四十二条 现行本人的全部工资作为档案工资处理;国家规定的独生子女补贴、房租补贴等照常发放。

第四十三条 本实施办法由公司总经理办公会解释,并可授权薪酬委员会制订若干补充规定和实施办法。

第四十四条 本实施办法自×××年××月××日起试行。如实际情况发生重大出入,公司有权作出调整。

附录一

业务总监经济责任书

××总监：

经公司经理办公会决定，向你下达×××年经济责任书。经济指标及相应规定如下：

一、依法经营，并确保实现利润达到核定的利润指标　　　　万元。

二、总监的基本年薪，按照公司的《薪酬方案》的规定执行。

三、实现利润超过核定的利润指标，对于超过核定指标的部分，公司将按照《薪酬方案》的规定，计发超额效益奖金。

四、变动费用率核定为　　％，实际发生的变动费用额比按照核定的变动费用率减少或超过的部分，按照《薪酬方案》的相关规定奖罚。

ZGSH 有限责任公司（章）
年　月　日

BJKJ 公司岗位资质绩效工资制方案

目　录

第一章　总则

第二章　岗位资质工资

第三章　岗位绩效工资

第四章　福利补贴

第五章　岗位工资的计算与支付

第六章　项目部人员的工资支付

第七章　风险抵押金

第八章　特殊情况下的工资支付

第九章　新参加工作人员和招聘人员的工资

第十章　工资调整

第十一章　工资管理体制

第十二章　董事会奖励基金

第十三章　附则

第一章　总　　则

第一条　【根据】

按照建立现代企业收入分配制度的要求，为保证和促进 BJKJ 公司（以下简称 KJ 公司）年度经营目标和战略目标的实现，根据《中华人民共和国劳动法》和 KJ 公司的实际，制定本方案。

第二条　【转换工资机制】

将原来以行政级别工资为主体的工资制，转换为岗位资质工资制。

第三条　【存量、增量同时调整，初步理顺分配关系】

将员工 2006 年实际发生的工资存量，加上 2007 年的工资增量，参照北京同类行业市场工资价位，KJ 公司目前及潜在的工资支付能力，初步理顺投资者和劳动者的分配关系，做到工资不侵蚀利润、利润不侵蚀工资；根据岗位评价确定的岗位相对价值和同一等级不同任职人员的资质差别，合理确定不同岗位等级之间以及不同任职人员之间的工资水平和工资差距，初步理顺员工之间的工资关系。

第四条　【调整工资结构】

在初步理顺工资关系的基础上，进行工资结构的调整。

将原工资组成中的第一部分岗位职务工资和第二部分，即其他工资，包括技能工资、年功工资、职称津贴、住房补贴，并入新工资组成中的岗位资质工资单元和岗位绩效工资单元。原工资组成中的福利待遇更名为福利补贴，包括卫生费、交通费、独生子女费、托费、取暖费，继续保留。新建董事会奖励基金单元，主要用于特殊贡献奖、特殊人才奖，以及解决分配中的特殊问题。

新的工资组成为：第一单元，岗位资质工资；第二单元，岗位绩效工资；第三单元，福利补贴；第四单元，董事会奖励基金。

第五条　【建立工资的正常调整机制】

根据任职人员的岗位变动，建立工资的纵向调整机制；根据任职人员的专业技术等级或技术等级、学历变化、员工专业技术年限或改制后本企业工龄的增长，建立工资的横向调整机制；根据社会经济发展，提高生活水准的要求，在经济效益提高的前提下，建立工资的整体调整机制。

第六条 【完善根据绩效支付工资的办法】

工资支付以绩效为导向，即公司机关员工工资的计发同公司整体的经济效益和本人的岗位绩效相联系；分公司、子公司员工工资的计发同本人所在单位的经济效益和本人工作绩效相联系。调整工资管理体制，下放分公司、子公司工资支付的自主权。

第七条 【配套改革】

坚持三项制度改革配套进行，共同推进。以提高公司经济效益和劳动生产率为中心，建立起岗位靠竞争、收入靠贡献的动力机制，形成"岗位能上能下，人员能进能出，工资能增能减"的用人制度和分配制度。

第八条 【实施范围】

本方案实施的岗位及人员范围：公司副总工程师级（不含）以下在职在岗员工。公司管理层成员和总经理助理的薪酬调整方案由公司董事会另行制定。

第二章 岗位资质工资

第九条 【岗位资质工资等级】

岗位资质工资等级根据职工任职的岗位等级确定。

岗位资质工资等级由公司岗位评价委员会按照《BJKJ 公司岗位评价标准体系》，通过实施岗位评价评定。

《KJ 公司岗位等级序列表》见附表 1。

第十条 【岗位资质工资标准】

岗位资质工资，是工资构成中的相对固定部分。

岗位资质工资标准实行"一岗多薪制"。档差按岗位资质工资基准线的 5% 设计。

岗位资质工资标准，纵向以岗位等级为基础，体现岗位的价值；横向工资档次以个人岗位资质依据，体现员工个人人力资本的价值。

BJKJ 公司岗位资质工资标准，见附表 2。

第十一条 【纳入岗位资质工资等级的办法】

所有人员按照所任岗位评定的岗位等级，直接进入与本岗位等级相对应的工资等级。

第十二条 【纳入岗位资质工资档次的办法】

员工纳入工资档次的步骤和办法是：

（一）按照 KJ 公司规划发展战略的要求，明确每个岗位等级任职的专业技术资格等级或技术等级要求。

（二）正好符合任职专业技术资格等级或技术等级要求的，纳入岗位资质工资的 4 档工资标准。其中中层管理人员纳入 5 档。

（三）低于任职专业技术资格等级或技术等级条件的，低纳工资档次。

（四）高于任职专业技术资格条件或技术等级条件的，高纳工资档次。

（五）员工具有专业技术等级或技术等级的，按专业技术年限或技术年限增加工资档次；没有专业技术等级或技术等级的，按改制后的本企业工龄纳入工资档次。

岗位资质工资档次纳入表，见附表3。

（六）在按前述纳入工资档次的基础上，对于具有二级建造师认证的人员，高纳一个工资档次；具有一级建造师认证的人员，高纳两个工资档次。

（七）对于有学历，没有专业技术资格的人员，暂按视同对待：（1）高中、中专、中技毕业三年以上，大专毕业一年以上的，视同员级或中级工；（2）本科毕业一年以上的，视同助理级或高级工。

第十三条　【纳入岗位资质工资档次若干问题的处理】

（一）纳入工资档次专业技术年限或技术年限，从取得相应的专业技术资格或技术等级的当年算起。

（二）纳入工资档次的本企业工龄从KJ公司改制的当年算起，即从2005年算起。

（三）员工按照高一技术等级纳入的工资档次，低于按照低一技术等级纳入的工资档次的，按照就高等级纳入。

（四）按照学历和毕业年限视同专业技术资格的人员，其毕业年限，第一年按周年处理；满一周年以后，按虚年计算。

（五）实行"老人老办法"，对老人给予一定的保护。"老人"为2005年参加改制的人员，老人在按照本方案纳入新工资标准后，每月岗位资质工资与岗位绩效工资之和低于2006年每月四项工资（岗位职务工资＋年功工资＋职称津贴＋住房补贴）之和的，或者在2006年每月四项工资基础上每月增加工资不到50元的，一律增加到每月50元。

第十四条　【不同系列人员纳入岗位资质工资档次的办法】

纳入工资档次时，不同系列的人员，即管理系列人员、工程技术系列人员及工人系列的人员，其专业技术等级与技术等级的对应关系见表1。

表1　　　　　　　　专业技术资格与技术等级的对应关系

序号	专业技术资格等级	技术等级
	—	普通工人
1	普通管理人员	初级工
2	员级（经济员、技术员、会计员）	中级工
3	助理级（助理经济师、助理工程师、助理会计师）	高级工

续表

序号	专业技术资格等级	技术等级
4	工程师级（经济师、工程师、会计师）	技师
5	高级工程师级	高级技师
6	正高级工程师	特级技师

备注：政工系列的职称，与技术系列和经济系列同等对待。

第三章 岗位绩效工资

第十五条 【岗位绩效工资等级】

岗位绩效工资等级，同附表1。

第十六条 【岗位绩效工资标准】

岗位绩效工资标准，实行"一岗一薪"制，即每个岗位等级只有一个工资标准。

岗位绩效工资标准，见附表2。

各等级月岗位资质工资和岗位绩效工资各自占岗位工资的比例，见表2。

表2　　各等级月岗位职能工资和岗位绩效工资各自占岗位工资的比例

岗位等级	岗位职能工资占岗位工资比例（%）	岗位绩效工资占岗位工资比例（%）	岗位职能工资＋岗位绩效工资（%）
一至二	70	30	100
三至五	65	35	100
六至八	60	40	100
九至十二	55	45	100
十三至十六	50	50	100

第四章 福利补贴

第十七条 【福利补贴项目】

包括：1. 冬季取暖补贴；2. 上下班交通补贴；3. 独生子女补贴；4. 奶费；5. 托儿补助费。

第十八条 【福利补贴项目的范围、标准】

（一）冬季取暖补贴：家住平房的员工，每年200元。

（二）上下班交通补贴：家住距离单位2公里以上，每人每月12.5元。

（三）独生子女补贴：独生子女父母每人每月5元。

（四）婴幼儿奶费：出生两周岁以内，每月2元。

（五）托儿补助费：每月 20 元。

第五章　岗位工资计算与支付

第十九条　【岗位资质工资的计算支付】

岗位资质工资为任职人员的基本工资，在员工正常出勤、提供正常劳动的情况下，每月固定支付。在不能正常出勤的情况下，因病、婚、丧、生育等法定事假，按特殊情况下的工资支付规定处理；因私事假，按日扣减。

$$日岗位资质工资标准 = \frac{本人月岗位资质工资标准}{21.75 天}$$

第二十条　【岗位绩效工资的支付】

（一）机关各部门负责人、分公司、子公司负责人的绩效考核及岗位绩效工资计发，由公司薪酬与考核委员会直接管理，不参与本部门、本单位内部绩效工资或效益工资的分配。

（二）机关各部门负责人、分公司、子公司负责人以下其他岗位人员的绩效工资，为两级考核、两级支付，是工资构成中的全浮动部分。

一级考核，即以部门、分公司、子公司为单位，由公司按照《部门绩效考核方案》，根据考核结果，决定各部门、分公司的应发绩效工资总额。

二级考核，即以岗位任职人员为单位，由各部门、分公司、子公司根据《公司关于岗位绩效考核的指导意见》自行制订的绩效考核办法进行考核，根据考核结果，决定岗位任职人员的应发绩效工资。

公司机关各部门一级考核应发绩效工资的计算和各部门二级考核个人应发绩效工资的计算，参照附录1《BJKJ公司部门绩效工资计算表（模拟示例）》提供的办法计算。

第六章　项目部人员的工资支付

第二十一条　【在建工程项目人员的工资支付】

自2006年1月1日以后新开工的在建工程项目经理部，按工程承包管理办法执行的，项目经理或项目承包班子，分别执行承包期内生活费标准。一级项目经理部经理月生活费为2 000元，书记为1 900元，副经理为1 800元；二级项目经理部经理月生活费为1 800元，书记1 700元，副经理为1 600元。以上生活费为月实发生活费，其他工资、津贴、福利部分待工程竣工结算后，按项目承包管理办法规定分配。在承包期内只发生活费，其他工资、津贴、福利部分停止执行。2006年调整的工资，作为基础工资封存。

各项目经理部可根据工程承包合同，制定其他人员生活费标准，待项目竣工结算后再进行二次分配。

第二十二条 【新开工项目人员的工资支付】

自 2007 年元月 1 日以后，新开工的工程项目经理部，按工程承包管理办法执行的，项目经理或项目承包班子，从工程开工之月起，执行承包期内的工资制度。

在承包期内，项目部人员本人的岗位资质工资、福利补贴照发。岗位绩效工资，停止发放，待工程竣工结算后，按项目承包管理办法规定结算，并根据实际情况，进行二次分配。

第二十三条 【新开工项目部可以试行项目包干工资制】

对新开工项目，项目经理愿意实行项目包干工资制的，可以试行项目包干工资制。项目包干工资由项目经理征求项目人员和公司主管经理意见后，自主分配。

项目包干工资制，经征求项目经理意见后，由经营部制订，商人事保卫部，并经经理办公会批准后实施。

第二十四条 【二次分配备案制度】

各项目经理部的二次分配办法及每人分配数额，报公司人事保卫部备案。

第二十五条 【非项目施工人员实行待岗制】

项目结束后，暂无施工任务的项目部人员，全部进入人力中心，一律执行待岗生活费。待岗生活费标准是：项目经理月生活费实发为 800 元；书记 750 元；副经理月生活费实发为 700 元；其他人员生活费实发为 600 元。

在执行生活费期间，其他工资、津贴暂不执行。6 个月（不含 6 个月）以上仍在人力中心待岗的项目部人员，一律执行北京市最低生活费标准。

第七章 风险抵押金

第二十六条 【风险抵押金制度】

对项目部人员、所有管理人员实行风险抵押金制度。

（一）项目人员的风险抵押金承担项目风险。

（二）中层管理以上管理人员以岗位绩效工资承担年度责任目标风险和履行本人岗位职责的风险；一般管理人员以绩效工资的 20%，分别承担公司、分公司或子公司的经营风险和履行本人岗位职责的风险。

管理人员风险抵押金全部发放的底线是：股东分红不低于同期银行一年期存款利率。

（三）工人按照本人岗位职责的完成情况计发绩效工资，但不实行风险抵押金制度。

第二十七条 【项目部人员风险抵押金制度】

对项目经理部继续执行自 2006 年 1 月 1 日起实行的风险抵押金制度。

各项目经理部风险抵押金按工程承包管理办法执行。

第二十八条 【中层以上管理人员风险抵押金制度】

公司机关中层管理人员和各分公司、子公司经营层人员，风险抵押金额度按本方案确定的岗位绩效工资标准全额执行。待年终结算后，公司和各单位完成公司计划或下达的经营考核指标，兑现100%风险抵押金，并按照年度经营承包责任书的约定给予奖励。未完成指标，视亏损额度的百分比，按比例扣减风险抵押金，扣减的风险抵押金以冲减利润亏损。

第二十九条 【一般管理人员风险抵押金制度】

一般管理人员，平常月度按岗位绩效工资标准的80%考核发放。其余20%，根据年度公司或本单位年度经营目标的完成程度和本人年度绩效考核结果发放。

第八章 特殊情况下的工资支付

第三十条 【产假工资】

女员工产假（含产前检查和哺乳依法休假）期间，按照社会保险缴费工资基数全额发给。产假超过国家规定的期限，按照病假待遇处理。

第三十一条 【法定事假工资】

员工婚假、丧假、探亲假工资：以本人岗位资质工资为基数，工资照发；岗位绩效工资不发。机关、各项目部人员，休假手续直接到公司人事保卫部办理；分公司、子公司人员在各自单位办理。

第三十二条 【病假工资或疾病救济费】

员工因病或非因工负伤需要休息治疗，在规定的医疗期内，实行病假期间待遇。病假期间，以本人岗位资质工资为基数，以2005年改制起计算的本企业工龄为准，按《一九五三年劳动保险条例实施细则》规定的比例支付：

1. 累计病休在6个月以内者：工龄不满2年者，为本人工资的60%；已满2年不满4年者，为本人工资70%；满4年以上者，为本人工资80%。

2. 累计病休在6个月以上者，改发疾病救济费：工龄不满1年者，为本人工资40%；已满1年不满3年者，为本人工资50%；3年及3年以上者，为本人工资60%。

3. 按照上述办法计发的病假工资或疾病救济费，扣除个人缴纳的社会保险费、住房公积金后，低于当月本市最低工资标准80%的，按照当月本市最低工资标准的80%发给。

第三十三条 【因工负伤停工治疗期间待遇】

员工因工负伤停工留薪治疗期间待遇，按北京市工伤保险条例（140号令）及有关规定执行；医疗终结评定伤残等级后，按工伤社保机构批准的伤残津贴待遇执行；重新安置工作的，按所从事岗位确定岗位工资。

第三十四条 【值班补贴】

凡日常值夜班的,每班10元;公休日值班的每班30元;节日值班每班50元。

第三十五条 【加班加点工资】

加班工资:经批准的加班工资,以北京市日或小时最低工资为基数,按《劳动法》规定,延长工作时间加点按150%、公休日加班按200%、法定节假日加班按300%支付。

公司中层以上管理人员(含分公司、子公司经营层人员)实行不定时工资制,加班加点不支付加班加点工资。夜间值班、节假日值班,按值班津贴处理。

公司机关人员不实行加班加点工资,在公休日、法定节假日需要加班的,安排倒休,不能安排倒休的,每加班一天按增5分计入当月考核分数;不足一个工作日的,每加班一个小时,按增计0.5分增计当月考核分数。

第九章 新参加工作人员和招聘人员的工资

第三十六条 【新参加工作人员工资】

新参加工作的毕业生,见习期间,见习工资:高中、中专、中技毕业生,每月800元;大专毕业生每月1 000元;本科毕业生,每月1 500元。见习期满,经考核留用的,按照聘任的岗位和本人条件确定岗位资质工资标准和岗位绩效工资标准。

第三十七条 【招聘人员的工资】

从市场上招聘的有一定工作经验的人员,按照合同期限的长短确定试用期,试用期间,执行试用岗位所属岗位等级的一档岗位资质工资标准,不执行岗位绩效工资标准。

试用期满合格留用的,按照聘任的岗位和本人条件确定岗位资质工资标准和岗位绩效工资标准。

第十章 工资调整

第三十八条 【工资调整内容】

工资调整的内容,包括个人工资调整、工资标准整体调整和工资关系调整。

第三十九条 【个人工资调整】

个人工资调整包括工资等级调整、工资档次调整。

(一) 工资等级调整

工资等级调整,即纵向调整。凡岗位调整,涉及岗位等级发生变化的,按照新任岗位重新确定工资等级。工资等级调整,一律从新任岗位的次月起执行。

工资等级调整以后,工资档次不动。

（二）工资档次调整

员工取得了比现有等级高一等级的专业技术资格或技术等级，以及获得建造师认证的，提高工资档次。

上半年取得相应等级资格，以及建造师认证的，从7月1日起调整；下半年取得相应等级资格，以及建造师认证的，从次年的1月1日起调整。

第四十条 【整体调整工资标准】

自本方案实施年度起，依据公司的经营状况，在具备支付能力的前提下，每两年整体调整一次工资标准。

第四十一条 【工资关系调整】

根据劳动力供求关系的变动和公司保留、吸引、激励关键岗位紧缺管理人员、专业技术人员和技术工人的需要，参照同行业的工资水平，适时调整工资关系。

第十一章 工资管理体制

第四十二条 【工资考核领导小组】

公司工资考核领导小组由总经理、主管副总经理、主管经营经理、总会计师、人事保卫部、经营部、财务部经理及有关部门人员组成。

工资考核领导小组主要负责日常和年度的工资考核工作，根据考核结果确定各单位负责人的应发工资和各单位的应发工资总额。

第四十三条 【公司机关人员工资管理体制】

（一）机关人员的岗位资质工资由公司人事保卫部直接管理，各部门每月须将本部门人员考勤报送人事保卫部。

（二）机关人员的岗位绩效工资实行两级管理、两级分配。公司对部门实行一级考核，决定每个部门的应发绩效工资总额；部门对所属员工实行二级考核，决定每个员工的应发绩效工资。员工出勤和加班情况应列入员工绩效考核。

第四十四条 【分公司、子公司实行分级工资管理体制】

公司对分公司的工资实行分级管理体制。

（一）公司对分公司、子公司实行工资总额调控

1. 公司按照本方案规定的岗位资质工资、岗位绩效工资和值班津贴、加班加点工资标准核定各单位的年度工资总额。

2. 以公司对各单位下达的年度经营考核指标为依据，对单位以利润、产值、安全为主要考核指标，调控工资总额。

3. 各分公司、子公司自己挣钱发工资，公司不予拨付或垫付工资。

4. 各单位经营层、中层以上人员的风险抵押金（岗位绩效工资）、一般管理人员按岗位绩效工资 20% 计算的风险抵押金，待年终结算后完成公司考核指标，且在当年成本能够容纳的前提下补发。在当年成本不能完全容纳的前提下，根据容纳的程度补发。具体补发办法根据实际情况届时决定。

（二）各分公司、子公司在工资总额内自主分配

1. 各单位可以在工资总额内，在本方案的框架下，自主制定工资分配办法。特别是岗位绩效考核和岗位绩效工资支付办法。

2. 对适合实行计件工资和提成工资的岗位，可以实行以岗位资质工资保底基础上的计件工资制或提成工资制、工作量工资制，也可以把岗位资质工资和岗位绩效工资绑在一起，实行全额计件工资、全额提成工资或全额工作量工资的办法。

实行全额计件工资、全额提成工资或全额工作量工资办法的单位，在员工提供正常劳动的前提下，按产量、工时、提成、工作量计算支付的工资不能低于最低工资标准。

分公司、子公司管理人员的岗位绩效工资的计发，也可参考附录 1《BJKJ 公司部门绩效工资计算表（模拟示例）》提供的办法执行。

3. 工资支付必须实名制。支付在职在岗员工的工资必须如实报人事保卫部备案。

第十二章 董事会奖励基金

第四十五条 【董事会奖励基金】

董事会奖励基金主要用于奖励具有特殊贡献的人员。奖励基金的提取和奖励基金的奖励实施，按照 KJ 董发〔2006〕17 号印发的《BJKJ 公司董事会奖励基金管理办法（试行）》的规定执行。

第十三章 附则

第四十六条 【停止支付项目】

自本方案实施之月起，原 2006 年工资支付项目中并入本方案岗位资质工资、岗位绩效工资的岗位职务工资（岗位工资）、年功工资、职称津贴、技师津贴、住房补贴停止支付。

第四十七条 【本规定为准】

自本方案实施之日起，原 KJ 董发〔2002〕14 号印发的《BJKJ 公司 2006 年员工工资调整实施办法》和《2006 年工资考核管理办法》废止。

其他有关文件中涉及工资支付的规定，与本方案规定不符的，以本方案的规定为准。

第四十八条 【实施程序】

本方案经经理办公会审核、董事会批准并通过职工代表大会讨论通过后，自 2007 年 1

月1日起颁布实施。

附表1 《KJ公司岗位等级表》

附表2 《BJKJ公司工资标准表》

附表3—1 《中层（不含）以下任职人员工资档次纳入表》

附表3—2 《中层（含主任工程师）以上任职人员工资档次纳入表》

附录 《BJKJ公司部门绩效工资计算表（模拟示例）》

附表1　　　　　　　　　　KJ公司岗位等级表

岗位等级	00	01 开发部	02 经营部	03 工程部	04 财务部	05 人保部	06 党群部
一						炊事员；话务员；警卫；卫生工	
二						通信管理员；食堂管理员	
三							
四				试验员	出纳；档案管理		
五		开发管理员	成本会计；物资管理员	计划统计员；设备管理员；工程维修管理员；贯标管理员；工程劳务管理员		消防干事；调配管理员；武装干事；后勤管理员	宣传干事；综合干事；组织干事
六		投标管理员	预算员		会计核算	干部管理员；工资管理员	
七				电气质检员；土建质检员；水暖质检员	成本管理		
八		开发主管		试验主管			
九			清欠副部长；预算主管	安全主管			
十				土建工程师；水暖工程师；电气工程师			纪检副部长；工会副部长

续表

岗位等级	00	01 开发部	02 经营部	03 工程部	04 财务部	05 人保部	06 党群部
十一				贯标副部长	业务副部长；管理副部长	副部长	
十二			预算副部长	技术副部长			
十三							部长
十四		部长	部长		部长	部长	
十五	总经理助理；副总工程师			部长			
十六							

续附表1　　KJ公司岗位等级表

岗位等级	07 董事办	08 经理办	09 项目经理部	14 项目管理分公司	15 房地产公司
一					
二					
三		司机			
四	办事员	档案管理员		人事管理员	出纳
五		内务管理员；司机班长	测绘员；实验员		开发员
六		网络管理员		技术管理员	
七					预算主管；财务主管；业务主管
八			质量检查员		技术主管；甲方代表
九			电气工长；水暖工长；安全工长		
十	内审委副主任	副主任	技术主管		
十一				副经理	书记
十二					生产副经理；开发副经理；经营副经理
十三		主任	主任工程师；生产副经理		
十四	主任			经理	
十五					
十六			项目经理		经理

续附表1　　　　　　　　　　KJ公司岗位等级表

岗位等级	10. 多经分公司						
	领导班子	财务部	机械施工处	塑钢厂	周转材料	综合办公室	租赁站
一			警卫		警卫		警卫
二							
三			司机		材料员；司机		司机
四		出纳	汽车修理工；统计员		电焊工；电工；后勤管理；木工		
五			安全员		材料会计		塔式起重机司机；安装工；电工；钳工
六							
七			业务主管		安全生产主管；业务主管	综合办公室主管	业务主管
八		财务主管	安全生产主管				安全生产主管
九							
十				塑钢厂经理			
十一			经理				
十二	生产副经理兼租赁站经理；经营副经理兼周转材料经理						
十三							
十四							
十五	经理						
十六							

续附表1　　　　　　　　　　KJ公司岗位等级表

岗位等级	12. 装饰分公司					
	领导班子	材料供应股	财务股	工程股	技术股	预结算人事股
一						
二						
三						

第六模块 典型薪酬方案范例精读与分析

续表

岗位等级	领导班子	材料供应股	财务股	工程股	技术股	预结算人事股
			12. 装饰分公司			
四		现场材料;材料员	出纳			
五						造价员
六				安全员;质检员	技术员	
七		材料主管				
八			财务主管	工长;质量主管		人事预算主管
九					技术主管	
十						
十一	书记					
十二	生产技术经理					
十三						
十四						
十五	经理					
十六						

续附表 1　　　　KJ 公司岗位等级表

岗位等级	领导班子	材料部	财务部	计划部	技术部	人保部	施工班组
				13. 水电分公司			
一						炊事员;警卫	
二							
三		材料司库				驾驶员	
四		现场材料员	出纳			保卫、消防员	电焊工;电工;水暖工
五		材料会计		预算员			
六					技术员		
七		材料主管				人保主管	
八			财务主管	计划主管			
九							现场工长
十							
十一	党支部书记						
十二	生产副经理;经营副经理						
十三							

续表

岗位等级	13. 水电分公司						
	领导班子	材料部	财务部	计划部	技术部	人保部	施工班组
十四							
十五	经理						
十六							

续附表1　　　　　KJ公司岗位等级表

岗位等级	16 安装公司									
	领导班子	办公室	材料供应部	财务部	调度室	工程开发部	计划人事部	技术部	施工班组	安全保卫部
一										
二										
三						司机				
四			材料员	出纳	调度员	开发员	计划统计员		车工；电焊工；电工	
五								设备管理员	安装工	
六		办公室主管	材料供应主管					安装技术员；机电技术员；安全质检员	副班长	
七				财务主管		开发部主管	计划人事主管		班长	安全保卫主管
八										
九								技术主管		
十										
十一										
十二	生产经理；技术经理									
十三										
十四	董事长									
十五	总经理									
十六										

附表 2　KJ公司岗位工资标准表

单位：元/月

档次标准等级	工资标准	级差	岗位资质工资档差	岗位资质工资标准档次												岗位绩效工资标准	绩效工资系数
				1	2	3	4	5	6	7	8	9	10	11	12		
一	1400	—	50	630	680	730	780	830	880	930	980	1030	1080	1130	1180	420	1
二	1500	100	55	665	720	775	830	885	940	995	1050	1105	1160	1215	1270	450	1.07
三	1700	200	55	718	774	829	884	939	995	1050	1105	1160	1216	1271	1326	595	1.42
四	1900	200	60	815	875	935	995	1055	1115	1175	1235	1295	1355	1415	1475	665	1.58
五	2100	200	65	805	870	935	1000	1065	1130	1195	1260	1325	1390	1455	1520	840	2.00
六	2400	300	70	950	1020	1090	1160	1230	1300	1370	1440	1510	1580	1650	1720	960	2.29
七	2800	400	85	1085	1170	1255	1340	1425	1510	1595	1680	1765	1850	1935	2020	1120	2.67
八	3000	200	90	1170	1260	1350	1440	1530	1620	1710	1800	1890	1980	2070	2160	1200	2.86
九	3200	200	90	1130	1220	1310	1400	1490	1580	1670	1760	1850	1940	2030	2120	1440	3.43
十	3400	200	95	1205	1300	1395	1490	1585	1680	1775	1870	1965	2060	2155	2250	1530	3.64
十一	3900	500	110	1375	1485	1595	1705	1815	1925	2035	2145	2255	2365	2475	2585	1755	4.18
十二	4100	200	115	1450	1565	1680	1795	1910	2025	2140	2255	2370	2485	2600	2715	1845	4.39
十三	4300	200	110	1380	1490	1600	1710	1820	1930	2040	2150	2260	2370	2480	2590	2150	5.12
十四	4600	300	115	1495	1610	1725	1840	1955	2070	2185	2300	2415	2530	2645	2760	2300	5.48
十五	5200	600	130	1690	1820	1950	2080	2210	2340	2470	2600	2730	2860	2990	3120	2600	6.19
十六	6000	800	150	1950	2100	2250	2400	2550	2700	2850	3000	3150	3300	3450	3600	3000	7.14

备注：本表月岗位工资标准＝岗位资质工资标准（4档）＋岗位绩效工资标准

附表 3—1　　　　中层（不含）以下任职人员工资档次纳入表

岗位等级	专业技术/等级要求	任职人员实际具备专业技术/技术等级	专业技术/技术年限/工龄 4年以下 5年以下	专业技术/技术年限/工龄 5～8年 6～10年	专业技术/技术年限/工龄 9年以上 11年以上
一级二级	初级工	普通工	3	4	5
		初级工及以下	4	5	6
		员级/中级工	5	6	7
		助理级/高级工	6	7	8
		中级/技师	8	9	10
三级四级	员级；中级工	初级工及以下	3	4	5
		员级/中级工	4	5	6
		助理级/高级工	6	7	8
		中级/技师	8	9	10
五级六级七级八级九级	助理级；高级工	初级工及以下	2	3	4
		员级/中级工	3	4	5
		助理级/高级工	4	5	6
		中级/技师	6	7	8
		高级/高级技师	8	9	10

附表 3—2　　　　中层（含主任工程师）以上任职人员工资档次纳入表

岗位等级	专业技术/等级要求	任职人员实际具备专业技术/技术等级	专业技术/技术年限/工龄 4年以下 5年以下	专业技术/技术年限/工龄 5～8年 6～10年	专业技术/技术年限/工龄 9年以上 11年以上
十级—十六级	中级；技师	初级工及以下	1	2	3
		员级/中级工	2	3	4
		助理级/高级工	3	4	5
		中级/技师	5	6	7
		高级/高级技师	7	8	9
		正高级	8	9	10

（一）对于具有学历无专业技术或技术等级的员工，按以下办法视同专业技术等级：
1. 中等学历毕业的，从第四年起视同员级专业技术等级；
2. 大专学历的，从毕业第二年起视同员级专业技术等级；
3. 本科毕业的，从毕业满一年起视同助理级专业技术等级。
4. 按低专业技术等级纳入的工资档次，低于按高一等级纳入的工资档次的，按就高档次确定。
（二）具有建造师认证的，在按本表纳入工资档次基础上，二级建造师，高纳一档；一级建造师，高纳两档。

附录1

BJKJ 公司部门绩效工资计算表

（模拟示例，供各部门内部绩效工资分配参考）

基础信息：假设某部门有员工 8 人，每人月绩效工资标准、月度出勤天数（含加班）、月度绩效考核分数如下表。该部门月度绩效工资标准总额为 15 455 元，该部门月度考核分数为 90 分。

要求：计算该部门月度应发绩效工资总额；将应发绩效工资总额分配到人。

解：

（一）公司对部门一级考核，决定应发部门绩效工资总额

该部门的应发绩效工资总额＝该部门绩效工资标准总额×该部门月度绩效考核系数

$$= 15\,455\,元 \times 0.9 = 13\,910\,元$$

（二）部门对所属员工实行二级考核，决定个人应发绩效工资，即将该部门的月度应发绩效工资总额分配到人：

公式：月度应发个人绩效工资＝个人考核绩效工资系数
　　　　　　　　　×月度本部门每一考核绩效工资系数应得绩效工资数

式中：

① 个人考核绩效工资系数＝个人绩效工资系数×个人绩效考核分数÷100

② 月度部门每一考核绩效工资系数应得绩效工资数 $= \dfrac{月度部门应发绩效工资总额}{月度本部门个人考核绩效工资系数之和}$

该部门每人应发绩效工资计算过程及结果如下表：

公司某机关部门副职以下人员应发绩效工资计算表（模拟示例）　　单位：元/月

序号	姓名	月绩效工资标准	每人绩效工资系数	月度考核分数	月度个人考核绩效工资系数	每一考核绩效工资系数应发绩效工资数	每人应发绩效工资数
1	2	3	4＝本人绩效工资标准÷本部门内最低绩效工资标准	5	6＝4×5	7＝部门应发绩效工资总额÷6（部门个人月度个人考核绩效工资系数［注］）	8＝6×7
1		1 500	1.25	80	100.00	11.76	1 176.00
2		1 600	1.33	85	113.05	11.76	1 329.47

续表

序号	姓名	月绩效工资标准	每人绩效工资系数	月度考核分数	月度个人考核绩效工资系数	每一考核绩效工资系数应发绩效工资数	每人应发绩效工资数
3		1 950	1.62	90	145.80	11.76	1 714.61
4		2 500	2.08	100	208.00	11.76	2 446.08
5		2 800	2.33	100	233.00	11.76	2 740.08
6		2 100	1.75	80	140.00	11.76	1 646.40
7		1 200	1.00	90	90.00	11.76	1 058.40
8		1 800	1.50	102	153.00	11.76	1 799.28
合计		—	—	—	1 182.85		13 910.32

［注］每一绩效工资分配系数应发绩效工资数＝部门应发月度绩效工资总额÷部门个人月度绩效工资分配系数之和＝13 910÷1 182.85＝11.76（元）

RH医药有限公司绩效工资实施细则（试行）

说明：本实施方案涉及的工资数据，以2008年8月3日修订后的岗位等级表为基础，以2008年8月2日确定的岗位工资标准表为准。本实施方案中涉及的经济指标，主要以年初签订的经济责任书中的经济指标为准。因此，当岗位等级表、岗位工资标准表以及有关数据发生变动以后，本细则中涉及的工资基数、经济指标基数应按可比口径进行调整。

目 录

第一章 总 则

第二章 零售药店绩效工资计发

第三章 销售部绩效工资计发

第四章 医院部绩效工资计发

第五章 采购部绩效工资计发

第六章 地产部绩效工资计发

第七章 仓储部绩效工资计发

第八章 支持保障部门绩效工资计发

第九章 部门绩效工资总额在部门内部个人之间的分配

第十章 中层以上人员月度绩效工资和年度奖金的计发

第十一章 附 则

第一章 总　则

第一条　【根据】

根据《RH医药有限公司岗位资质绩效工资制方案（试行）》，制定本实施细则。

第二条　【分级管理】

岗位绩效工资是工资构成中的全浮动部分，一般情况下为两级考核、两级支付。

（一）一级考核、一级支付，即以部门为考核单位，按月计算，按年结算，根据考核结果，决定各部门月度和年度应发绩效工资总额。

（二）二级考核、二级支付，即以岗位任职人员为单位，按月计算，按年结算，由各部门对所属任职人员，根据绩效考核结果，决定岗位任职人员月度和年度应发绩效工资。

在岗位绩效以员工个人为单位进行考核的，绩效工资以人为单位，直接计发到人。

第三条　【业务部门岗位绩效工资计发的基本模式】

业务部门包括销售部、医院部、采购部、零售药店、仓储部、地产部。

业务部门绩效工资计发的基本模式是：核定"两个基数"（即目标绩效工资总额基数、目标经济效益基数或工作量基数）、"一个（或几个）提成比例"（即根据目标绩效工资和目标经济效益指标计算提成比例）或"一个计件单价"（即按照目标绩效工资和目标工作量计算的计件单价），然后，应发绩效工资总额随报告期目标绩效指标的完成情况，按照确定的提成比例或计件单价增加或减少。

（一）目标岗位绩效工资基数的核定

各业务部门目标岗位绩效工资基数，按照2008年工资调整确定的岗位绩效工资标准，以定员或实际人数为基础核定。

（二）目标经济效益指标及经济效益指标基数、工作量指标及工作量指标基数的核定

1. 销售回款指标基数：销售部业务、采购部、地产部、零售药店以2008年签订的经济责任书中的指标为准。

2. 利润指标基数：地产部、零售药店以2008年签订的经济责任书中的指标为基础，扣减2008年工资调整工资增量及其他人工成本增量后的余额为准。

3. 毛利指标基数：采购部2008年毛利基数，按零售药店2008年毛利与销售部2008年毛利之和核定。

4. 目标工作量指标基数：仓储部出库笔数、销售部内勤开票笔数、送货金额等，以2008年1—6月份实际发生数为基础，剔除不合理因素后，核定全年工作量基数。

各业务部门与绩效工资挂钩的绩效指标见表1。

表 1　　　　　　　　　　业务部门绩效指标一览表

部门	挂钩指标
销售部	销售人员：销售回款
	内勤：开票笔数；送货金额
零售药店	销售回款；利润
医院部	销售量；销售回款
采购部	销售收入（销售部＋零售药店）；销售毛利（销售部＋药店）；调拨回款；集团产品销售额
地产药材	销售收入；利润
仓储部	出库笔数（出库、移库、销售退回）
办公室、质管部、财务部、内审监察部	业务部门员工目标绩效工资实现程度；本部门绩效考核结果

（三）"一个比例"或"一个单价"的核定

1. "一个提成比例"的核定

核定"一个提成比例"或"几个提成比例"，适用于部门或个人绩效目标以价值形式表示的情形。核定公式为：

$$部门/个人绩效工资提成比例（\%）=\frac{部门目标绩效工资总额/个人目标绩效工资标准}{部门/个人目标绩效（销售回款、毛利、利润）}\times100\%$$

超额提成比例，按下列比例确定：全年计算，超过年度目标的，超过目标10％（含）以内的部分，提成比例提高30％；超过目标10％以上的部分，提高50％。

2. "一个单价"的核定

核定"一个单价"，即工作量单价，适用于部门或个人绩效目标以工作量形式表示的情形。核定公式为：

$$部门/个人工作量单价=\frac{部门目标绩效工资总额/个人目标绩效工资标准}{部门/个人目标绩效（开票笔数/出库笔数）}\times100\%$$

（四）应发绩效工资的提取

应发绩效工资总额随报告期目标绩效指标的完成情况，按照确定的提成比例或计件单价增加或减少；一般情况下，增人不增资，减人不减资。应发绩效工资一般按照下式计算：

部门/个人应发绩效工资＝∑［部门/个人绩效实际完成数

×绩效工资提成比例（％）/工作量单价］

×部门/个人绩效考核系数（或

－工作缺陷扣罚金额）

式中：

部门/个人绩效考核系数＝部门/个人按百分考核绩效考核得分÷100。计提绩效工资的经济指标，百分考核中不再考虑。

业务部门直接计提工资指标外的其他考核指标和对绩效工资计发的约束影响条件，每年在部门年度经济责任书中明确。

在没有实施绩效考核的情况下且部门或个人又没有明显责任过失并造成损失的情况下，部门/个人绩效考核系数视为1。

第四条　【支持保障部门岗位绩效工资计发的基本模式】

支持保障部门包括办公室、财务部、质管部、内审监察部。

支持保障部门，其应发绩效工资，随销售部、医院部、采购部、零售药店、仓储部、地产部等业务部门人员的应发绩效工资挂钩浮动，并联系本部门或本人的绩效考核结果计发。

第五条　【经济责任】

所有部门、所有员工因本人责任造成的经济损失，负终身同等经济损失赔偿责任。经济赔偿在本人工资中扣除。经济损失责任人之直接上级，负连带经济责任。

第六条　【绩效工资管理体制】

考核责任归口部门及其职责划分，见表2。

表2　　　　　　　　　　绩效考核责任归口部门及其职责划分

部门	归口责任	主要职责
办公室	支持保障部门与公司员工绩效考核责任归口部门	1. 牵头制定支持保障部门绩效考核制度 2. 指导各部门制定本部门内员工绩效考核计分办法 3. 组织实施公司对部门考核，监督各部门实施本部门员工考核 4. 收集部门和员工考核结果，并分别计算部门应发绩效工资总额、员工个人应发绩效工资 5. 拟订工资支付清单
财务部	业务部门经济责任制考核责任归口部门	1. 年初根据集团公司下达的年度经营目标、本公司上年度经营绩效的实际完成数，当年发展和战略需要，提出公司年度目标经营绩效指标 2. 年初根据公司年度目标经营绩效指标，分解提出各部门年度目标经营绩效指标，包括考核指标、指标标准，同时提出考核主体、约束和影响绩效工资计发的办法等 3. 拟订并协助公司经理与各业务部门负责人签订《部门年度经济责任书》 4. 实施月度、半年、年度经营分析会，提供各业务部门及公司经营数据资料 5. 组织实施完成月度、半年、年终对各业务部门经济责任考核；并将考核结果书面告知办公室，由办公室清算各部门月度、年度应发绩效工资 6. 核算、统计销售业务员、医药代表销售基础数据，负责清算、结算有关提成工资事宜

续表

部门	归口责任	主要职责
业务部门	经济责任落实归口部门	1. 将部门年度、月度目标经济指标分解落实到岗、到人 2. 统计经济指标责任人经济指标完成情况；并提交办公室、财务部 3. 计算个人应发绩效工资或向责任归口部门提交计发绩效工资基础数据
所有部门	本部门员工考核归口部门	1. 制定本部门员工绩效考核办法 2. 对本部门员工实施考核 3. 将本部门员工出勤及绩效考核结果报办公室

第二章 零售药店绩效工资计发

第一条 【绩效工资计发基本办法】

零售药店绩效工资的计发分为两个部分：

（一）绩效工资工资基数的60%采取销售提成工资的办法计发。

（二）绩效工资工资基数的40%，采取利润提成工资的办法计发。

第二条 【目标工资总额基数】

各零售药店绩效工资总额基数，见表3。

表3　　　　　零售药店年度绩效工资总额基数表　　　　　单位：万元

序号	药店	人数	年度目标绩效工资基数	其中与销售回款挂钩的绩效工资基数	其中与利润挂钩的绩效工资基数
1	2	3	4	5＝（4）×60% 或＝（4）×100%	6＝（4）×40% 或＝（4）×0%
1	一药店	5	1.584 0	1.584 0	—
2	二药店	3	1.008 0	1.008 0	—
3	金复康	7	2.208 0	1.324 8	0.883 2
4	站前	7	2.052 0	1.231 2	0.820 8
5	竹林寺	4	1.224 0	1.224 0	—
6	裕华	27	7.932 0	4.759 2	3.172 8
	合计	53	16.008	11.131 2	4.876 8

说明：年度绩效工资小于年度利润或与利润基本持平的药店，绩效工资不采用与利润挂钩办法，包括一药店、二药店、竹林寺三个药店。

第三条 【目标经济效益指标基数】

各零售药店目标经济效益指标基数，见表4。

表4　　　　　　　　　各零售药店年度目标经济指标基数表　　　　　　　单位：万元

序号	药店	目标销售回款（含税）基数	目标利润基数	备注	
				年初利润指标基数	工资调整增量
1	2	3	4=（5）-（6）	5	6
1	一药店	65	0.448 8	0.6	0.151 2
2	二药店	55	2.495 6	2.6	0.104 4
3	金复康	126	8.868 2	10	1.131 8
4	站前	170	27.292	28	0.708
5	竹林寺	45	2.085 6	2.6	0.514 4
6	裕华	740	70.171 8	73	2.828 2
合计		1201	111.259 6	111.362	116.8

备注：在重新核定年度目标利润时，本表仅剔除了工资增量的因素，其他人工成本增量尚未剔除。在剔除其他人工成本增量因素后，年度目标利润应重新核定。

第四条　【绩效工资提成比例的核定】

绩效工资提成比例的核定，见表5中的第5、6列数。

表5　　　　　　　　　零售药店绩效工资提成比例核算表　　　　　　　单位：万元

序号	药店	销售回款提成工资			利润提成工资提成比例		
		年度销售回款目标	年度与销售回款挂钩工资基数	核定销售回款提成工资比例（%）	年度利润目标	年度与实现利润挂钩工资基数	核定利润提成工资比例（%）
1	2	3	4	5=4/3	6	7	8=7/6
1	一药店	65	1.584 0	2.436 92	0.6	—	—
2	二药店	55	1.008 0	1.832 73	2.6	—	—
3	金复康	126	1.324 8	1.051 43	10	0.883 2	8.832 0
4	站前	170	1.231 2	0.724 24	28	0.820 8	2.931 4
5	竹林寺	45	1.224 0	2.720 00	2.6	—	—
6	裕华	740	4.759 2	0.643 14	73	3.172 8	4.346 3
合计		1 201	15.6	—	116.8	4.876 8	—

第五条　【应发绩效工资总额的计算】

零售药店目标绩效内，每月应提绩效工资，按表6计算。

表6　　　　　　　　　　零售药店月度绩效工资提取核算表　　　　　　　　单位：万元

序号	药店	核定销售回款提成工资比例（％）	核定利润提成工资比例	实现销售回款	实现利润	销售收入提取绩效工资	利润提取绩效工资	提取绩效工资
1	2	3	4	5	6	7＝3×5	8＝4×6	9＝7＋8
1	一药店	2.436 92	—				—	
2	二药店	1.832 73	—				—	
3	金复康	1.051 43	0.883 2					
4	站前	0.724 24	0.820 8					
5	竹林寺	2.720 00	—				—	
6	裕华	0.643 14	3.172 8					
合计		—	—					

第三章　销售部绩效工资计发

第一条　【销售部岗位性质和人员划分】

（一）销售业务，销售业务员。

（二）销售内勤，销售内勤人员。

第二条　【销售人员工资或绩效工资的计发】

销售人员的工资模式分为：1. 全额销售回款提成；2. 底薪＋销售回款提成。采用哪一种工资模式，在培育期内（培育期为6个月）由销售人员选择决定；培育期过后一般实行全额提成。

（一）全额销售回款提成办法

销售人员销售回款目标任务由销售部根据公司下达的销售目标分解下达。销售人员完成销售回款目标以内，按实际销售回款的2％计提工资；正好完成销售回款目标的，按2.3％计提工资；超额完成销售回款目标的，超额部分按2.8％计提工资。

（二）底薪＋销售回款提成

销售人员应发工资按下式计算：

销售人员应发工资＝底薪＋销售回款提成工资

式中：底薪标准，以本人岗位资质工资标准为准。

销售提成工资比例：销售人员完成销售回款目标以内，按实际销售回款的1％计提工资；正好完成销售回款目标的，按1.15％计提工资；超额完成销售回款目标的，超额部分按1.4％计提工资。

（三）销售部经理绩效工资的计发

销售部经理每月绩效工资按下式计算：

销售部经理本月应发绩效工资＝本人绩效工资系数×本月销售人员平均应发绩效工资

式中：

1. 本人绩效工资系数＝本岗位绩效工资标准÷销售人员平均绩效工资标准
2. 本月销售人员平均应发绩效工资＝本月销售人员应发绩效工资之和÷销售人员数
3. 销售人员平均应发绩效工资，按可比口径核算。
4. 销售人员，不含培育期无销售指标任务人员。

第三条 【销售内勤绩效工资的计发】

（一）开票员绩效工资计发

1. 开票单价，见表7。

表7　　　　　　　　　　开票单价核算表

人数	目标绩效年薪	目标开票笔数	开票单价（元）
1	2	3	4＝2/3
3	10 080	268 972	0.037 476

说明：

1. 2008年1—6月，开票笔数160 765笔；全年预计321 530笔。开票员目前每月工作日26天，按21.75天计薪天数计算，核定全年开票工作量＝321 530笔×21.75/26＝268 972笔。
2. 开票员定员3人，工资调整后每人每月绩效工资标准280元。

2. 开票员应发绩效工资，按表8计算。

表8　　　　　　　　　　开票员应发绩效工资计算表

开票员	开票笔数	开票单价（元）	计件工资（元）
1	2	3	4＝2×3
1		0.037 476	
2		0.037 476	
3		0.037 476	

（二）销售副经理、收款员、传票员、勾兑员绩效工资计发

销售副经理、收款员、传票员、勾兑员应发绩效工资，按下式计算：

本月应发绩效工资＝本人绩效工资系数×本月开票人员平均应发绩效工资

式中：

1. 本人绩效工资系数＝本岗位绩效工资标准÷开票人员平均绩效工资标准
2. 本月开票人员平均应发绩效工资＝本月开票人员应发绩效工资之和÷开票员人数

（三）送货员绩效工资计发

1. 送货金额提成，见表9。

表9　　　　　　　　　　送货金额核算表

人数	目标绩效年薪	目标送货金额（元）	送货金额提成%
1	2	3	4=2/3
1	3 120	6 013 324	0.05 188

说明：

1. 2008年1—6月，送货金额3 594 171元；全年预计7 188 342元。送货员目前每月工作日30天，按21.75天计薪天数计算，核定全年送货工作量＝7 188 342×21.75/26＝6 013 324元。
2. 送货员定员1人，工资调整后每人每月绩效工资标准280元。

2. 送货员应发绩效工资，按表10计算。

表10　　　　　　　　　送货员应发绩效工资计算表

送货员	送货金额	送货金额提成	提成工资（元）
1	2	3	4＝2×3
1		0.051 88%	

第四章　医院部绩效工资计发

第一条　【医院部工资或绩效工资计发基本模式】

医院部为新成立部门，医药代表的工资模式正在探索中，近期试用的工资模式分为：1. 底薪＋销售量计件。2. 底薪＋销售回款提成。3. 全额销售回款提成；采用哪一种工资模式，在培育期内（培育期为6个月）由医药代表选择决定；培育期过后一般实行全额销售回款提成。

以上模式中，销售回款提成、全额销售回款提成，医院部医药代表与销售部销售人员执行相同的提成比例。其中，"底薪＋销售量计件""底薪＋销售回款提成"的，按下面两种办法执行，并且同一人员可以并行两种办法：

（一）底薪＋销售量计件（适用临床品种）

此种模式适用于市场培育期间。

$$销售人员应发绩效工资＝底薪＋\Sigma（品种销售数量×品种销售单价）$$

底薪，执行本人岗位资质工资标准。

（二）底薪＋销售回款提成工资（适用普药）

底薪，执行本人岗位资质工资标准。

销售回款提成工资。分为两种情况：

1. 明确销售回款目标任务的，销售人员完成销售回款目标以内，按实际销售回款的1%计提工资；正好完成销售回款目标的，按1.15%计提工资；超额完成销售回款目标的，超额部分按1.4%计提工资。

2. 没有明确销售回款目标任务的，统一按1.15%计提工资。

第三条 【医院部经理绩效工资的计发】

医院部经理每月绩效工资按下式计算，也可以采用其他的模式和办法。

医院部经理本月应发绩效工资＝本人绩效工资系数×本月医药代表平均应发绩效工资

式中：

1. 本人绩效工资系数＝本岗位绩效工资标准÷医药代表平均绩效工资标准
2. 本月医药代表平均应发绩效工资＝本月医药代表应发绩效工资之和÷医药代表人数

第五章 采购部绩效工资计发

第一条 【目标绩效工资总额基数的核定】

部门目标绩效工资总额基数，见表11。

表11　　采购部目标绩效工资总额基数计算核定表　　　　　单位：元

序号	人数	年度绩效工资标准总额	月度绩效工资标准总额
1	2	3	4
1	4	24 960	2 080

第二条 【目标绩效基数的核定】

目标绩效指标，包括销售回款（批发＋零售药店）、销售毛利、销售置换回款、集团产品销售。

采购部目标绩效与绩效工资挂钩的绩效指标基数的核定，见表12。

表12　　采购部绩效工资挂钩绩效指标基数核定表

序号	绩效指标	年度绩效目标（万元）
1	目标销售回款	2 771
2	目标销售毛利	251.25
3	销售置换回款	1 050
4	集团产品销售	500

备注：

1. 目标销售回款＝销售部销售回款1 570万元＋6家零售药店1 201万元＝2 771万元。医院部销售暂不列入。
2. 目标销售毛利＝销售部1 570×5％＋1 201×14.383 8％＝78.5＋172.75＝251.25万元。

第三条 【绩效工资提成比例的核定】

绩效工资提成比例,是将各采购部目标年度绩效工资总额,分别按照4∶3∶2∶1的比例分解后,再分别除以年度目标销售回款、目标销售毛利、销售置换回款、集团产品销售计算核定。绩效工资提成比例见表13中的第5列数。

表13 年度目标绩效工资提成比例计算核定表

序号	绩效指标	年度绩效目标(万元)	年度绩效工资总额基数(元)	绩效工资提成比例%
1	2	3	4	5=4/3
1	目标销售回款	2 771	6 960(占绩效工资40%)	0.025 1
2	目标销售毛利	251.25	5 220(占绩效工资30%)	0.207 8
2	销售置换回款	1 050	3 480(占绩效工资20%)	0.033 1
3	集团产品销售	500	1 740(占绩效工资10%)	0.034 8

第四条 【应发绩效工资总额的计算】

采购部应提绩效工资,按表14计算。

表14 采购部月度绩效工资提取核算表

年 月 单位:万元

序号	绩效指标	绩效标准	绩效工资提成比例%	当月实际完成数	应提绩效工资
1	2	3	4	5	6=4×5
1	目标销售回款	2 771	0.025 1		
2	目标销售毛利	251.25	0.207 8		
3	销售置换回款	1 050	0.033 1		
4	集团产品销售	500	0.034 8		
合计		—	—	—	

第六章 地产部绩效工资计发

第一条 【绩效工资计发基本模式】

地产部绩效工资的计发分为两个部分:

(一)绩效工资的60%采取销售回款提成工资的办法计发。

(二)绩效工资的40%采取利润提成工资的办法计发。

第二条 【目标绩效工资总额基数的核定】

地产部目标绩效工资总额基数计算核定表见表15。

表15　　　　　地产部目标绩效工资总额基数计算核定表　　　　　单位：元

序号	人数	年度绩效工资标准总额	月度绩效工资标准总额
1	2	3	4
1	3	32 184	2 682

第三条 【目标绩效基数的核定】

目标绩效指标基数，以地产部2008年度与公司签订的《地产部经济责任制考核办法》中的目标销售回款、利润为准。

地产部绩效工资挂钩绩效指标基数核定表见表16。

表16　　　　　地产部绩效工资挂钩绩效指标基数核定表

序号	绩效指标	年度绩效目标（万元）
1	目标销售回款	280
2	利润	38

第四条 【绩效工资提成比例的核定】

绩效工资提成比例的核定见表17。

表17　　　　　绩效工资提成比例计算核定表

序号	绩效指标	年度绩效目标（万元）	年度绩效工资总额基数（万元）	绩效工资提成比例%
1	2	3	4	5=4/3
1	目标销售回款	280	19 310（占绩效工资60%）	0.689 6
2	利润	38	128 74（占绩效工资40%）	3.387 8

第五条 【应发绩效工资总额的计算】

地产部目标绩效内，每月应提绩效工资，按表18计算。

表18　　　　　地产部月度绩效工资提取核算表

2008年　　月　　　　　　　　　　　　　　　　　单位：万元

序号	绩效指标	绩效工资提成比例%	当月实际完成数	应提绩效工资
1	2	3	4	5=3×4
1	销售回款	0.689 6		
2	利润	3.387 8		
合计		—	—	

第六条 【地产部工资预发】

地产部绩效工资按年结算。在结算之前，每月按照月绩效工资标准总额的80％预发。

第七章 仓储部绩效工资计发

第一条 【零库保管员工资总额基数】

仓储部目标绩效工资总额基数见表19。

表 19　　　　　　　零库保管员绩效工资总额基数

序号	人数	年度绩效工资标准总额	月度绩效工资标准总额
1	2	3	4
1	4	13 920	1 160

第二条 【零库保管员工作量基数】

仓储部目标工作量基数，以2008年1—6月实际发生数为基础，剔除不合理因素后核定，见表20。

表 20　　　　　　零库保管员年度目标工作量核定表

序号	绩效指标	年度出库工作量	备注
1	2	3	
1	出库工作量	258 917	年度出库笔数＝（1—6月实际出库154 755笔，不含移库）×2×21.75/26＝258 917笔

第三条 【零库保管员工作量单价】

零库保管员工作量单价计算核定表见表21。

表 21　　　　　　零库保管员工作量单价计算核定表

序号	绩效指标	年度绩效目标	年度绩效工资总额基数（元）	工作量单价（元/笔）
1	2	3	4	5＝4/3
1	出库工作量	258 917	13 920	0.053 76

第四条 【零库保管员应发绩效工资总额】

零库保管员月度绩效工资按表22计算。

表 22　　　　　　零库保管员月度绩效工资提取核算表

2008年　　月　　　　　　　　　　　　　　　　　　　单位：元

序号	绩效指标	工作量单价	当月实际完成数（笔）	应提绩效工资
1	2	3	4	5＝3×4
1	出库工作量	0.053 76（元/笔）		
合计		—	—	

第五条 【其他岗位人员绩效工资的计发】

仓储部经理，理货员、发货员、复核员、整库保管员应发绩效工资，按下式计算：

本月应发绩效工资＝本人绩效工资系数×本月零库保管员平均应发绩效工资

式中：

1. 本人绩效工资系数＝本岗位绩效工资标准÷零库保管员平均绩效工资标准

2. 本月零库保管员平均应发绩效工资＝本月零库保管员应发绩效工资之和÷零库保管员人数

第八章 支持保障部门绩效工资计发

第一条 【支持保障部门绩效工资总额基数】

支持保障部门目标绩效工资总额基数，见表23。

表23　　　　　　　　　支持保障部门绩效工资总额基数

序号	人数	年度绩效工资标准总额	月度绩效工资标准总额
1	2	3	4
办公室	6	24 120	2 010
财务部	5	29 400	2 450
质管部	4	18 240	1 520
内审监察部	—	—	—

第二条 【支持保障部门应发绩效工资总额的计算】

支持保障部门应发绩效工资总额按照目标绩效内和目标绩效外，分段计发，即：

支持保障部门岗位绩效工资总额＝业务部门目标绩效内应发岗位绩效工资

＋业务部门目标绩效外应发岗位绩效工资

（一）在业务部门目标绩效内，即业务部门人员平均实际提取绩效工资在达到目标绩效工资标准及以内时，支持保障部门其年度应发岗位绩效工资，按下式计算：

目标绩效内支持保障部门应发岗位绩效工资

＝部门绩效工资标准总额

×目标绩效内业务部门人员目标绩效工资实现率

式中：

业务人员实际平均年度目标利润提成工资实现率

$$=\frac{业务部门人员目标绩效内实际提取绩效工资总额}{业务部门人员目标年度岗位绩效工资标准总额}×100\%$$

注：业务人员实际平均年度目标利润提成实现率最高计算到100%。

（二）在业务部门目标绩效外，即业务部门人员平均实际提取绩效工资超过目标绩效工资标准时，支持保障部门人员的超额绩效工资，按下式计算：

目标绩效内支持保障部门应发岗位绩效工资

$$=部门绩效工资标准总额$$
$$\times 业务部门人员超额绩效工资率$$
$$\times 与业务人员超额绩效工资实现率挂钩系数$$

式中：

业务部门人员超额绩效工资率

$$=\frac{目标绩效外业务部门人员年度实际提取超额绩效工资总额}{业务部门人员目标年度岗位绩效工资标准总额}\times 100\%$$

注：目标绩效外业务部门人员年度实际提取超额绩效工资额

$$=业务部门人员年度实际提取绩效工资总额-业务部门年度绩效工资标准总额$$

2. 与业务人员超额提成工资实现率挂钩系数，综合各种因素，在 0.1～0.5 区间内核定。

公司支持保障部门应发绩效工资计算表，见表24。

表24 支持保障部门应发绩效工资总额计算表（月度）

序号	部门	人数	部门岗位绩效标准总额	业务部门目标绩效工资实现率	部门绩效考核系数	部门应发绩效工资总额（元）
0	1	2	3	4	5	6=3×4×5
1	办公室	6	2 010			
2	财务部	5	2 450			
3	质管部	4	1 520			
4	内审监察部	—	—			—
合计		—				

说明：

1. 表中第2列人数，并不随每月实际人数变动，原则上一经核定，当年不变。

2. 表中第5列部门绩效考核系数，在没有部门绩效考核情况下，一般视为1。在建立部门绩效考核之后，每月按实际考核系数填入。

第三条 【支持保障部门的绩效考核】

支持保障部门实行百分考核，无论部门或是个人出现明显失误即酌情扣分，在条件成熟时，对支持保障部门的工作职能和目标进行量化，并按月予以考核。

第四条 【司机绩效工资向工作量工资过渡】

司机绩效工资的计发，由目前随业务部门人员应发绩效工资浮动，逐步过渡到工作量工资的形式，即在统计核定车公里定额的基础上，实行车公里工资制度。

司机应发绩效工资＝司机实际运行车公里×车公里单价

第九章 部门绩效工资总额在部门内部个人之间的分配

第一条 【部门内部员工应发绩效工资的办法】

部门内部员工应发绩效工资的办法，可参照下面示例进行分配。

示例：基本信息：某部门有员工7人，每人岗位绩效工资标准、每人绩效考核分数如表25中第3、4列数，某月该部门应发绩效工资总额3 060元，将应发绩效工资总额分配到人。分配过程如表25。

表25　　　某部门员工个人应发绩效奖金计算表（示例）　　　单位：元/月

序号	姓名（略）	每人月目标绩效标准	每人绩效考核系数	每人绩效工资分配系数	每一绩效工资分配系数应发绩效数	每人应发绩效工资
1	2	3	4	5＝3×4	6［注］	7＝5×6
1		600	0.95	570	1.243 9	709.02
2		450	1.00	450	1.243 9	559.76
3		300	1.05	315	1.243 9	391.83
4		300	1.00	300	1.243 9	373.17
5		300	1.00	300	1.243 9	373.17
6		300	0.85	255	1.243 9	317.19
7		300	0.90	270	1.243 9	335.85
合计	—	2 550	—	2 460	1.243 9	3 059.99

备注：

1. 表中第4列每人绩效考核系数＝当月绩效考核分数÷100
2. 表中第6列：每一绩效工资分配系数应发绩效奖金数＝部门应发绩效工资总额÷部门个人绩效工资分配系数之和＝3 060÷2 460＝1.243 9（元）
3. 在月度百分考核中，员工每缺勤1天，减计5分。

第十章 中层以上人员月度绩效工资和年度奖金的计发

第一条 【中层以上人员月度绩效工资的计发】

按照本文件第二章至第九章中的规定执行。

第二条 【业务部门负责人年度奖金的计发】

业务部门中层以上负责人年度奖金计算公式：

各业务部门负责人应发年度奖金＝Σ（指标分解年度奖金标准×分解指标标准/分解指

标完成数)

按表26计算。

表26　　　　　业务部门中层以上经济责任人年度奖金计算表

序号	部门	绩效指标	绩效标准（万元）	实际完成数（万元）	实际完成系数	年度奖金标准（元）	分解指标应发年度奖金（元）	年度实际应发奖金（元）
1	2	3	4	5	6=5/4	7	8=7×6	
1	一药店	销售回款	65			3 100		
2	二药店	销售回款	55			3 100		
3	金复康	销售回款	126			2 040		
		利润				1 360		
4	站前	销售回款	170			2 040		
		利润				1 360		
5	竹林寺	销售回款	45			3 100		
6	裕华	销售回款	740			2 760		
		利润				1 840		
7	销售部	销售回款	1 570			9 000		
8	采购部	销售回款	2 771			6 000		
		销售毛利	251.25			4 500		
		置换回款	1 050			3 000		
		集团产品	500			1 500		
9	地产部	销售回款	280			9 000		
		利润	38			6 000		

备注：
1. 医院部经理的年终奖如何计发，将另行制定。
2. 裕华路副店长的年终奖金比照店长年终奖金的计发办法计发。
3. 销售部副经理的年度奖金按下式计算：
　　销售部副经理应发年度奖金＝本人年度奖金标准×全年实际开票笔数/321 530 笔
4. 仓储部经理的年度奖金按下式计算：
　　仓储部经理应发年度奖金＝本人年度奖金标准×全年实际出库笔数/328 632 笔

第三条　【销售部、地产部负责人年度奖金特殊规定】

销售部、地产部负责人在完成2008年度经济责任目标的前提下，按照新的工资标准支付并结算的全年工资，低于按原工资标准和年初签订的年度经济责任书计算的全年收入，低于部分，另行补齐；超额部分，按可比口径增提奖励。

第四条 【支持保障部门负责人年度奖金的计发】

支持保障部门中层以上人员，包括办公室、财务部、质管部、内审监察部负责人及办公室副主任等 4 人，其年度奖金的计发，参照第八章第二条的办法分为两个部分计算。

第十一章 附 则

第一条 【支付限制】

各部门按本实施细则规定的办法计提的绩效工资，超过本部门绩效工资总额基数 100%以上的部分，一般情况下，不予给付或酌情减额支付。

第二条 【一票否决】

部门、员工出现重大违纪事项并造成严重后果的，绩效考核将实行"一票否决"。"一票否决"办法另行制定。

第三条 【罚则通知签发】

部门或个人发生本部门或本人责任或主要责任造成严重负面影响应给予行政处分或罚金的，行政处分或罚金通知书由董事长签发。

第四条 【未尽事宜】

对本实施细则的未尽事宜，以及实施中出现的问题，由办公室商有关部门提出解决办法，报经理办公会讨论通过后实行。

第五条 【修订】

本绩效工资计发实施细则，从实施之第二年起，每年修订一次。其中业务部门年度经济责任制考核办法由财务部牵头修订；本实施细则由办公室牵头修订；各部门内部员工考核办法由各部门负责人牵头修订。

第六条 【实施时间】

本实施细则与《公司岗位资质绩效工资制方案（试行）》同步实施。

参考文献

1. 邓小平文选(第3卷). 北京:人民出版社,1993
2. 马克思. 哥达纲领批判. 马克思恩格斯选集. 北京:人民出版社,1972
3. [苏] H.A伊万诺夫和 Γ.N.麦奇科夫斯基. 劳动经济学. 北京:生活·读书·新知三联书店,1981
4. [美] 萨缪尔森. 经济学(中册). 北京:商务印书馆,1982
5. 徐节文. 论按劳分配. 北京:中国社会科学出版社,1982
6. 刘有锦,劳保忠等. 外国工资概况(第1辑)(第2辑). 北京:劳动出版社,1982
7. 哈佛管理丛书. 企业管理百科全书. 北京:中国对外翻译出版公司,1984
8. [美] C·A·摩尔根. 劳动经济学. 北京:工人出版社,1984
9. 张一德等. 美国劳动经济学. 北京:劳动人事出版社,1986
10. [美] 迈克尔·朱修斯. 人事管理学. 北京:劳动人事出版社,1987
11. 刘杰三. 企业工资改革实用手册. 北京:中国城市经济社会出版社,1988
12. [美] 罗纳德·伊兰伯格,罗伯特·史密斯. 现代劳动经济学——理论与公共政策. 北京:中国劳动出版社,1991
13. 李斌. 社会主义分配通论. 北京:人民出版社,1992
14. 劳动部工资司. 岗位技能工资制. 北京:中国劳动出版社,1991
15. 文跃然,刘昕. 现代管理制度·程序·方法范例全集——工资管理卷. 北京:中国人民大学出版社,1993
16. 董克用,潘功胜. 西方劳动经济学教程. 北京:中国劳动出版社,1995
17. 翁天真. 人工成本管理与邯钢经验. 北京:中国劳动出版社,1998
18. 康士勇. 工资理论与工资管理(第二版). 北京:中国劳动社会保障出版社,2006
19. 苏海南. 经营者激励与约束——年薪制操作. 珠海:珠海出版社,1999
20. 中国企业家协会. 经营者收入分配制度——年薪制、期股期权制设计. 北京:企业管理出版社,2000
21. 祝宴君. 工资收入分配. 北京:中国劳动社会保障出版社,2001

22. ［美］乔治·T·米尔科维奇，杰里·M·纽曼. 薪酬管理. 董克用等译. 北京：中国人民大学出版社，2002

23. 饶征，欧阳晖. 职能工资设计. 北京：中国人民大学出版社，2003

24. 安鸿章. 现代企业人力资源管理. 北京：中国劳动社会保障出版社，2003

25. ［加］加里·P·莱瑟姆，尼斯·N·韦克斯利. 绩效考评——致力于提高企事业组织的综合实力（第二版）. 萧鸣政等译. 北京：中国人民大学出版社，2002

26. 中共中央关于经济体制改革的决定. 1984

27. 国发［1985］2号. 国务院关于国营企业工资改革问题的通知. 1985

28. 劳人薪［1985］29号. 国营企业工资改革试行办法. 1985

29. 中华人民共和国劳动部组织国务院46个行业主管部门编写. 中华人民共和国工种分类目录. 北京：中国劳动出版社，1992

30. 人职发［1993］1号. 专业技术资格考试暂行规定. 1993

31. 人职发［1993］3号. 经济专业技术资格考试报名条件的补充规定. 1993

32. 中共中央关于建立社会主义市场经济体制若干问题的决定. 1993

33. 人职发［1994］14号. 专业技术资格评定试行办法. 1994

34. 人薪发［1994］50号. 机关、事业单位工人技术等级岗位考核暂行办法. 1994

35. 宋晓梧. 我国收入分配体制研究. 北京：中国劳动社会保障出版社，2005

36. 邱小平，祝晏君，刘燕斌，汪志洪，张俊峰. 企业薪酬体系建设. 北京：中国劳动社会保障出版社，2005

37. 中国就业培训指导中心组织编写. 企业人力资源管理管理师（二级；三级；四级）北京：中国劳动社会保障出版社，2007

38. 中华人民共和国劳动合同法. 2007年6月29日第十届全国人民代表大会第二十八次会议通过

39. 高举中国特色社会主义伟大旗帜，为夺取全面建设小康新胜利而奋斗——胡锦涛在中国共产党第十七次全国代表大会上的报告. 2007

40. 北京市劳动和社会保障局. 北京市劳动力市场工资指导价位与企业人工成本状况. 北京：中国民航出版社，2010

后 记

　　2010年秋季，中国劳动社会保障出版社张红兵编辑提议，能否编一套"薪酬设计全程指导丛书"。我当即认为，这个建议极好，并欣然接受了这个提议。

　　一、编写薪酬设计全程指导系列丛书，实在是一个难度很大、具有很大挑战性的工作

　　其原因在于：第一，要求编著者具有丰富的第一线薪酬设计咨询实践的经验。第二，薪酬设计咨询绝对不是单纯的技术性工作，它要求融理论性、政策性、技术性、思想性及艺术性于一身。第三，薪酬方案不仅要从企业战略出发，立足当前，前瞻未来，还要回顾和涵盖"历史"，特别是国有单位，因为今天是过去演变发展来的，这就要求，既要把"新人"的薪酬问题搞好，解决好企业发展的效率和动力问题；同时也要把"老人"的薪酬问题搞好，解决好企业的平衡与稳定问题，二者缺一不可。第四，既然是薪酬设计全程指导，那么，就要基于工作全过程，流程清晰、明确阐述每个设计阶段的工作内容和技术要点。第五，就是突出重点，不能面面俱到。例如，薪酬设计的重点有四个：一是岗位评价；二是工资标准测算；三是薪酬支付，特别是绩效工资计发；四是薪酬系列文件。再如，绩效考核设计就要突出两头：一头是绩效计划，重点是绩效指标和绩效标准，这是考核的依据；另一头就是考核，重点是考核程序、考核方法以及考核结果在绩效薪酬上的应用。第六，就是从薪酬方案、绩效考核方案的落地出发，薪酬方案中的工资标准、工资计发要落实到人；绩效考核要具体落实到企业负责人、落实到部门及部门负责人、落实到每个员工。

　　好在我们已经基本具备了编写这套丛书的基础。

　　自1999年春季开始从事薪酬设计咨询服务以来至今，我们的薪酬咨询服务实践已经走过了12个年头。在12个年头中，我带领的团队先后为近百家企事业单位提供了正式的或非正式的工资改革咨询、工资改制咨询或薪酬调整、薪酬优化咨询，其中提供正式咨询的有73家。12年的设计实践，使我们清楚地知道企业的需求是什么，需要拿出什么样的咨询成果才是企业真正所期望的和所需要的产品。

　　二、最想和广大同行读者交流的有四点体会

　　12年的咨询实践走过来，感觉有很多的想法、做法和感触要和广大同行读者交流。但我最想表达的有四点体会：

第一，要始终怀有强烈的责任感和使命感，这就是委托单位把薪酬分配设计的任务、把涉及所有员工利益的分配问题交给我们设计和解决，责任重大，必须全力以赴。道理很简单，薪酬问题是一把"双刃剑"，搞好了，企业就有了发展的动力源；解决不好，就给企业的改革和发展添乱。也就是说，薪酬调整、薪酬优化只能成功，不许失败。

第二，要始终如履薄冰，一点儿也不能掉以轻心。各个单位都有着各自难以解决的难点和问题，没有什么现成的模式可以复制和套用，每个单位的薪酬咨询成果、咨询成果中的每一个具体细节的政策都来自于对这个单位的深入的调查和研究，都是一般理论、一般做法与各个单位的具体实践相结合的产物。

第三，薪酬设计必须坚持不断创新、善于创新。例如，在《薪酬设计全程指导》一书的第一模块《应用分析："十一五"期间薪酬设计实践的变革及其特点》中，我就总结了"十一五"期间从事薪酬设计实践的四点创新。这篇文章是2009年夏秋之交撰写的。目前，这种创新还在继续。最近，我在给某工厂的工资标准设计中，明确地提出了工厂中层管理岗位的工资标准设计只要一岗七薪、上下等级适当交叉的窄带设计，档差控制在100～120元，既要体现岗位任职人员在学历、专业技术职务资格等级、经验等任职资格条件上的差别，又要压缩学历、专业技术职务资格等级、经验等任职条件对同一岗级管理人员工资差距的影响；而非中层管理岗位的工资标准要一岗十五薪、档差按工资中线4％、上下等级大幅度交叉的宽带设计，其作用和功能，一是要充分体现学历、专业技术职务资格等级、经验等任职条件对同一岗级、同一工种、职种任职人员工资差距的影响，把宽带工资标准设计与职业生涯发展结合起来、统一起来；二是让有才干的专业技术人员、工人不转"官"也能与中层管理岗位一样高薪，鼓励他们终身从事自己的技术职业，这也是工厂所最需要他们终身从事的技术职业。

第四，薪酬设计的成果还是党和国家或企业一定时期、一定阶段分配政策、分配文化的产物，反映了一定时期、一定阶段党和国家或企业分配政策、分配文化的导向，反映了人们一定时期、一定阶段对分配问题的认识；同时，薪酬方案属于规范经济学的范畴，它是一定时期、一定阶段决定的一定分配价值观在分配领域的产物，它的对与错、好与坏没有客观标准。因此，不能简单地站在自己的立场、站在某个时点，来简单地去评判某个薪酬方案的对与错或好与坏。可取的态度和做法是，不去纠缠过去的问题，而是适应企业新的内外部环境的需要，根据企业新的战略、新的年度生产经营目标，设计出相应的新的薪酬战略和薪酬政策。

编著专业图书是个遗憾的艺术，总有要交稿了但言犹未尽的感觉。但时间不允许了，有新的咨询任务在等待着我们。这么说，本套书稿的交出，也只能算是阶段性的成果了。

三、本套丛书必然还有不尽人意之处，期待着批评和指正在本书编写中，编著者把自1999年以来薪酬方案设计、绩效考核方案设计咨询实践中积累的宝贵经验和成功的实战做法，毫无保留地贡献给了读者。此外，本书也吸收借鉴了近年来国内外有关论著的最新研究成果，引用了最新资料。在此，我谨向所有对本套丛书给予指导和帮助的同志们致以最诚挚的谢意。最后，需要说明的是，初次编写"薪酬设计全程指导系列丛书"，还属于尝试性、探索性的工作。由于诸多因素的约束，本套丛书必然还有不尽人意之处，期待着广大同行读者的批评和指正。

"薪酬设计全程指导系列丛书"主编

北京中创国业薪酬设计院执行院长　康士勇教授

2011年8月8日

Email：kangshiyong@126.com